国家自然科学基金（项目编号：71471084）资助
武汉研究院开放性课题（项目编号：IWHS2016104）资助

目标导向和技术框架

二维视角下的系统管理研究

陈星光／著

Research on System Management
From Two Perspectives:
Goal Orientation and Technology Framework

中国经济出版社
CHINA ECONOMIC PUBLISHING HOUSE
北 京

图书在版编目(CIP)数据

目标导向和技术框架二维视角下的系统管理研究/陈星光著.
—北京:中国经济出版社,2019.1
ISBN 978-7-5136-5269-8

Ⅰ.①目… Ⅱ.①陈… Ⅲ.①系统管理—研究 Ⅳ.①C931.2

中国版本图书馆 CIP 数据核字(2018)第 148431 号

责任编辑 姜 静
责任印制 马小宾
封面设计 华子图文

出版发行 中国经济出版社
印 刷 者 北京富泰印刷有限责任公司
经 销 者 各地新华书店
开　　本 710mm×1000mm 1/16
印　　张 16
字　　数 206 千字
版　　次 2019 年 1 月第 1 版
印　　次 2019 年 1 月第 1 次
定　　价 69.00 元
广告经营许可证 京西工商广字第 8179 号

中国经济出版社 **网址** www.economyph.com **社址** 北京市西城区百万庄北街 3 号 **邮编** 100037
本版图书如存在印装质量问题,请与本社发行中心联系调换(联系电话:010-68330607)

目　录

第1篇

导 论

第 1 章　系统管理研究的类型和方法论

系统管理是指运用系统科学的观点，通过全面深入的分析，对系统的规划、研究、设计，以及制造、运行、维护、更新的整个寿命周期进行经济有效的管理控制，以使系统达到预期目标的手段和方法。它与系统工程既有联系又有区别，钱学森教授在 1978 年指出："'系统工程'是组织管理'系统'的规划、研究、设计、制造、试验和使用的科学方法，是一种对所有'系统'都具有普遍意义的科学方法。"[1]。系统管理和系统工程都是要寻求系统的整体最优，系统管理会运用到系统工程的原理和方法，它和系统工程的主要区别在于，系统管理本质上属于管理学范畴的知识体系，其主要目的是通过对被研究对象展开系统分析，提高各类型组织的运营效率，改善复杂管理问题的决策质量，为建立满足特定目标的现实系统提供管理保障。而系统工程是由系统科学发展而来的作用于系统全生命周期的工程技术方法，其最终目的是通过这些方法的指导和应用，建立满足特定目标的现实系统。系统管理的方法论基础主要来自系统科学、管理科学和一般管理学，它属于管理科学与工程领域内的一个分支。

从方法论的角度而言，系统管理与系统工程处于两个不同的维度，两者呈现相互促进、相互补充的关系。系统工程领域著名的霍尔三维结构模型，为解决大型复杂系统的规划、组织、管理问题提供了一种统一的分析方法,因而在社会经济等领域得到了广泛应用。不同于在20世纪60年代就已经形成了较为完整理论体系的系统工程,系统管理的理论体系的形成时间虽然与系统工程相近,至今仍处于不断地丰富和发展之中,现有的一些理论,主要是针对不同领域的具体问题所提出,各有侧重,尚缺少比较完善的理论框架。

本书主要内容是在总结和梳理系统管理现有的理论和方法的基础上,从系统管理领域学术研究的视角出发,提出新的系统管理方法框架,并通过不同领域的应用实例展开详细探讨。这对于丰富和发展系统管理的理论体系具有明显的理论价值,对于社会、经济、技术、工程、商业等领域的管理实践也具有积极的现实意义。

对于任何学术研究工作而言,确定选题是第一步。你将展开何种类型的研究?这样的研究对于学者个人的基础和能力有何要求?看似普通的问题,似乎大家都清楚,但是往往很少有人专门对此问题进行探讨,前期的基础问题往往容易被忽视,而这种不自觉的忽视,可能会对后期的研究开展和具体方案的设计造成不良影响。

一般而言,学术研究可以从目标导向和技术框架两个维度进行划分。从目标导向角度来说,通常可以分为两类:第一类是问题导向的研究,第二类是方法导向的研究。从技术框架角度来说,可以分为定量研究和定性研究两大类,将目标导向和技术框架两个维度组合,可以得到四种模式类型,分别为:①方法导向的定性研究;②问题导向的定性研究;③问题导向的定量研究;④方法导向的定量研究。作为学术研究活动中的系统管理研究,其类型如图1-1所示。

现有的系统管理研究主要是针对某个具体领域,比如,企业管理、生产运作管理、收益管理、供应链管理、项目管理、系统集成管理、市场营销、金融系统、能源系统、生态环境、交通系统、信息系统等不同行业的具

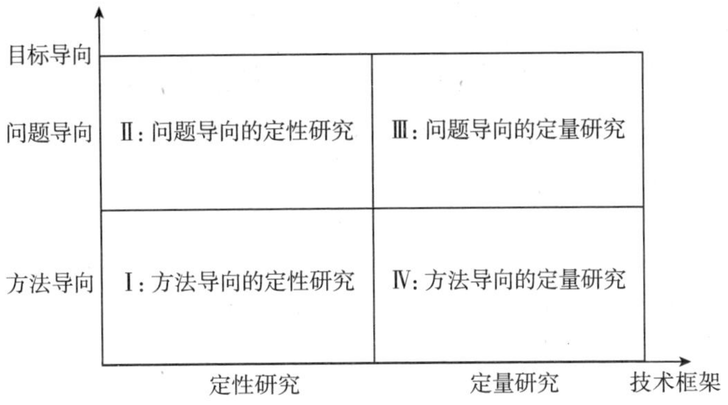

图1－1　系统管理研究的模式类型

体问题展开的研究，尚缺乏从目标导向和技术框架二维视角出发，将两者相结合的研究。将目标导向和技术框架相结合，系统梳理现有学术研究类型的含义和特征，可以为研究者确定研究选题提供理论依据，对于研究者根据自身具备的研究基础和工作条件确定选题，进而设计科学合理的技术方案，具有重要的现实意义和参考价值。

1.1　问题导向和方法导向研究的含义

所谓问题导向的研究，其目的是围绕某个具体的问题，提出解决的思路和对策，中间采用的技术手段，可以是定性，也可以是定量。所谓方法导向的研究，其主要目的是提出某个新的观点，新的理论、方法或技术，这类研究往往不是以某个领域具体问题的解决为最终目标，而是要发展出新的理论或方法，其创新性比较突出，难度较大。

值得指出的是，无论是问题导向还是方法导向的研究，从研究的价值而言并无高下之分。人类从诞生进化至今，总是处于一个不断产生矛盾、解决矛盾的无止境的运动过程之中，这就决定了人类的进化史就是一部解决问题的历史。因此，作为人类知识体系构建典型行为的学术研究活动，必然离不开问题导向的研究。有理由认为，问题导向型的学术研究将伴随着人类认识世界、改造世界的活动一直存在下去。虽然方法导向研究的初始目标和问题导向研究有所不同，但对于两类研究类型价值的判断却相当接近，方法导向研究的价值不在于这类研究本身提出的理论、方法或者技术的新颖性，而在于这类研究产生的成果，最终能够在多大程度上解决已有理论或方法无法解决的问题，也就是说，最终还是要通过应用到各个具体领域的问题解决过程中来检验新理论和方法的价值。从这个意义上说，问题导向研究和方法导向研究虽然在初始目标上存在着分野，中间的具体路径也不尽相同，但两者在研究价值的判断标准上是一致的。

1.2　定性研究和定量研究的含义

定性研究的特点在于主要通过文献回顾、经验证据、事实案例等进行归纳、总结、提炼或者观点阐述、逻辑论证的方式展开研究，较少基于数据、公式来展开逻辑演绎和归纳分析；与之相对，定量研究的特点就是运用数据、公式说话，从科学性、严谨性的角度来看，采用定量手段提出的理论方法、得到的解决方案或者研究结论，无疑更有说服力和解释力。但是在许多领域，尤其是不少人文经管社科领域，要想完全像自然科学领域那样进行定量研究存在许多困难，这往往不是数据缺乏或者分析工具不足的问题，而是由学科本身的特点决定的。比如，对于政治学、社会学、哲学、历史学、管理学、经济学等学科，许多观点、学说并无客观统一的公认标准，不同学者从不同的角度、立场、背景出发，会得出不同的结论，这种情况导致在人文社科领域研究中存在大量采用定性技术手段的情形。同时，在自然科学领域，也不会完全排斥定性研究，事实上，在自然科学领域，经常运用定性研究和定量研究相结合的技术手段，因为定性研究在对事实的描述、对问题的提炼、对观点的阐述、对结果的讨论等方面具有不可替代的作用。

1.3　四类研究模式的方法论

本部分简要介绍类型Ⅰ、类型Ⅱ、类型Ⅲ、类型Ⅳ研究的基本技术处理框架，主要介绍整体思路和基本流程，重点说明类型Ⅲ研究的特点和流程。

1.3.1　方法导向的定性研究（类型Ⅰ）

方法导向的定性研究，主要目标在于提出新的观点、思想或者理论，其基本思路是综合运用归纳和演绎的手段展开研究，主要流程一般是通过思辨的方式，即超越经验或者逻辑的纯理论、概念的思考，提出新的基本概念和普遍原理；也有的是对现有理论学说、经验事实进行总结、提炼和加工，得出普适性的理论之后，再进一步运用演绎方法，对提出的基本理论进行逻辑阐述，得到更为丰富的理论结果，用以促进该领域理论体系的发展，并可以作为理论工具用来指导该领域内具体问题的应用和实践。

1.3.2　问题导向的定性研究（类型Ⅱ）

问题导向的定性研究，其目的是针对某一个具体问题展开分析，最终提出解决方案或者策略建议，其研究路径主要基于归纳的路径。其主要研究思路是：首先，对客观事实进行描述、识别和分析，明确问题当中的矛盾和困境，并确认利益相关者；其次，在前面分析的基础上，提出尽可能全面的方案选项，评估各个方案的潜在后果；最后，提出可行的实施方案和建议，在可能的情况下，对未来发展趋势进行判断。

方法导向的定性研究与问题导向的定性研究最主要的区别在于：

前者是针对某一领域的普遍问题提出一整套概念框架，而后者是围绕更为具体的问题提出指导策略和实施建议；前者更为概括，其可操作性稍有不足，而后者更有针对性，可操作性较前者强。

1.3.3 问题导向的定量研究（类型Ⅲ）

问题导向的定量研究通常有两种研究思路：一种是基于归纳的路径，另一种是基于演绎的路径。

1.3.3.1 归纳路径

总体说来，就是从特殊到一般的思路。其常用的技术路线是：

首先，收集数据（一手数据或者二手、三手数据），通常，一手数据可以是深度访谈、网络数据、调研问卷、现场实验、可控实验等，二手、三手数据可以来自合法获取的原始数据、统计年鉴、参考文献、公开发表的案例等。

其次，对获取的数据进行分析，通常可分为两种类型：

（1）探索性数据分析。

探索性数据分析主要是从数据中发现规律、关系、模式和趋势。常用的方法有：聚类分析（未知类型数量，把样本归类）、分类（已知类型数量，把样本归类）、关联规则（找到不同情况之间的联系，比如，如果满足条件A，则出现条件B）、主成分分析、因子分析（主要目的是把复杂的多个变量进行降维处理，找到几种主要的因素，从而获得对复杂事物更加清晰的认识，主成分分析是从多个已知变量中选取少数有代表性的变量，因子分析是从多个已知变量中得到几个新的更少的公共因子）。近年应用非常广泛的数据建模与分析技术，如结构方程模型（SEM）、数据包络分析（DEA），可以通过数据发现多个变量之间的关系，具有更强的解释力。就数据类型而言，常见的截面数据或者时间序列数据都可以用来做探索性数据分析，截面数据可以用来探索不同对象之间是否存在相关关系，时间序列数据可以用来预测某一个对象未来的发展趋势。

（2）验证性数据分析。

验证性数据分析就是看几个变量之间，是否支持某个结论，是否存在预设的关系。这里预设的关系可以根据经验得到，或者基于现有的理论、已有的研究结论进行归纳总结得到。比如，是否存在相关关系，或者更强的，是否存在因果关系，前者可以做相关分析，后者可以做回归分析，也可用结构方程模型 SEM 来建立、估计和检验因果关系。SEM 可以用来分析多个因子之间、指标对因子的作用和指标与指标之间的相互作用，而一般的回归分析，通常只给出指标（自变量）与因子（因变量）之间的关系，无法给出多个因变量之间的关系。

1.3.3.2　演绎路径

总的说来，就是从一般到特殊的思路。其常用的技术路线是：首先根据研究目标，依据某种理论或已知的经验事实建立数理模型，其次对模型展开理论分析或者计算机模拟。

（1）理论建模——逻辑解析。

比较典型的可以通过理论分析得到结果的模型有博弈论模型、动力学模型、最优化模型和随机数学模型，分别简要说明如下：

1）如果问题涉及不同主体之间的竞争，需要对主体采取某种行动的原因给出解释，则可以建立博弈论模型，运用博弈论展开逻辑推理。

2）如果问题涉及预测系统未来的行为，在清楚系统组成要素之间作用机制的前提下，可以建立动力学模型，运用微分方程理论来考察系统未来的行为。

3）如果问题涉及最优的资源分配方案、最短的运输路线或者最佳的空间布局设计等，则建立最优化模型，通过求解模型得到最优的实施方案。

4）随机数学模型，以上三类都是确定性模型，如果系统当中有随机量,或者事物的发展过程中具有不确定的随机性,则可以建立某种随机模型,运用概率论、随机过程等有关理论进行分析。

(2)理论建模——模拟仿真。

通过理论分析得到结论,需要满足较强的假设条件,有时候往往过于理想化;另外,有时候数学模型过于复杂,难以进行解析讨论获得精确结果。此时,就可以通过模拟的方法,通过计算机仿真手段,预测系统的演化轨迹,或者进行灵敏度分析,或者得到参数的估计,获得模型的近似解。如,利用 Monte Carlo 方法,可以在无法得到解析解的情况下,得到方程的近似解或者估计出模型的参数。常用的数值模拟工具,通用型的有 MATLAB,专用型的有 Anylogic 等。专用型的建模工具在模型设计、细节刻画、数据生成、仿真控制、分析效率等方面更具优势,比如,流行的仿真平台 Anylogic 可以支持多 Agent(微观)、离散事件(中观)、系统动力学(宏观)等不同尺度的建模与仿真。

1.3.4 方法导向的定量研究(类型Ⅳ)

如前所述,方法导向的定量研究,主要着眼于理论或算法的创新,其目的是发展出一套新的理论体系、系统化的方法或高效的算法,作为工具提供给前一类研究使用,比如,微积分、概率统计、随机过程、最优化方法、系统动力学、模糊理论、粗糙集、灰系统理论等,就属于此类。这一类研究的难度比较大,需要有突破前人的勇气、对相关领域深刻的认识、扎实的理论基础、高超的分析技巧和一些灵感,才可能做出。这一类理论或方法创新研究,可以看作是归纳模式和演绎模式的结合,在提出一般性的公理体系之前,必然要对现有事实或者现存的理论和方法进行广泛的观察、深入的思考和总结,然后才可能发展出新的理论方法体系,进而运用逻辑推演的方法对其进行丰富、完善和推广。因此,这一类研究需要融合两种不同的思维模式,任何有价值的学说,都是“站在巨人肩上”做出的,完全凭空创造想象出一个理论方法，最多是自娱自乐，很难产生多大的实际价值，也注定是缺乏生命力的。从方法应用领域的广泛性而言，可以将此类研究分为“小微”型的和“宏大”型的，前者应用面较小，往往限于某一个领域中的某个主题，比如，某个新颖的机器学习算法或者数理统计模型，后者应用面较宽，比如，模糊理论、灰系统论、粗糙集理论等。

将上述对不同研究模式类型以及采取的技术路径进行简要总结，可以得到如表1-1所示的研究模式分类及特征。

表1-1 不同系统管理研究模式类型的比较

模式类型	名称	路径	特点	应用学科
类型Ⅰ	方法导向的定性研究	以归纳为主，结合演绎	研究者往往需要具有较强的思辨力、洞察力和领悟能力	适合所有学科领域，尤其在人文社科领域应用较多
类型Ⅱ	问题导向的定性研究	以归纳为主	研究者往往需要具备较为系统的专业技能和丰富的实践经验	适合所有学科领域
类型Ⅲ	问题导向的定量研究	归纳或者演绎	对理论基础和专业技能要求较高	主要应用于社科或者自然科学、工程技术领域
类型Ⅳ	方法导向的定量研究	在归纳的基础上进行演绎	研究者通常需具备前面三种研究类型的所有素质	主要应用于自然科学或工程技术领域

1.4 全书内容编排

本书基于目标导向和技术框架，从两者相结合的二维角度对学术研究的类型进行讨论，然后将其应用到系统管理研究领域，针对前面介绍的四类研究类型，即方法导向的定性研究（类型Ⅰ）、问题导向的定性研究（类型Ⅱ）、问题导向的定量研究（类型Ⅲ）和方法导向的定量研究（类型Ⅳ）展开探讨。全书共分5篇14章，其中，第1篇是导论部分，包括第1章一个章节，介绍系统管理研究的类型和方法论。第2篇是定性研究部分，包括第2章、第3章，分别探讨合作式交通运输系统、大型工程项目管理复杂性两个主题。第3篇是定量研究部分，以城市交通分析为研究主题，包括第

4 章、第 5 章、第 6 章、第 7 章共 4 章。第 4 篇是定量研究部分，以群决策和系统评价为研究主题，包括第 8 章、第 9 章、第 10 章共 3 章。第 5 篇是定量研究部分，以组织运营协调和优化为研究主题，包括第 11 章、第 12 章、第 13 章、第 14 章共 4 章。全书的具体章节编排如下：

第2篇

定性研究

第2章　大数据环境下合作式交通运输系统的概念与原理

摘要：现代社会中许多严峻的问题，如交通拥堵、能源危机、生态恶化、环境破坏等，很大程度上是相互竞争的个体做出理性决策导致宏观层面负外部性的逐渐累积，充分利用大数据资源构建合作式交通运输系统，促进不同行为主体在各种时空和决策水平上采取合作的行为成为关键的解决思路。本章基于决策理论、博弈论和演化博弈论，总结了交通决策问题的基本特性，分析了交通系统中实现合作的一般机制，提出了利用大数据实现合作的理论框架，在此基础上，对合作式交通运输系统的基本概念、功能结构以及具体形式进行了讨论，最后提出了可行的实现途径，为构建合作式交通运输系统应对当前的城市交通挑战提供了理论参考和政策建议。

2.1　引言

人口增长、城镇化、工业化的发展使得中国机动车数量迅猛增长，给城市的环境和交通带来了巨大压力。截至2017年底，全国机动车保有量达3.10亿辆，其中汽车2.17亿辆，机动车驾驶人达3.85亿，其中汽车驾驶人 3.42 亿。汽车占机动车的比率持续提高，近五年占比从 54.93% 提高至 70.17%，中国城市机动化出行方式经历了从摩托车到汽车的转变，交通出行结构发生了根本性变化。从分布情况看，全国有 53 个城市的汽车保有量超过百万辆，24 个城市超过 200 万辆，7 个城市超过 300 万辆，分别是北京、成都、重庆、上海、苏州、深圳、郑州[2]。中国城市的快速机动化引发了交通拥堵、安全事故、环境污染等严重问题，国内外学者围绕如何应对这些挑战展开了大量研究，大体上可以分为宏观、中观、微观三个层面。宏观层面的研究，主要是集中于如何通过综合运用技术、管理、社会、经济、文化等方面的手段来解决城市交通面临的长期不确定的不可持续问题[3-5]；中观层面的研究，主要是利用“智慧城市”理念和项目应对各种交通现实问题[6-8]；微观层面的研究，关注个体出行者的决策行为，对交通流的形成和演化规律展开探讨[9]。

城市交通问题中表现突出的交通拥堵由多种原因引起，从交通运输经济学的角度来看，拥堵是由于交通系统内部供需失衡造成的。其原因一方面可以是供需总量的失衡，即交通系统所能提供的最大容量无法满足出行者的交通需求；另一方面也可以是间歇性、局部性或信息不对称造成的供需失衡，即道路交通系统局部在某些时段内无法满足出行者的交通需求[10]。有文献将前者称为结构性失衡，将后者称为耦合性失衡[11]。结构性的供需失衡的特征是全局、静态、长期的失衡，需要通过新建交通基础设施提高道路网络容量来解决，而且，由于交通运输经济学中存在着著名的“当斯定律”，新建的道路设施会诱发新的交通量，而交通需求总是倾向于超过交通供给[12]，解决结构性的交通供需失衡投入成本较大，短期内不易见效，长期又容易失效。耦合性的交通失衡的特征是局部、动态、短期的失衡，解决起来投入相对较少，是交通管理实践中重点关注的对象。

虽然国内外诸多文献早已关注到交通供需失衡是造成交通拥堵问题的关键所在[10,11,13-15]，但是交通拥堵本质上是城市旺盛的出行需求的个体化和机动化的体现[10]，因此应从个体出行需求入手，结合交通形成的不同阶段来分析拥堵成因和缓解策略。对于交通拥堵的治理，文献[14]较为全面地分析了国内外治堵的主要思路和难点所在，并提出了中国大城市交通拥堵治理的创新性方案和政策建议；文献[15]指出，交通治理政策生效的关键是能够影响个体出行者的行为决策，并从社会心理学角度构建了城市低碳出行决策过程的逻辑模型；文献[16]和文献[17]系统梳理了美国大都市区交通拥堵的原因和治理措施及其效果，指出其症结在于大都市区的空间结构特征，如郊区社区低密度蔓延、土地利用模式单一、郊区社区的空间设计和道路系统不合理等导致了单一的汽车出行方式占主导位置，使得交通困境长期存在。正如这些文献所指出的，靠单一的措施来治理拥堵难以收到理想效果，需要科学地进行顶层设计，多管齐下。

城市交通运输系统是典型的多主体、非线性、强关联、不确定的动态复杂系统，解决城市交通问题离不开对参与主体行为的分析和预测。从宏观层面而言，城市交通问题的根源在于供需失衡，已有的大量文献进行了这方面的研究。从微观个体决策以及行为角度而言，城市交通问题的根源在于个体在各个决策层面的竞争型行为造成了交通资源的紧张以及由此导致的交通拥堵、噪声污染、尾气排放等“负外部性”，有必要从个体交通决策与出行行为的角度出发，从“底层”的微观主体层面探讨宏观交通现象的影响因素、形成机理以及相应的治理措施。交通系统中有两种典型的个体出行决策行为，一种是争取个体效用最大化的竞争型行为，另一种是考虑到城市交通系统整体效用最大化的合作型行为，在交通流分配理论中，两者分别会导致用户最优均衡（UE）和系统最优均衡的结果(SO),从个体行为选择的角度而言,用户最优均衡(UE)来自出行者最小化自身的边际成本,而系统最优均衡来自出行者最小化平均出行成本[18,19]。系统最优是出行者采取合作行动的结果,但是它很难自发形成,因为在系统最优状态,某些出行者将会通过转移路径来降低个体出行成本,而这样的行为会提高整个系统的成本,使之偏离系统最优状态[20]。

进入21世纪以来,人类感知、获取、处理和利用大数据的能力大大提升,基于信息通信技术(ICTs)的各种交通信息服务平台为更智能化、个性化的出行决策提供了有力的工具。有研究表明,信息对于人类合作行为的形成具有重要影响[21],如何利用海量的数据以及衍生的丰富的信息资源促进个体在交通决策中做出更亲社会的选择,有效缓解各种由于个体竞争行为导致的交通集体非理性问题,成为交通科学、行为经济学等相关领域的学术界近年关注的一个方向[22,23]。因此,研究在大数据背景下交通出行中合作行为的形成机制对于消除个体理性行为导致的集体非理性、提高交通系统整体效率、缓解城市交通拥堵、空气污染、能源消耗等负面后果具有重要的理论意义和现实意义。

本章首先分析了交通出行决策问题的特征,讨论不同交通决策场景下实现合作的一般机制,并提出利用大数据促进交通出行合作的分析框架;其次对合作式交通运输系统的含义与结构、具体形式以及实现途径进行总结,探讨存在丰富信息作用下交通行为中的合作机制以及将其应用于指导现实交通问题的解决思路,以期充分利用当下丰富的数据资源和信息通信技术,有效应对新时期中国城市面临的交通挑战。

2.2 交通行为中的合作机制

小到基因细胞,大到人类社会,生命体的生存和发展离不开合作。

有学者认为,合作是继基因突变、自然选择之后第三种生物进化机制[24],合作对于生物体的适应和进化至关重要。那么,什么是合作?一般意义下的合作是指组织或群体为了一致的目标采取协同行动的过程。在生态学、社会生物学等领域,物种取得生存竞争的先决条件和内在动机是竞争行为,个体倾向于选择能最大程度提高自身收益的自私的策略,显然这与合作的利他属性是相悖的[21,25]。揭示合作发生的一般机制对于理解人类和自然界其他物种的进化过程至关重要[26-29]。目前对于交通出行行为的合作机制展开深入探讨的文献还不多见,本节首先讨论城市交通中个体出行决策的特征,然后综合归纳出一般性的交通系统合作分析的理论框架,以此为基础,提出利用数据或信息为中介促进个体由非合作的个体理性向合作的集体理性转变的信息资源池模型。

2.2.1　交通出行决策特征分析

交通运输系统中的个体行为决策是出行者在一定的时间、空间约束条件下,根据出行目的进行判断和选择,制定出行动方案并执行方案的连贯过程,具有明显的决策问题的特点。比如,出行者购买车辆行为的决策,在满足安全性、舒适性、耐用性等目标前提下,会综合考虑价格、配置、性能、质量、品牌、油耗、维护成本、个人偏好、家庭意见等多方面因素进行权衡,属于一个典型的多准则,多属性决策问题。再比如,为了应对日益严峻的交通拥堵及其引发的负面问题,北京、上海、深圳、广州等大城市实施了机动车限行、限购政策,还有不少其他城市正在酝酿实施这种带有强制性的“两限”措施。政府部门在推行政策之前,会综合考虑该类政策对地区经济发展、汽车产业成长、城市交通结构、居民出行等造成的诸多影响,进行综合评估后再谨慎地做出决策,这就属于一个群体(组织)多准则决策问题。

另外，在某些情况下，个体出行者会考虑其他交通参与主体的行为，从而做出策略性的选择。比如，市区居民在节假日去某个市内景点，本来可能选择开车出行，但是考虑到节假日开车去该景点的游客比较多，因此选择公交方式出行。这里，该市民根据其他出行者的行动调整自身的策略，就是一个典型的不完全信息条件下的 2 × 2 对称静态博弈问题，其基本的博弈模型要素为：局中人{出行者，出行者}，策略集{开车，公交车}，支付函数{π(开车，开车)，π(开车，公交车)，π(公交车，公交车)}。其中，支付函数的三个元素取值为出行者在不同行动方案组合条件下的收益(非货币支出可统一转换成货币成本，收益用负的成本表示)。再比如，出行者根据政府是否征收拥堵费决定自身策略，如果政府征收拥堵费，则出行者选择不开私家车出行，否则，出行者选择开私家车出行。该例子就属于一个不完全信息条件下的 2 × 2 非对称静态博弈问题，其基本的博弈模型要素为：局中人{出行者，政府}，策略集{出行者：{开车，公交车}；政府：{征收拥堵费，不征收拥堵费}}，支付函数{出行者：{π_1(开车，征费)，π_1(开车，不征费)，π_1(不开车，征费)，π_1(不开车，不征费)}；政府：{π_2(开车，征费)，π_2(开车，不征费)，π_2(不开车，征费)，π_2(不开车，不征费)}}。其中，支付函数的前面 4 个元素表示出行者的收益，后面 4 个元素表示政府方的收益。从这两个取自日常生活中的简单例子可看出，现实中许多交通行为均可以描述为交通参与者之间的博弈问题。

事实上，现实中有大量与交通有关的决策行为，要么归结为(狭义的)决策类问题，要么归结为博弈类问题，要么两者兼而有之。这两类问题最主要的区别在于系统中的交通参与者是否存在策略上的相互作用，第一类问题属于非互动决策场景，第二类问题属于互动决策场景。

当用来预测参与者最终将采取何种行为时，可以使用博弈论模型，当用来考察行为的动态过程时,可以运用演化博弈,如果是带有不确定性的情况,还可以建立随机演化博弈模型。事实上,博弈论或者演化博弈作为有效的理论工具已经被广泛地用来分析交通领域的行为及其演化问题。文献[30]对交通出行方式的博弈和演化过程进行了分析,建立了出行方式的演化博弈模型,运用演化博弈理论推导了出行方式选择的演化稳定策略。文献[31]指出,基于非合作博弈的、完全依靠个人理性的行为是导致城市交通问题的重要原因,解决城市交通拥堵需要出行主体的集体合作和集体理性,用集体理性代替个人理性,需要各方之间的合作博弈。文献[32]针对道路网络需求时变的交通流达到均衡的条件以及均衡状态的稳定性问题,运用演化博弈理论和动力系统稳定性理论,建立了多群体、多准则出行选择流量演化系统的动力学模型,讨论了模型解的性质。

2.2.2　交通系统合作行为分析的理论框架

交通系统中存在着竞争型和合作型两种典型的个体出行决策行为,分别导致用户均衡(UE)和系统最优(SO)两种宏观交通状态。虽然对整个交通系统的运行性能和公平性而言,系统最优是城市交通管理者和从业者追求的目标,但是它很难自发形成,有必要从交通出行行为的特征入手,探讨交通行为中合作的形成机制,从而更加合理、有效地提出交通治理应对措施。

2.2.2.1　非互动决策场景下的合作机制

在非互动决策场景下,个体用户依据自身的知识、经验、能力、偏好以及掌握的信息做出决策与判断,这也是通常意义下决策科学的研究领域。在这种决策条件下,存在着两种有代表性的研究范式——标准化范式和描述性范式。决策科学的标准化范式对应于理性决策理论,它与经济学相联系,同时汲取了统计学及某些工程技术的成分;描述性范式对应于行为决策理论，它与心理学，特别是认知心理学有密切的关系。这两种范式中，描述性范式是相对较新的一种，而标准化范式则有着更为久远的历史。标准化范式的基础是理性决策理论，该理论的前提假设为决策者是具有完全理性的“经济人”，其代表理论是期望效用理论和贝叶斯决策理论[33]。描述性范式的理论基础是行为决策理论，该理论的前提假设为决策者是具有有限理性的“管理人”，其代表理论是西蒙（H. A. Simon）的满意型决策理论[34]，以及卡尼曼（D. Kahneman）和特沃斯基（A. Tversky）的前景理论[35]。

非互动决策场景下的决策可以分为合作型决策和非合作型决策两种，如果行为的最终结果有利于系统整体绩效，那么称该决策为合作型决策，否则称该决策为非合作型决策。决策中合作水平的影响因素可以分为两类，即决策主体内生因素和决策主体外生因素。决策主体内生因素由理性因素和非理性因素组成，理性因素包括知识经验、专业技术和技能、解决问题的能力等与决策者的理性认知、推理和判断能力等有关的要素，非理性因素包括各种情绪、情感、心理感受、精神状态和主观偏好等。决策主体的外生因素相对更为复杂，大致可以分为三类：物质要素（有形的物质资源）、运行支撑要素（主要指文化和制度因素）和

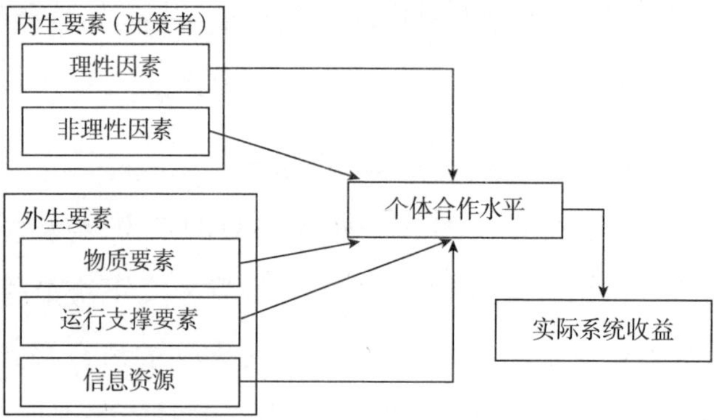

图 2－1　非互动决策场景下的合作机制

信息资源。这两大类要素一起共同决定了决策者在决策过程中采取合作行动意愿的强弱,最终决定了系统的实际收益。图 2－1 描述了非互动决策场景下的合作机制。

2.2.2.2　互动决策场景下的合作机制

互动决策场景下,个体与其他决策者存在着复杂的相互作用,自然选择偏好竞争,生物学意义上的合作意味着自私的复制者放弃一部分生殖潜力去帮助其他个体。认识个体之间存在相互影响场景下合作的形成机制,能够解释自然界广泛的生物进化现象,一直是生态学、进化生物学等领域关注的热点问题。文献[28]讨论了五种合作的进化机制:①亲缘选择;②直接互惠;③间接互惠;④网络互惠;⑤群体选择。不同机制下合作是否出现取决于合作收益和合作付出成本之间的比例。除了这五种基本的合作机制以外,文献[20]指出,信任也是一种重要的合作机制,即在两个个体之间,如果某个体信任另一个个体,则该个体将比较容易采取合作行为,而不论对手是否采取合作行为;反之,如果信任度比较低,则该个体比较容易采取非合作(背叛)行为。在信任机制中,信息资源的使用起到了重要作用。

间接互惠、信任与合作水平三者之间的关系相对比较复杂,简言之,间接互惠与合作水平、信任与合作水平之间具有双向的影响关系。首先,间接互惠和信任两种机制都会影响到合作水平,反过来,个体合作水平越高,越有利于在后续的行动中帮助他人①,从而主动维持间接互惠的合作机制。类似地,个体合作水平越高,越有利于个体提高对他人的信任度,从而强化已经建立的信任机制。相对地,间接互惠同信任之间则是单向关系,间接互惠会影响到信任,在该机制下,个体对其他

① 间接互惠机制是指不论能否从直接对手那里得到好处,它预期帮助对手的行为能够提高自身接收到除直接对手以外其他主体的帮助,从而采取帮助对手的行动。

个体越是采取合作行为，接收帮助的个体越是有利于建立起对他人的信任关系，从而提高下一步采取合作行为的可能，这说明间接互惠机制影响到了信任机制。相反，信任机制对于间接互惠机制却没有明显的影响作用，即个体出于对其对手的信任采取合作行为，并不会强化个体为了提高其接收到除对手以外的其他个体的帮助而采取合作行为的动机。基于以上分析，我们把文献[21]和文献[28]提到的几种合作机制进行综合，可以得到如图2－2所示的互动决策场景下的合作机制。

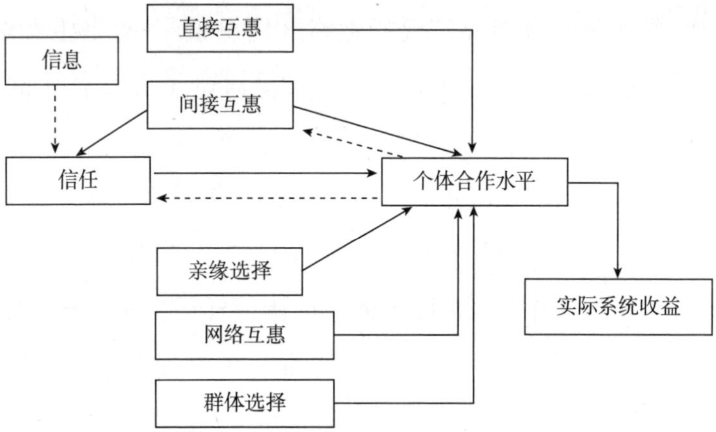

图2－2　互动决策场景下的合作机制

将图2－1和图2－2进行组合，可得到如图2－3所示的通用合作机制框架(General Cooperative Mechanism Framework, GCMF)。

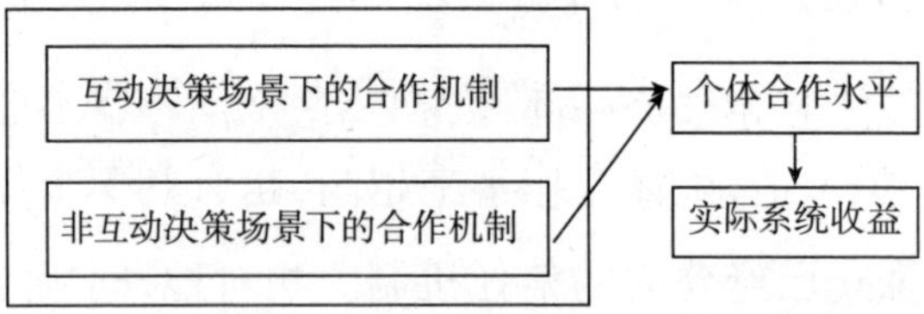

图2－3　通用合作机制框架

2.3 利用大数据资源促进合作

从上节的分析看到,无论是在互动决策还是非互动决策场景下,信息都是影响合作的一个不容忽视的要素。毫无疑问,丰富多样、精确可靠的信息有助于更有效地决策和行动。进入21世纪以来,以大数据的生成、采集、存储、处理和应用为标志的信息通信技术,为构建合作型的交通运输系统、解决城市交通问题带来了希望。大数据是信息经济时代宝贵的资源,如何利用大数据这种信息资源促进人们采取合作的决策和行动,降低交通行为的负外部性,提升系统整体绩效,成为近年来学术界和工业界关注的热点[22,23]。

通过组织、管理和技术手段实现系统优化的集体理性,是传统的解决思路,现有文献至少提供了三种方法:第一种是基于庇古(Pigou)理论[36],其主要思路是:利用强制措施使得私人成本和私人收益与相应的社会成本和社会收益相等,最终系统达到帕累托最优状态。实践中常用的手段有中国某些城市的机动车摇号限购、购买小排量汽车提供补贴、征收过桥过路通行费等,这些都是交通管理中运用庇古理论的例子。第二种是基于科斯(Coase)定理[37],其基本思路是通过市场交易和自愿协商的方式达到理想的资源配置状态。科斯定理应用的前提条件是交易双方责任边界明确并且交易成本为零,但由于交通系统中个体追求自身利益最大化会导致负外部性问题,这个前提条件在现实中往往很难得到满足。第三种是来自社会物理学领域的社会参与模型(Social Involvement Model),其基本出发点来自社会心理学的社会影响理论,主要是通过激励个体在社会网络中跟其接触紧密的其他个体的行为让个体感受到压力放大,从而导致个体自身的行为发生改变[38]。这三种方法都没有明显地考虑到信息对于促进人们做出亲社会合作行为所起的重要作用。

在信息经济时代,每天都会产生海量的数据,信息的可获得性和易用性超过了以往任何时期,遍布于城市的各种个人移动设备、车载传感器、道路传感设备每天都会生成海量的信号、数据和信息,信息已成为促进交通主体从非合作到合作行为转变的关键因素。充分利用信息资源,建立社交网络分享各种交通信息资源,通过信息资源的共享交流,将更多的相关信息提供给个体,形成信任机制,能够使得出行者的决策更充分的社会化,促进更社会化的行为产生。

基于此,本章提出一个内生信息资源池(Endogenous Information Resources Pools, EIRP)模型框架。所谓内生信息,是指交通参与主体自由发布的各类出行信息,既可以是交通需求信息,也可以是交通供给信息,由内生信息资源池进行自动的供需匹配,提供多种经过优化的出行方案供所有发布需求的个体进行选择。在现实中已有一些具备这样特征的出行服务平台,比如,越来越多的城市居民使用 Uber 拼车服务,这可以提高小汽车的乘坐率,一定程度上降低私家车的使用量。另一个典型的例子是滴滴网约车服务,其能够更好地满足个体出行中方便、快捷、舒适的出行需求,已经成为城市中除私家车、出租车、公交车、地铁等常规出行方式外另一种广受欢迎的出行方式。还有一个例子是百度地图的出行服务,可以为用户提供多种出行方案,但它只是单向地提供出行方案建议,而不能让用户成为交通出行的供给方。相比这里举出的几个出行服务的例子,内生信息资源池一个重要的不同是智能化、交互性、包容性、指导性更强,内生信息资源池可以由用户自由选择交通供需角色,有利于更大程度地提高各种交通资源的利用率,科学合理地调配交通资源,可以对生成的交通出行方案中系统推荐的方案提供更多激励措施,从而鼓励人们做出更亲社会的选择。

图2-4是内生信息资源池（EIRP）模型和前面提到的三种实现系统优化目标方法之间的比较。其中，上方椭圆形为EIRP区域，它的交易成本相对最低，实现的个体合作水平最高；社会参与模型的交易成本和个体合作水平相对两种传统的方法并无优势，其交易成本通常比EIRP要高，因为它主要是考虑社会网络中关联个体产生的影响作用，需要个体自发地进行判断进而调整行为，而社会网络成员是否采取合作行为成为该模型中个体行为调整到期望方向的关键，这一点往往不容易实现。内生信息资源池利用信息诱导、激励效应等实现亲社会的行为选择，相对而言可能会更加有效。利用EIRP模型框架实现集体理性既不是庇古提倡的完全通过政府制度的调控干预，又不像科斯定理所述的那样通过市场交易和自愿协商来实现，而是提供了一种解决思路，在不满足科斯定理适用条件的前提下，利用信息在某些情况下具有促进合作的作用达到系统配置优化的目的。

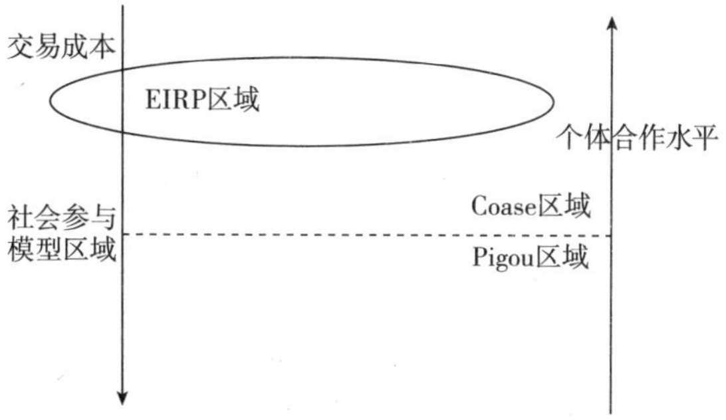

图2-4　四种实现集体理性方法的比较

2.4　合作式交通运输系统

随着中国经济持续增长，城市化、机动化的迅猛发展给中国许多城市交通系统的良好运转带来了巨大压力，如何解决由于个体基于自身效用最大化原则做出竞争型决策从而导致交通资源紧张、机动车过度使用引发的诸多负外部性的问题，其关键就在于如何引导交通行为主体做出更加亲社会的、更有利于系统整体性能的决策和行动。前面对交通出行中合作机制的分析表明，可以充分利用各种数据和信息资源促进交通运输系统整体性能的改善，通过构建个体充分亲社会行为的交通运输系统，实现充分满足个体出行需求、社会公平、环境友好和可持续性的交通发展目标。国外已有学者提出了构建合作式交通运输系统应对城市交通问题的设想[21,22]，但并无系统化的阐述。本章对此问题进行梳理和综合归纳，探讨合作式交通运输系统的定义、功能、结构框架以及在应用中的具体形式和实现途径，以期为后续的理论研究和实际应用提供参考和启发。

2.4.1 内涵与结构

2.4.1.1 定义与功能

所谓合作式交通运输系统，就是通过共享整合各种交通资源，包括交通基础设施和设备等，充分利用移动互联网、物联网、车联网等数据网络和 ICTs 技术手段，如将 EIRP 模型运用于交通建设与管理实践，使得交通参与主体，如政府机构、企业界、社会公众团体、城市居民等采取合作的决策或行动，从局部、操作层面到整体、战略层面，从交通系统的规划、设计、建设、管理到运行维护的全过程，解决各种交通问题，实现满足多样化、个性化、智能化的出行需求、社会公平性以及环境友好等多重目标的交通系统。相比一般的城市交通系统，合作式交通运输系统能够提供更灵活、可靠、安全、便捷的出行服务，它需要依靠交通管理者、从业者、出行者等众多交通参与主体和运输设施设备、信息与通信技术、管理手段、政策措施等多方面的集成整合、高度协作、密切配合才可能形成。

合作式交通运输系统要实现的功能主要体现在三个层面：① 经济功能；② 社会功能；③ 环境功能。合作式交通运输系统的经济功能主要体现在其服务完成的效益和效率方面，反映了交通运输的基本功能，即交通运输首先是满足人或物的空间位置移动，具体体现在应满足不同个体用户多样化、个性化的出行需求，因为不同的个体用户有不同的偏好，包含有对交通运输的准时性、可达性、机动性、快速性、灵活性、安全性、舒适性等不同的诉求。合作式交通运输系统的社会功能主要体现在其服务完成的公平性和包容性方面，反映了交通运输作为面向社会大众的一种基本的出行服务提供手段，应该具有对服务对象的无歧视性和覆盖人群的广泛性特点。合作式交通运输系统的环境功能主要体现为它对其所在地区生态、环境和长期的可持续性发展所起到的正向积极作用，具有环境友好和促进地区可持续发展的特点。合作式交通运输系统的这三个功能也可以作为对其性能或效果进行综合评价的三个基本维度。

2.4.1.2　结构框架

(1)合作式交通运输系统的构成要素。

合作式交通运输系统属于城市交通运输系统中的一类，其构成要素跟一般的城市交通运输系统并无太大差异，从大的方面可以划分为以下四个大类：

1)交通行为主体：包括交通管理类、交通需求类、交通从业类三类行为主体。

2)交通物理资源：包括交通基础设施、运输工具、交通管理设施设备等。

3)运行支撑资源：包括技术资源类和管理资源类两大类。技术资源类包含信息通信技术(ICTs)、专业知识、技术标准等；管理资源类包含政策制度、作业流程、法律规章等。

4)交通信息资源:包括内生信息资源和外生信息资源两大类。其中,内生信息资源指个体用户自行生成的各种与交通决策或出行有关的信号、数据或信息;外生信息资源指各类传感器、网络设施、监控设备、信息终端生成的与交通有关的信号、数据与信息等。

交通运输系统每一类的特点及构成如表2－1所示。

表2－1　交通运输系统构成要素

类别	子类	举例	变化特征	供需角色
交通行为主体	交通管理类	政府有关交通建设、管理等部门	较稳定	供给方
	交通需求类	城市交通用户	较稳定	需求方
	交通从业类	交通行业企业、社会团体组织、公共服务机构等	较稳定	供给方/需求方
交通物理资源	交通基础设施	道路设施、中转场站、停车设施、港口机场等	静态	供给方
	运输工具	车辆、船舶、飞机等运载工具	动态	供给方
	管理设施设备	交通信号灯、标志牌、VMS等	动态	供给方
运行支撑资源	技术资源类	ICTs、专业知识、技术标准等	较易变	供给方
	管理资源类	政策制度、作业流程、法律规章等	较易变	供给方
交通信息资源	内生信息	个人拼车信息、二手车交易信息等	易变	供给方/需求方
	外生信息	车载导航信息、VMS提示信息、交通广播路况等	易变	供给方

(2)合作式交通运输系统的三维结构模型。

从系统论的角度,合作式交通运输系统可从要素维、范围维、时间维三个维度进行展开。要素维度是指构成交通运输系统的各种要素,内容如表2－1所示。范围维度是指构成交通运输系统诸多要素作用覆盖的广度,包括战略层、战术层、操作层。战略层指的是覆盖全市或跨区域的大范围的顶层设计、长期的战略规划、城市土地利用、空间布局、交通管理、政策制定等方面的工作；战术层指覆盖中等范围的交通项目、中短期的交通规划、土地利用、空间布局、交通管理、政策制定等方面的工作，如某个城区内的道路系统规划、交通监控网络建设等；操作层指覆盖小范围的交通规划、建设与管理相关的工作，比如，对某条道路的改扩建，对某个区域实行临时、局部的交通管制等。时间维度指交通运输系统中活动或事件展开的时间阶段，大致可分为构思与规划、分析与设计、建设与实施、运行与维护、收尾与终止5个阶段。比如，交通规划、出行方案的制定分别属于第1、第2阶段，个人的驾驶行为、交通引导与控制属于第4阶段。合作式交通运输系统的要素—范围—时间三维结构模型(Component－Scope－Temporal Trinal Structural Model，CSTsM)如图2－5所示。

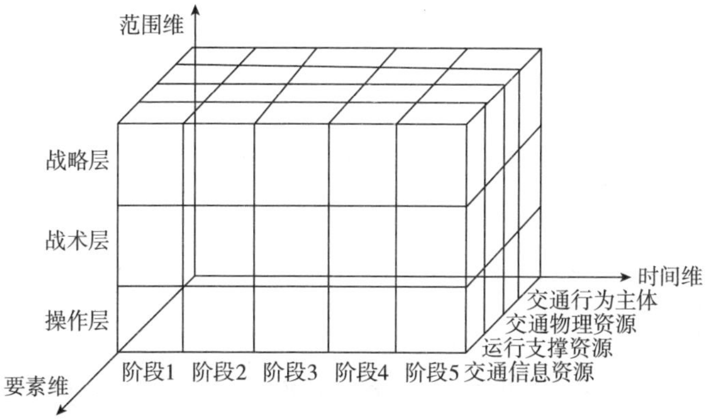

图2－5 合作式交通运输系统三维结构模型

2.4.2 具体形式与实现途径

2.4.2.1 具体形式

目前，在城市交通实践中已经出现了一些体现合作式交通运输系统理念和功能特征的具体形式，简要归纳如下：

(1)交通工具的购置和使用。比如,新能源汽车的使用,电动汽车分时共享、城市共享单车(Mobike 单车、ofo 单车)、P2P 租车平台等项目。

(2)公交优先战略,对私家车使用进行管控。比如,政府制定公交优先战略,鼓励公交出行,减少私家车使用;政府有关部门实施停车换乘(P+R)计划;等等。

(3)利用移动互联网和智能终端设备,进行供需匹配。比如,出行者利用移动互联出行服务平台,如 Uber、滴滴出行、嘀嗒拼车、神州专车等,消除信息不对称,提高个人的出行体验和效率。

(4)优化道路网络资源配置,提高道路通行率。比如,湖北武汉市交管部门与阿里高德等互联网公司合作,融合多个数据源,搭建"互联网+"信号灯智能管控平台,借助大数据,实时优化调整信号灯配时方案,对高峰期拥堵和平峰期绿波进行优化控制,使得多条道路的通行效率得到显著提高[39]。

(5)提高交通资源的利用率。比如,湖北武汉市交管部门联合停车企业,在移动终端 APP 上提供停车诱导信息,将周边停车场的位置、车位数量、是否有空位等信息推送到个人用户端,极大地提高了停车设施的利用率[39]。

(6)采用众包的方式解决某些交通难题。对于某些交通问题,众包的解决方式往往比单一的个体或少数专业群体更加有效。比如,某些出行信息服务平台[40]能够让用户对一些拥堵点、施工点进行标注,这样可以让其他没有进入该区域的驾驶者提前避让,规划更合理的出行路线,降低了拥堵加剧的可能性。

以上提到的这些形式,都体现了合作式交通运输系统思想和理念的应用,其存在的主要问题在于各个平台之间在技术和资源等方面缺乏有效的共享与整合，系统功能集成度不高，智能化、人性化不足，各种交通要素之间的协作、衔接和匹配效果还有待提高，交通系统各个部分之间还没有成为一个协调统一的整体，离真正的合作式交通运输系统还有较大的距离，有待在后续的应用实践中进一步发展和完善。

2.4.2.2　实现途径

打造真正的合作式交通运输系统，需要从实际情况出发，参考合作式交通运输系统的 CSTsM 结构模型，从理论研究和应用创新两个方面入手，从多个维度进行综合集成。可先从已有的雏形出发，选择某些城市或者地区作为试点或者试验区，找出问题和不足，遵循小范围、局部优化，然后推广充实、扩大范围，以点带面、逐步完善的原则，实现全方位、全区域的合作式交通运输系统的建设目标。这个过程是一个不断递进提升的过程，因为城市的社会经济状况是不断变化的，人们对于运输服务的需求也是复杂多变的，某个阶段运行较为理想的合作式交通运输系统不代表过一段时间还能完全符合城市发展要求，这时就需要继续对交通运输系统进行优化提升。

在此提出一个可行的建议如下：首先基于 EIRP 框架，建设可行的 EIRP 交通服务平台（如，在高德导航、百度地图、滴滴出行、嘀嗒拼车、神州专车等互联网出行信息平台的基础上进一步丰富、完善功能），使得个体在出行决策中采取更加合作的行动；然后将政府交通管理部门、个体出行用户、交通行业有关企业等涉及城市交通的众多主体纳入 EIRP 服务平台的范畴，进一步整合多种数据、信息源，以大数据处理与分析技术为核心，建设一个探索、管理、分析交通数据和交通信息的综合集成网络环境，为交通参与主体提供多样化、个性化、智能化的交通服务。如，为城市居民提供更人性化、实时化的交通信息服务，为城市交通管理者提供更加准确的交通流量预测和更有效的调节控制手段建议，为跨地区的远距离物流企业提供高效可靠的多种运输方式衔接方案等。在更大范围和规模上发展多样化的运输文化，提供多种出行模式的选项，在各个交通决策水平上鼓励和引导合作行为，最终建立较为完善的具备自适应能力的高度智能化的合作式交通运输系统。

2.5 小结

我国城市正在经历快速机动化的变革时期，为了避免重蹈西方发达国家交通困境的覆辙，单纯从宏观交通现象出发脱离微观个体行为来制定交通政策与治理措施，可能收不到理想的效果。宏观上的交通现象是微观个体行为在时空上大量集聚的结果，要深入认识和理解各种交通现象并进行有效预测和控制，有必要将个体出行者在交通需求不同发展阶段的决策考虑进来，构建一种包容有序、便捷安全、可持续性的城市交通运输体系。本章立足于探讨交通领域中如何从个体理性的竞争型行为过渡到集体理性的合作型行为的影响因素和形成机理，建立了一般性的交通系统合作分析的理论框架，以此为基础，提出了利用信息为中介促进个体由非合作向合作行为转变的信息资源池模型，最后，讨论了合作式交通运输系统的概念、结构框架以及在应用中的具体形式和实现途径，为理论研究向实际应用转化提供了可操作性的建议。

本章关注的问题涉及管理学、经济学、社会心理学、进化生物学、行为决策科学、信息科学、系统工程等众多学科领域知识，属于典型的跨学科交叉研究，探讨存在丰富信息作用下人类交通行为中的合作机制以及将其应用于指导现实交通问题的解决还属于相对较新的方向。信息通信技术的不断发展，人类感知、获取、处理、利用数据的能力不断提高，为本章提出的分析思路和模型框架的深入发展提供了更加有利的条件。这里我们只是从问题提出和理论探索的视角进行了一些初步的尝试,还有大量的理论或现实问题有待进一步挖掘,下面仅列出部分笔者认为未来值得关注的研究方向。

(1)理论方面的问题。

1)交通决策主体在不同场景下的内生信息的内容、特征和使用方式分析。

2)不同类型的内生信息,在促进群体、网络等社会组织形成方面有何差异?

3)信息在促进群体成员形成合作以及群体间合作所起到的作用是怎样的?

4)不同的社会群体结构对于各种内生信息的形成和传播将产生怎样的影响?

5)不同信息条件下,群体结构对于运输系统中合作行为的形成和演化的作用机制如何?

(2)应用相关的问题。

1)本章主要关注的对象是交通系统中的需求方,即广大出行者在交通决策和行为方面的合作。如何加强交通管理的不同部门以及交通管理部门和交通行业企业之间的资源共享、业务协同与合作?

2)EIRP 模型的进一步具体化、实用化,研发功能较完善的基于 EIRP 模型的原型系统。

3)现有交通运输系统如何升级改造成合作式交通运输系统?

4)合作式交通运输系统的规划、建设与运行维护等方面的成本分析。

5)合作式交通运输系统的性能、效益和效率等综合评估问题。

第3章　复杂系统视角下的大型工程项目管理复杂性研究

摘要：基于复杂系统有关理论，从显现层面和隐现层面两个角度阐述大型工程的复杂性内涵。在此基础上，探讨大型工程项目管理复杂性的含义、表现及来源，并提出有效应对大型工程复杂性的措施，为大型工程项目复杂性管理提供参考。

3.1　引言

随着大型工程规模的日益庞大，参与者和利益相关群体的增加以及工程与环境的交互增强，人们开始逐步意识到工程项目的复杂性。工程项目复杂性概念的理解以及测量始终是一个重要的基本问题。Gidado[41]将建设项目的复杂性定义为与达到一个或者若干个管理目标有关的实现预期计划的生产工作流的困难程度，并通过复杂性会带来时间的延长或者成本的上升来测度一个建设项目的复杂性。Baccarini[42]针对建筑工程项目，从个体差异和相互依赖性两个维度将复杂性进行区分，主要研究了组织复杂性和技术复杂性，并据此指出集成管理是应对复杂性的主要途径。Williams[43]对工程项目复杂性的概念进行了拓展，将不确定性看成是复杂性的一种类型，他呼吁应建立新的工程项目管理范式来分析现代的复杂项目以支持规划、预测、监督、控制等项目管理职能。蒋卫平等[44]通过对国外相关文献的梳理，将大型工程项目的复杂性总结为组织复杂性、技术复杂性以及不确定性。包俊[45]则将工程项目的复杂性分为内在特征，即工程项目本体论复杂性、认识论复杂性，以及外在表现目标的复杂性、工程活动的复杂性、技术的复杂性、组织的复杂性。

进入 21 世纪后，国际学术界与工程界对原有项目管理理论无法应对项目复杂性问题的挑战的批评日益增加，发展工程项目管理实践相关的新理论、新方法的呼声日益高涨。Ottino[46] 2004 年在 *Nature* 上撰文指出，工程人员需要有理解和应对复杂系统的能力，而获得这种能力需要他们能洞悉许多原本认为不属于工程问题的复杂性现象。同年，美国国家工程学会（NAE）更将该问题上升到关系国家竞争力的高度。Rouse[47]宣称，美国的工程师需要一种背景知识更广泛的教育来帮助理解他们所在技术领域中存在的系统复杂性问题。Bosch - Rekveldt 等[48]采用文献回顾和调查访谈相结合的研究方案，提出了一个可以用来对工程项目复杂性进行评价的 TOE（技术、组织和环境）框架，该框架从理论和实践两个方面集成了对于大型工程项目复杂性产生影响的要素。

纵观目前关于工程项目复杂性的研究文献可以发现，对于复杂性的定义和工程系统复杂性的内涵在学术界还存在着较大的争议，从不同的学科领域、不同的认识角度出发，可以获得不同的工程复杂性的理解，尚缺少将工程复杂性、系统复杂性和管理复杂性从三个具有内在联系的角度相结合进行完整阐述的研究成果。本章在总结和梳理现有关于工程复杂性文献的基础上，试图较为全面地提炼和归纳大型工程系统复杂性和管理复杂性的内涵，为有效处理日益增长的大型工程复杂性提供理论参考。

3.2 大型工程的“显现”复杂性特征

大型工程，尤其是那些投资巨大、技术先进、规模宏大及对社会经济发展有重大持续影响的基础性工程项目，对人类生存与发展发挥着越来越重要的作用。大型工程项目的复杂性对于项目的顺利完成有着不可忽视的影响。对于处于工程项目一线的工程施工和技术管理人员等工程利益相关者而言，面对大型工程首先的直观感受往往是工程规模巨大、环境开放、项目参与主体众多、建设周期长、工程技术复杂、风险大、不确定性高等显现层面的复杂性，具体说来有以下特征[49]：

3.2.1 参与方众多

工程参与主体指围绕工程建设目标，在一定的协作规则下从事工程建设及相关管理活动的个体和组织。工程参与主体主要包括政府、业主、承包商、分包商、设计单位、监理单位、投资者等。大型工程项目的参与主体众多，可能有成百上千个，而且在地理空间的分布上一般是分散的，可能是跨省市、跨国家的。工程建设期间，这些利益主体需要相互很好地协作，才能支撑工程的顺利建设，但由于利益主体各自的价值目标不同，极易引发主体间的合作博弈和利益冲突。众多的异质参与主体对工程组织管理模式和组织结构设计提出了新的挑战。

3.2.2 投资额巨大

经济性是大型工程的参与主体特别关注的目标。即便是促进经济发展、改善城市民生的大型基础工程，因其投资在政府预算中占很大比例，也日益成为工程管理者和民众关注的目标，鞭策管理者不仅要按期交付质量过硬的工程项目，而且要有合理的预算和工程项目费用管理。

同时，大型工程的投资额巨大，投融资程序复杂，资产管理要求高，给项目资金的筹集、划拨、资金使用、合同管理等工作带来了比普通中小规模的工程项目更大的困难。

3.2.3 建设周期长

大型工程项目的建设周期与一般工程项目相比，时间更加漫长，有的历时几年、十几年，有的甚至长达几十年、上百年。如世界最长的斜拉桥苏通大桥历时5年，港珠澳大桥工程计划建设周期8年，三峡工程从批准建设到完工共历时17年。超长的建设周期，增加了项目建设过程中的不确定性，给工程项目的计划变更控制、进度管理、成本管理、风险管理等带来了巨大的挑战。如苏通大桥工程建设周期长达5年，期间经历了数次大宗施工材料（如钢材、水泥等）的价格浮动，这使得合同费用变更频繁，承包商成本风险加大。

3.2.4 工程建设地域广阔与施工现场空间局限并存

通常而言，大型工程项目整体所覆盖的地域面积广阔，客观上形成施工环境的复杂多变。同时由于工程空间涉及面广、工程标段众多、工程任务之间的衔接环节多，不同工程标段的任务协调和进度控制难度加大，给项目的范围管理、质量管理、风险管理、沟通管理等带来了更多困难。例如，苏通大桥的主体工程由北引桥、主桥、辅桥、南引桥组成，在主体工程标段划分的决策中，不仅要照顾到工法一致、保证质量、便于承包商施工和设备的利用，同时还要便于业主管理。

3.2.5 施工技术难度大

大型工程由于建设环境复杂、施工难度大、缺乏足够的能够满足施工需求的成熟技术，因而一般都会在大型工程建设中凸显工程技术需求与供给不足的矛盾，必须通过工程技术创新应对施工建设方面的挑战。比如，苏通大桥是世界上同类型跨径最大的桥梁，存在着许多世界级的技术难题，技术创新成为苏通大桥建设的支点。在建设过程中，苏通大桥坚持自主创新、博采众长，以集成创新为主，辅以引进消化吸收再创新的技术创新模式，攻克了一批大跨径桥梁建设关键技术，解决了一批世界级建桥技术难题。

3.2.6 项目产生的影响深远

工程项目的一次性、成果不可挽回的特点，决定了工程项目不同于其他人工活动，可以试做或者重复试验，也不同于制造批量的产品，允许一定的不合格率存在，工程项目在一定条件下启动后，一旦失败就丧失了重新进行原项目的机会。大型工程项目具有这些一般工程项目的共同特征，而且，大型工程项目大多由政府组织实施，对国家及社会发展意义重大、影响深远，有的甚至只能成功不能失败。正是由于大型工程项目具有的深远影响和重大意义，因此对项目管理工作带来了全方位的挑战。

3.3 大型工程的“隐现”复杂性特征

大型工程除了上述从工程利益相关者角度出发感受到的工程“显现”复杂性特征之外，还具有由于大型工程本身要素之间复杂的相互影响和关联以及工程与环境之间的相互作用导致的系统复杂性，也就是所谓的工程在系统层面的隐现复杂性。系统的“隐现”复杂性是由于系统各个要素在微观层次的相互依赖和相互作用以及系统与外部环境存在着物质、能量、信息的交换而形成的系统整体上表现出的有序和无序并存的宏观状态。

3.3.1 大型工程是一个开放的、远离平衡态的复杂系统

大型工程与系统所处的环境有着广泛的物质、能量与信息的交换，

工程环境包括经济市场环境、政治法律环境、社会文化环境、技术环境、行业环境、自然环境等。开放的工程环境对工程系统的复杂行为有着重要的影响。

3.3.1.1　开放性

首先,工程组织的开放性表现在工程组织与环境的互动。当工程组织的管理者和主要决策者发现组织的行为已经偏离预期的轨道或组织因不适应多变的环境而发生功能紊乱时,会采取替换工程组织中部分组分的方式来实现组织的变革或改良以提升组织的效能。其次,工程组织的开放性表现在其多元的参建主体彼此之间以及其与隶属单位的互动中。为了实现统一的工程目标,必然要求不同的参与主体之间以及参与主体与其他利益相关者之间进行不断的沟通、协调、合作等互动行动。总之,工程组织保持开放性是工程组织不断更新和发展、不断适应环境变化的必要条件。

3.3.1.2　远离平衡态

并不是工程组织远离平衡态就必然会涌现出有利于提升组织效能的有序结构。实际上,如果在工程建设中不对工程组织进行合理的设计和诱导,工程组织也可能演化为无序的碎片化状态,使得工程建设陷入混乱之中。所以,工程组织在远离平衡态之后,要想形成“上下同心,凝心聚力”的团结向上的生命体,不仅需要设计合理的工程管理模式、利益协调机制和科学的群体决策机制,还需要树立共同的工程愿景,在相互信任的基础上形成共同遵循的价值取向和行为准则,通过文化协同的隐性协调机制来为新的组织有序结构创造有利的条件。

3.3.2　大型工程是一个高度动态的紧耦合系统

大型工程系统包含众多的参与主体、物料设施设备、工程技术标准规范、管理制度流程等。随着工程的推进,各个要素间伴随着海量的数据、信息、资金等产生的大量相互作用和关联影响,构成了一个高度动态的耦合系统,使得对工程建设运行的预测和协调控制变得异常困难。

(1)包含众多互相依赖的组成部分的紧耦合系统。

大型工程作为一个复杂的技术社会系统,整个工程系统不完全是物理的机械系统,而是人和物共同组成的混合系统,这类系统在系统工程中被称为"紧耦合系统"。在这类系统中,微不足道的事件可以通过无法预测的方式迅速被扩散、放大,形成级联,从局部性变成全局性,从微创性变成灾害性并可能导致严重后果。

(2)高度动态并存在时延特征。

工程管理活动在本质上是动态的,例如工程的设计和施工随时间的推移而展开。此外,大型工程在寿命周期中的演化行为存在多种时延现象。例如,在执行计划方案、发现和纠正错误、应对项目的范围或需求规格的意外变化等过程中存在着多种时间的延迟,这种动态要素意味着系统对一个扰动的短期响应行为可能与长期反应有很大的不同。

3.3.3 参与主体是多元的智能主体,其行为具有自组织性和自适应性

系统科学理论中,适应是指当环境变化时,系统能调整自身的结构和功能,使之与环境保持协调关系的动态过程。工程组织的自适应性源于工程组织中行为个体的主观能动性、智能性和学习能力,工程组织中的参与主体会通过与其他主体、外部环境的接触,对外界环境的刺激做出反应,主动调整自己在工程实践中的行为,甚至反思和改变自身的价值观念和行为模式,以适应外部社会环境的压力与威胁。这就是工程组织的自适应性在个体微观层面的表现。

3.3.4　大型工程系统的非线性和涌现性现象突出

工程建设不是各参建单位的各种资源和能力的简单线性叠加，而是各种生产要素之间相互作用，形成有独特价值的工程交付物和服务的过程。由于工程组织各参与方之间的非线性作用，其最终的工程交付物和建设过程中提供的服务价值要远远大于系统输入要素的价值之和。工程组织中充斥着各种非线性相互作用，这与工程组织成员的异质性、智能性、有限理性等有关。

大型工程往往面临一系列重大技术难题，需要通过技术创新实现新的跨越来解决。其中一些关键创新由单个的参与方是难以完成的，需要整合各方力量和各种智力资源，通过集成形成新的技术创新来攻克工程技术难关。这就意味着要通过建立系统的"有序"（规范、成熟的技术）集成解决系统的"混沌"（新的关键技术难题）。而"有序"集成之所以能解决"混沌"，是因为这种集成形成了在技术能力上新的系统"涌现"。

3.3.5　初始敏感性

初始敏感性又称累积效应，指在非线性相互作用下，复杂系统具有对初始条件的敏感性。组织管理学者在将复杂系统理论应用于复杂组织研究时，将组织看作微小涨落可能导致巨大结果的非线性互动的系统。工程组织可能因步入混沌状态而出现难以预计的初始条件敏感性。工程组织的混沌状态是指由于组织系统的内部要素及外部影响因素的高度的相互关联性和变异性导致的工程进展无法预测、工程组织的行为偏离预期轨道的系统状况。工程组织陷入混沌的一个重要标志是工程组织付出的努力和取得的工程进展不成比例，工程的某项工作或整个工程目标的完成时间和成本超出工程管理者的预期。

3.3.6　随机涨落与不确定性

涨落是对系统稳定的平均状态的偏差，是系统演化中的随机非平衡因素。耗散结构理论认为,增长最快的涨落决定了系统在不稳定之后出现的新的宏观有序。工程组织要素的异质性和环境的动态变化特征决定了工程组织必然存在涨落。工程组织的随机涨落来自两个方面:工程组织的外部环境和工程组织内部。外部的经济市场环境、政治法律环境、社会文化环境、技术行业环境等变化波动会给工程组织带来外部的涨落;而工程组织内部员工的新发明和创新(如新的施工方法和新的制造工艺),新加入的参建单位采用的新的项目管理模式,引进一个对工程项目发展有至关重要作用的技术或管理骨干,新的工程组织治理结构的出现甚至是工程事故的意外发生,都有可能造成工程组织演化的内部涨落。可以说,工程组织的涨落与工程组织的开放性和演化的阶段波动性密切相关。这些涨落具有随机性,有可能推动工程组织走向新的发展道路,向新的有序方向进化,提高工程组织适应环境的能力,促使工程组织的绩效提高。

3.4 大型工程的管理复杂性

大型工程的系统复杂性与管理复杂性密不可分,对管理复杂性的系统研究可以追溯到 Warfield[50] 1976 年出版的专著《社会系统:计划、政策与复杂性》。总体而言,西方学者更偏重于对管理复杂性本原认识的探究,在如何应对工程项目管理复杂性方面,针对某些具体问题提出了一些分析思路和解决方法,鲜有对如何有效驾驭由于大型工程系统复杂性引发的管理复杂性的方法论层面的研究。

3.4.1 管理复杂性的含义与表现

3.4.1.1 管理复杂性的含义

同系统复杂性的概念一样,目前也没有公认的关于管理复杂性的定义,因为管理是由人来完成的活动,所以,我们无法像系统复杂性的定义那样,脱离具体的管理主体来谈其复杂性。参考 Gidado[41]给出的定义,可以将管理复杂性理解为达到一个或者若干个预期的管理目标而进行的管理活动过程的困难程度。工程的管理复杂性包含管理主体的复杂性、管理客体的复杂性、管理过程的复杂性。

(1)管理主体的复杂性。

管理主体的复杂性是由工程管理主体所造成的人为复杂性。工程的规模越大,工程的参建单位和利益相关者越多,管理主体的复杂性也就越严重。管理主体的复杂性主要涉及主体认知的复杂性、主体行为的复杂性和群体结构的复杂性三个方面。

(2)管理客体的复杂性。

管理客体的复杂性包括管理问题的非结构化和高度关联特征、环境的不确定性、管理目标的多样性、信息的不完备性。大型工程管理问题是一项涉及多元化利益相关者、多层次决策目标的复杂系统工程,是一类复杂的非结构化问题,联系广泛而密切的工程要素和高度集成化的工程资源构成一个递阶的多层次结构。这些工程管理问题之间存在着纵横交错的关联,任何影响因素发生变化都可能导致"牵一发动全身"的局面,这就决定了各项管理决策都必须在对工程系统综合论证的基础上展开,大大增加了工程管理的难度。大型工程的环境涉及自然、经济、社会文化、政策法规、技术等多方面因素,是个开放的环境体系。由于环境的动态发展变化以及各种环境因素之间相互影响、相互制约,也会由此产生环境的混沌性与不确定性。管理目标的多样性体现了相同或不同管理主体对工程多方面的价值诉求,由于多元目标之间可能存在着不可公度性以及矛盾冲突性,不能根据还原论把多个目标简单地分解为单个目标,从而增加了管理的复杂性。信息的不完备性指管理主体由于认识的局限性，很难完全掌握复杂多变的现实情况和正确预测未来的发展趋势。

(3)管理过程的复杂性。

管理过程的复杂性包括管理问题的识别和知识构建的复杂性、管理问题的分析和方案选择的复杂性、管理方案实施和协调控制的复杂性。管理过程的复杂性产生于管理主体之间、管理客体之间以及管理主体与管理客体之间的动态交互过程中，是工程管理的动态复杂性的体现。管理主体的认知不足、行为偏差、自主博弈行为致使对工程问题方案的错误选择，又由于任务流程之间的高度耦合的级联网络的放大。此外，当工程状况恶化时，管理者在时间的压力下可能做出仓促的补救举措，由于违背了工程运作的客观规律，可能使得工程状况进一步恶化，最终导致工程陷入混沌无序的状态。

3.4.1.2 管理复杂性的表现

(1)准确的计划变得越来越困难。

由于大型工程的建设周期长、空间分布广泛、环境变动剧烈等因素，工程中不确定事件频繁出现，加大了准确计划工作的难度。比如工程开始之后业主的需求变更，项目经理需要重新计算关键路径和估计项目工期，但是其计算出的结果往往与实际严重不符，究其原因在于其隐含的假设是忽略了除直接作用的活动之外所有其他的相互作用和反馈过程。

(2)重大决策的周期越来越长，耗费的资源越来越多，决策失误的可能性始终存在。

复杂的工程决策问题大多采用群体决策的模式，决策团队多由跨专业、跨组织和跨行业的不同主体组成，为了找到理想的解决方案，往往需要充分吸收这些不同决策主体的经验和智慧，采取多轮次、多方法的方式达到最终目的。再比如,由于所处系统的复杂性以及在有限能力水平下制定决策的情况,人们会应用一些启发式规则即经验法则使得自己能在限定的时间内做出合理的决策。然而,根据行为决策理论,这些启发式规则经常会导致错误和偏差。

(3)有效地组织与协调工程项目团队变得日益困难

大型工程的参与方众多,包括业主、工程设计方、承包商、分包商、供应商、监理方等利益相关者。当工程直接目标与主体利益产生冲突时,主体一般首先会考虑保护自身的利益,不同主体之间的利益博弈将使得工程目标分裂或标准降低。要使各主体形成志同道合、步调一致的整体,主体间的协同既极为重要,又十分困难。再比如,参加施工的人员在不断流动,不同类型的参与主体需要不同的协调控制方式,如何有效地组织和管理这些具有动态变化特征的工程团队,在大型工程的建设过程中成为尤其突出的管理问题。

(4)工程建设过程中的监督与控制成本愈来愈高、效果差强人意

大型工程中设计、施工、营运阶段各项任务的内在逻辑关联性、众多参与方在特定施工地点的空间关联性、参与方在各个时点受到的活动所需资源的可得性的约束和开发环境的关联作用,为各种突发事件的相互影响提供了产生级联效应的可能。由于工程受到时间和成本以及参与主体认知能力的限制,施工中各种可能的因果关系无法完全获知,这使得对工程建设中的许多问题进行提前预知和有效监控的可能性变得愈来愈小,相应地,需要投入更多的资金和人力来应对这种风险隐患。更有甚者,工程的冗余和备用可能成为新的风险源,引发正常意外事故。

(5)大型工程技术创新体系的构建越来越复杂

技术创新在大型工程建设过程中具有十分重要的地位,它往往具

有项目、行业和国家多个不同层面的特殊意义，如何构建有效的技术创新体系，涉及许多复杂的管理理论和实践问题，如在工程项目层面创新主体如何形成，创新成果如何分享，各自的职责是什么，其中的运作机制、激励机制如何设计，在行业层面单个工程创新的成果如何在行业扩散和传播并转化为整个行业的创新能力等。

3.4.2 管理复杂性的来源与应对

面对大型工程难以驾驭的系统复杂性和管理复杂性，正确地理解管理复杂性产生的来源对于工程目标的顺利实现无疑具有十分重要的现实意义。

3.4.2.1 管理复杂性产生的来源

大型工程的管理复杂性来自两个方面：一方面是管理对象——由于大型工程系统复杂性导致的对管理对象认识的困难性；另一方面是工程管理主体及其组织管理能力的局限性。第一个方面的来源可具体参考前面有关系统“隐现”复杂性特征的阐述。第二个方面的来源主要包括：①工程管理主体的有限理性；②工程组织能力的局限性。管理主体的有限理性主要指工程管理者由于自身的知识、经验和技能水平的限制，难以掌握从事管理工作所需的全部资源和信息，也难以具备实施高效管理活动的所有知识、经验和技能。工程组织能力的局限性主要指大型工程组织不具有驾驭工程系统管理复杂性的能力。因此，为了有效应对大型工程的管理复杂性，我们应从复杂性科学的整体性原理出发，沿着从外在显现的工程复杂性提炼出其中隐含的系统复杂性的科学问题，分析其演化规律，再将科学发现应用到工程管理实践中，改善工程绩效，再在工程实践中发现新问题，产生新认识，不断调整管理行为不断旋进的逻辑主线。工程管理者能否驾驭工程的复杂性关键在于工程管理主体与管理客体之间不断交互的过程中能否集成足够的知识、经验和智慧，整合内外部资源，发挥协同效应，不断提升主体的整体能力。

3.4.2.2　管理复杂性的应对措施

与产生管理复杂性的两个来源相对应，可以从两方面考虑工程管理复杂性的应对策略：一方面，对于来自大型工程本身的系统复杂性，需要在提高认识大型工程系统复杂性的思维方法和技术工具上有所创新，包括复杂性科学理论与项目管理理论的结合，强调对原有的项目管理知识体系的突破与创新。另一方面，为了驾驭这些复杂性，突破原有的能力和资源瓶颈和局限，应在组织管理模式上有所创新，包括跨组织协同平台构建和跨组织协同平台运行机制设计。下面对这两个方面分别进行阐述。

(1)思维观念和方法工具创新。

首先，运用复杂性科学的有关理论和方法对大型工程项目的管理复杂性进行系统性的思考和综合分析。复杂性科学在方法论上实现了对还原论和整体论的超越，它运用复杂性范式总结了复杂系统一般具有的共同特征。系统复杂性涉及非线性、动态性、随机性、涌现性、自组织和自适应行为等多个方面，紧紧围绕这些关键特征，深入研究其形成机理和演化规律，是我们应对工程复杂性挑战的有效途径。其次，大型工程系统由于大量异质参与主体间动态的相互作用导致的复杂行为变得非常难以预测和控制，对工程的管理不能简单地沿用项目管理的知识方法体系，需要深入探究工程系统动力学和它们与微观底层诸多要素形成的相互作用网络的结构特征有何关联。可行的途径是将现有的主流研究技术，如系统动力学、演化博弈论、群体决策、复杂社会网络、计算实验方法等理论方法应用到具体的工程项目管理问题中。在这一过程中可能会遇到更多技术层面的挑战，这就要求我们基于社会物理学、进化生物学、行为经济学、社会心理学、计算社会学等新兴交叉学科发展出新的方法和模型，从研究手段和工具的角度进行创新。

(2)工程组织管理模式创新。

大型工程组织形式是以契约合同为纽带而结成的松散的动态联盟，对于这样一个复杂庞大的组织来说，难以建立一个能够对整个组织进行集权控制的管理中心，更多的是依靠众多工程参与成员的自组织、自适应来实现整个组织从无序到有序的演化过程。然而大型工程组织不是无中心的，为了实现统一的目标，必须有工程管理者针对工程系统复杂性进行统筹协调，引导自组织朝向有利于工程目标的方向发展。根据大型工程组织的特点，其工程管理者的主要功能不仅限于通过项目管理体系及其方法对工程进度及组织成员的行为进行监督控制，更重要的是要克服大型工程组织的系统复杂性，有效实现系统内外、局部的、单项能力的“综合集成”，形成驾驭工程复杂问题的能力。盛昭瀚等[49]提出了大型工程的综合集成管理方法论，指出综合集成管理视角下管理主体所实施的组织管理体系实际上是一种“平台”，这一平台汇集各方面专家的经验、知识与智慧，获取、整合和配置各种资源并产生驾驭复杂性能力的环境与条件，综合集成管理的“组织”功能本质上是通过制度、机制设计与创新产生驾驭管理复杂性的能力。

3.5 小结

实践证明，各种大型工程，尤其是那些投资巨大、技术先进、规模宏大及对社会经济发展有重大持续影响的基础性工程项目，对人类生存与发展发挥了越来越重要的作用。它们或为人类创造或改善了生活环境，提高了人们的生活质量，或为人类社会的发展与文明承续提供了重要保证。与此同时，随着大型工程规模的日益庞大、参与者和利益相关群体的增加以及工程与环境的交互增强，它们也日益呈现出更加丰富和深刻的复杂系统特性与内涵，传统的基于还原论的工程管理方法难以驾驭这种复杂性。此外，大型工程的复杂性与普通的自然系统和社会系统的复杂性既有联系，又有区别，有必要对其进行深入分析。本章从复杂系统的视角出发，在梳理和总结现有工程项目管理复杂性成果的基础上，对系统复杂性、管理复杂性的内涵及它们在大型工程对象中的表现特征，管理复杂性的来源和我们应采取的应对措施等问题进行了探讨。本章只是相当概括地分析了大型工程项目管理复杂性研究的一些关键问题，未来可进一步从理论和实践两个方面对本章提出的观点和思路展开深入研究。

第3篇

定量研究——以城市交通分析为例

第4章　交通流演化动力学研究的一般框架分析

摘要：针对道路网络需求时变的交通流达到均衡的条件以及均衡状态的稳定性问题，运用演化博弈理论和动力系统稳定性理论，提出了流量演化动力学研究的一般框架，建立了多群体、多准则出行选择流量演化系统的动力学模型，证明了流量演化动力学模型平衡点与动态交通流量分配模型均衡解之间的等价性，讨论了模型解的存在性、唯一性和稳定性。理论分析结果表明，流量演化动力系统的演化稳定策略等价于动态交通流分配模型的均衡解，流量演化动力系统在某个局部区域总存在着唯一解，并且在出行者个体收益参数满足一定条件的前提下，流量演化动力系统在平衡点附近会表现出不同的稳定性质，通过一个简单路网的数值算例说明了本章建立模型的合理性和有效性。本章在出行者博弈行为和动态交通分配之间建立了联系，有助于加深对城市交通流演化规律的认识和理解。

4.1　引言

近十年来，城市交通基础设施的建设成绩令人注目，但交通拥堵现象不但没有好转，反而愈演愈烈。这一现象使得交通管理者和研究人员认识到：城市交通问题是一个复杂的系统工程，交通系统是一个影响因素众多、多层次相互关联、目标功能多样、非线性动态演化的开放复杂巨系统，交通流是将巨大的微观离散个人决策结果转化为道路与网络上的宏观聚集现象，而交通拥挤是作为交通需求结果的交通流在特定时间空间下所表现的一种状态。要解决城市交通拥挤问题就必须结合出行者的出行决策，用数学物理模型刻画交通流量的网络分布，揭示与解释城市交通流的自组织演变规律与拥堵突现轨迹[51]。本章关注的是网络上日复一日（day - to - day）交通流的动力学建模和演化行为，具体而言，即网络上需求随时间变化的交通流能否达到均衡，在什么样的前提条件下会达到均衡，均衡的稳定性如何。这里涉及预测型（predictive）的动态均衡问题，回答这些问题，将有助于加深我们对于城市交通流演化规律的认识和理解，对于发展出有效的交通管理控制措施也具有积极的理论价值和实际意义。

由于日复一日交通流模型能够刻画拥挤网络上出行者的学习和网络达到均衡的过程，因此在交通流动力学的研究中受到较多关注。如Horowitz[52]提出了个体路径选择的随机动力系统模型；Smith[53]考虑了驾驶员变换路径的交通分配问题的动力系统模型；Nagurney 和 Zhang[54]针对固定需求下的静态交通分配问题，为出行路径选择调整过程建立了投影动力系统；Jin[55]提出了满足先进先出（First - In - First - Out，FIFO）条件的动力系统模型；Yang 和 Zhang[56]回顾了五种典型的用户调整过程，指出在满足驾驶员理性假设条件下，稳态网络流量和确定性用户均衡是等价的。不同于上述基于路径的动力学模型，He 等[57]为避免基于路径模型的初始值依赖和路径重叠影响问题，提出了基于路段的动力学模型，给出了模型稳定性严格的数学分析；Han 和 Du[58]在 He 等的研究基础上建立了非对称情形下的扩展模型，给出了关于稳定性更多的解析结果。

除此之外,Peeta 和 Yang[59]研究了装备先进信息系统的可操作的路径导航控制策略的稳定性问题,提出了动态交通分配问题稳定性分析的一般程序。Cho 和 Hwang[60]研究装备了预测出行信息的车辆交通网络的日常流量演化,证明了动力系统的均衡解满足 Wardrop 均衡条件。Mounce[61]针对确定型固定需求的交通分配问题,对一日内和日间两种情况进行了动力系统建模。Cantarella 和 Cascetta[62]比较了确定情形下日常出行的动力系统模型和传统的用户均衡方法,使用非线性动力系统理论得出了不动点和均衡状态稳定性的条件。Jabari 和 Liu[63,64]针对随机情形下的交通流动力系统通常采用在确定型流量模型中加入随机项可能带来负的交通密度的问题,提出了一个新的随机动力系统模型,利用一个实际路网的数据对模型的合理性和有效性进行了验证。

从研究方法而言,现有的对于交通流演化动力学的研究主要包括动力系统理论建模、基于博弈论的仿真建模和将这两种方法结合起来进行建模三种研究方法,上述文献大多是采用动力系统理论进行数学分析的思路。

也有一些文献从博弈论的角度出发,运用理论分析或者仿真实验,结合出行者出行行为对交通流演化过程和机理展开研究。如李振龙[65]对诱导条件下驾驶员路径选择行为进行了演化博弈分析。熊轶等[66]在有交通信息系统作用下的路网中,建立了一个等价的随时间演化的随机用户均衡模型。刘天亮和黄海军[67,68]将日常路径选择看作一个长期的多方非合作博弈过程,对出行信息公开和不公开两种情形下的系统演化过程进行了模拟研究。唐毓敏和冯苏苇[69]基于博弈论和 Arnott 瓶颈模型,探讨政府采用拥挤收费政策参与博弈情形下,出行者行为以及道路总成本的改变。田琼和黄海军[70]建立了基于乘客的出发时间选择的动态出行均衡模型，并对具有不同运输能力的公交方式所导致的乘客出行差异进行了比较分析。Arentze 和 Timmermans[71] 开发了基于强化学习和适应的动态选择模型框架，在该模型中指出了学习系统所需要的组件。Menasché 等[72] 针对出行者在交通瓶颈路段以接收到的多媒体交通信息来决定使用率的行为，提出了一个新的双层规划模型。Sun 等[73] 在交通信号灯博弈中应用遗传算法和合作演化技术开发了两种互相竞争的策略，即攻击者和生存者策略，结果证明该技术可以用来开发更为复杂的策略或者合作模型。Yang 的论文[74] 从演化博弈的角度对由于出行者具备学习、调整能力从而导致日常交通流从不均衡到均衡动态变化这一过程进行了深入分析。Treiber 和 Kesting[75] 综合运用实证、仿真实验、理论推导的方法，研究了拥挤交通流的不稳定传递现象，通过实测数据给出了拥挤传播参数的估计，并推导出不稳定传递的分析准则。

从现有研究成果可以看到，目前对于日常交通流动力学建模和演化机理方面的研究，大多集中于确定型或者随机型的静态交通分配。本章在现有研究的基础上，讨论网络上需求随时间变化条件下交通流的演化动力学，建立动态交通分配和出行者博弈行为之间的联系。

4.2 流量演化动力学研究的一般框架

本章提出的对于交通流量演化分析的思路如下：首先建立出行选择的流量演化模型，然后证明流量演化模型平衡点与网络动态均衡解两者之间的等价性，如果能够证明两者之间的等价关系，则可以从流量演化模型本身直接分析流量的稳定性，而不需要对动态交通分配模型求取解析解，这一部分的工作将主要使用数学解析方法进行研究，研究得到的结果是流量演化动力学的宏观特征。图 4 – 1 是本章提出的交通流演化动力学分析的一般研究框架。

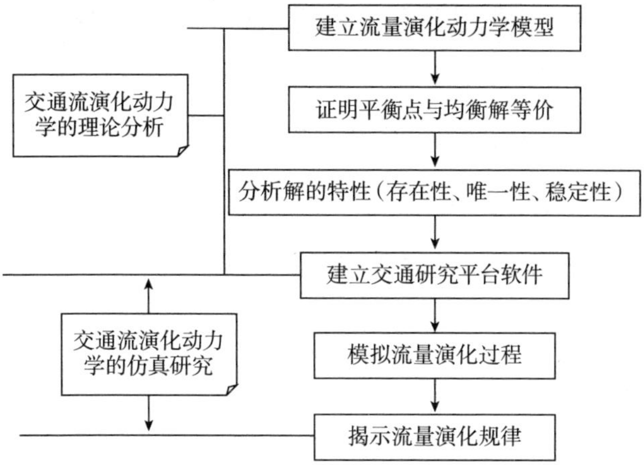

图4-1　交通流演化动力学分析的一般研究框架

下面就图4-1所示的一般研究框架的具体含义进行说明。

第一步:建立出行选择的流量演化动力学模型。其主要步骤如下:

(1)设定构成演化动力学模型博弈关系的局中人、策略集、支付函数和行动顺序等几个基本要素。

1) 确定局中人。本章中的局中人为大量不同类别的异质出行者,具有学习和适应能力,能够根据外部环境的变化不断地调整自己的出行行为。

2)确定局中人的策略集。本章中出行者的出行策略是在出行过程中进行出行方式、出发时间和出行路径的单个或者多个选择。

3)确定支付函数。计算局中人的支付,首先要根据问题的特点,找出能正确描述效用数量关系的支付函数的具体形式,然后根据支付函数来对各种博弈情形下出行者的效用值进行计算,一般考虑的效用是按照与时间相关和时间无关两部分构成,反映了出行个体是依据不同的准则进行出行决策。

4）确定博弈的行动顺序，根据建模的问题进行具体分析。

（2）选择动态方程，选取一个合适的动态方程来描述流量演化的动力学过程。

（3）建立微分动力系统，根据上一步选择的动态方程，得到表示系统流量演化过程的微分动力系统方程组。

第二步：等价性证明。证明流量演化模型平衡点与动态交通流分配模型均衡解两者的等价性。其证明思路是：因为流量演化模型平衡点可以分成纯策略 Nash 均衡点和混合策略 Nash 均衡点两类，首先证明满足动态确定型用户最优条件（DUO）的流量等价于博弈模型中纯策略 Nash 均衡点，再证明满足动态随机型用户最优条件（DSUO）的流量等价于博弈模型中混合策略 Nash 均衡点，而动态交通流分配模型是根据这两种最优条件建立的，它的均衡解就是满足这两种最优条件下形成的均衡流量。通过流量演化模型这个中间桥梁，在动态交通流分配问题和出行者博弈行为之间建立联系。

第三步：在第二步等价性证明的基础上，对流量演化动力学模型解的性质进行分析，包括解的存在性、唯一性和稳定性。只有在有解的情况下，讨论解的稳定性才有意义，因此首先需要讨论演化模型解的存在性和唯一性，在此基础上，研究解的各种稳定性成立的充分条件。

第四步：在前面几步工作的基础上，选择合适的开发平台（如 Swarm、Repast 或者 Visual Studio 等）和编程语言（如 C/C++、Java 等）建立交通模拟研究平台软件。

第五步：利用开发的交通流研究平台软件，对交通流演化动力学进行数值模拟研究，在各种典型的算例网络上，对不同出行选择行为，如出行方式、出发时间、出行路径和多维联合出行选择等情形下的交通流演化过程进行动态模拟，考察流量演化过程和出行选择行为决策特征参数之间的关系，揭示系统在各种出行行为下流量的演化规律。

4.3　流量演化系统的动力学模型

本节将讨论流量演化系统动力学模型的建立，首先确定演化系统动力学模型中博弈关系的局中人（出行者）、局中人策略集、支付函数、博弈行动顺序等几个基本要素的取值，然后运用微分动力系统理论建立流量演化动力学模型。

4.3.1　演化动力学模型博弈结构设定

（1）确定局中人。设出行总体数量为 N，按照某种规则（如收入）将这 N 个个体划分为 $I = \{1,2,\cdots,n\}$ 共 n 种类型，因为出行者群体共有 n 种类型，这些群体之间的博弈可以看作是 n 个不同类型的出行者之间进行的非对称博弈。

（2）确定局中人的策略集。假设出行策略包含选择交通方式、出发时间和出行路径三个基本内容，出行者可选的交通方式集为 $M = \{m_1, m_2,\cdots,m_{|M|}\}$，共 $|M|$ 种类型。因为道路网络的基本构成单元是起讫点对，所以我们选择任意一个起讫点对，对它上面的交通流演化动态进行考察。设 rs 为路网中任一起讫点对，其中 $r \in O \subset \mathbf{N}, s \in D \subset \mathbf{N}$、$O$、$D$ 分别为起节点集合和讫节点集合。出行者从起节点 r 出发至讫节点 s，出行者可供选择的出发时间集为 $B = \{b_1,b_2,\cdots,b_{|B|}\}$，共 $|B|$ 个出发时间，起讫点对 rs 间的路径集合为 $R = \{r_1,r_2,\cdots,r_{|R|}\}$，共 $|R|$ 条路径。这里的路径是广义路径，由路段和交叉口组成。对于某种交通方式 $m_j \in M$，设其可行的行驶路径的条数为 l_{m_j} 条，其可行的行驶路径为整个路径集 R 上的一个子集，设为 $R_{m_j} = \{r_1,\cdots,r_{l_{m_j}}: r_p$ 为交通方式 m_j 可行的路径，$p \in \{1,\cdots,l_{m_j}\}\} \subseteq R$。

对于某类型的出行者 $i \in I$，设其可行的出行方式为 $M_i = \{m_1^i, \cdots, m_{J_i}^i : m_p^i$ 为类型i可行的出行方式，$p \in \{1, \cdots, J_i\}\} \subseteq M$，共有 J_i 种。出行者 i 可行的出发时间为 $B_i = \{b_1^i, \cdots, b_{K_i}^i : b_p^i$ 为类型 i 可行的出发时间，$p \in \{1, \cdots, K_i\}\} \subseteq K$，共有 K_i 个。出行者 i 可行的出行路径为 $R_i = \cup R_{m_p}$，$p \in \{1, \cdots, J_i\} \subseteq R$。出行者 i 的出行策略 s_i 为出行方式、出发时间和出行路径的组合，其策略集为 $S_i = \{s_i : s_i = (m_i, b_i, r_i) : m_i \in M_i, b_i \in B_i, r_i \in R_i\}$。

（3）确定支付函数。对于本章研究的问题而言，出行者出行产生的效用为路径经过的路段上的效用和交叉口效用之和，设 $U_i(s)$ 表示第 i 个出行者采用出行策略 $s = (s_i, s_{-i})$ 时获得的效用（这里的效用 $U_i(s)$ 的值为负，意味着出行者出行将产生支出），其表达式为：

$$U_i(s) = \theta_i \lambda \bar{U}_{it}(s) + (1 - \theta_i) \hat{U}_{it}(s) \qquad (4-1)$$

其中，等号右边第一项表示与时间相关的效用，第二项是与时间无关的效用。参数 $\theta_i \in [0,1]$ 表示不同类型出行者对于时间相关效用的重视程度，θ_i 越大表示对时间相关效用越重视，对时间无关效用越不重视；反之，θ_i 越小表示对时间相关效用越不重视，对时间无关效用越重视。参数 $\lambda > 0$ 是时间费用的转换系数，起到将时间和非时间成本的单位进行统一的作用。其中，时间相关效用的计算公式为：

$$\bar{U}_{it}(s) = \sum_{a \in R_i} \bar{U}_{it}^a(s) \qquad (4-2)$$

其中，等号右边每一项 $\bar{U}_{it}^a(s)$ 表示出行者 i 采用策略 s 时，在路段 a 上产生的时间相关效用，由路段行走时间和交叉口延误时间两部分构成。

$\hat{U}_{it}(s) = -c_i(s)$ 是与时间无关的出行费用，其大小与交通出行费用、安全性、便利程度、舒适度、服务的弹性和可靠性有关，不影响到问题分析的情况下可以统一将 $c_i(s)$ 取为某种交通方式下的金钱支出，如果是公交，则是乘车费用，如果是小汽车，则换算成一次出行付出的费用。计算局中人的支付关键是要确定支付函数的计算公式中各项参数的值，一般可按照经验值进行选取。

(4)确定博弈参与方的行动顺序。假设出行者进行的是重复的日常交通出行行为，比如说往返于两地的上下班通勤，而每天的博弈过程是 n 种类型的群体出行者对出行策略的执行结果，如果以天为时间单位，则一天当中不同的出发时间可以看作是在同一个时间段上，所以出行者每天的出行博弈可以看作是同时执行的阶段博弈。从长期的时间尺度来看，导致交通流动态演化的博弈可以看作一个反复进行的多人博弈过程。

4.3.2　流量演化系统动力学模型

根据演化博弈理论，建立演化动力学模型的关键在于根据问题的需要选取合适的动态方程，通常有五种形式的动态方程可供选择[76,77]。本章假设所有的个体出行者都按照效用最大化原则进行决策，这里选择复制者动态方程建立刻画系统演化动态的动力学模型。记 n 种类型的出行总体的纯策略个数分别为 $w_1, w_2, \cdots, w_n$，总的出行策略数目 $w = \sum_{i=1}^{n} w_i$；记出行总体策略数目向量 $w = (w_1, w_2, \cdots, w_n)^T$；记 $N_i = \{1, \cdots, w_i\}$，N_i 表示第 i 个出行者采用的纯策略序号的集合，指标集 $W = \{1, \cdots, w\}$。相同群体中出行者将采用相同的出行策略，t 时刻第 i 个出行者采用的出行策略为 $x_i(t) = (x_{i1}(t), x_{i2}(t), \cdots, x_{iw_i}(t))^T$。这里，$x_{ij}(t)$ 表示 t 时刻在第 i 种类型的群体中采取第 j 个纯策略所占的比例，也可理解为第 i 个出行者采取第 j 个纯策略的概率。不失一般性，可假设其为线性函数。t 时刻出行总体采用的策略为 $x(t) = (x_1(t), \cdots, x_n(t))^T$，其中，

$x_i(t)$ 中的每一个分量满足概率条件 $0 \leqslant x_{ij}(t) \leqslant 1$, $\sum_{j=1}^{w_i} x_{ij}(t) = 1$ 。t_0 时刻为建模的起始时刻,设 t_0 时刻第 i 个出行者采用的出行策略为 $x_{i0} = (x_{i1,0},\cdots,x_{iw_i,0})^T$,即 $x_i(t_0) = x_{i0}$, t_0 时刻对整个群体满足初始条件 $x(t_0) = x_0$ 。用 w_i 维单位向量 $e_{i,j} = (0,\cdots,1,\cdots,0)^T$ 表示第 i 种类型群体的第 j 个纯策略,这里 $j \in \{1,\cdots,w_i\}$, $e_{i,j}$ 的第 j 个分量为1,其他分量等于0。记 n 个类型的个体出行者选择纯策略 $(e_{1,k_1},\cdots,e_{n,k_n})^T$ 时,出行者 i 的收益为 $u_i(e_{1,k_1},\cdots,e_{n,k_n})$,其中, $\forall i \in I,k_i \in N_i$ 。

根据复制者动态方程:

$$\frac{\mathrm{d}x_{ij}(t)}{\mathrm{d}t} = x_{ij}(t)[h_{ij}(x(t)) - \varphi_i(x(t))] := $$

$$x_{ij}(t)\delta_{ij}(x(t)) := f_{ij}(x(t)) \text{ , } \forall i \in I,j \in N_i \qquad (4-3)$$

其中, $h_{ij}(x(t))$ 表示第 i 个出行者采取第 j 个纯策略的适应度,它是所有类型出行者纯策略概率分布 $x(t)$ 的函数,表达式为:

$$h_{ij}(x(t)) = \sum_{k_1 \in \{1,\cdots,w_1\}} \cdots \sum_{k_n \in \{1,\cdots,w_n\}} x_{1,k_1}(t) \cdots x_{i-1,k_{i-1}}(t) x_{i+1,k_{i+1}}(t) \cdots$$

$$x_{n,k_n}(t) u_i(e_{1,k_1},\cdots,e_{i-1,k_{i-1}},e_{i,j},e_{i+1,k_{i+1}},\cdots,e_{n,k_n}) \qquad (4-4)$$

t 时刻第 i 个出行者的平均支付:

$$\varphi_i(x(t)) = \sum_{k_1 \in \{1,\cdots,w_1\}} \cdots \sum_{k_n \in \{1,\cdots,w_n\}} x_{1,k_1}(t) \cdots x_{i,k_i}(t) \cdots$$

$$x_{n,k_n}(t) u_i(e_{1,k_1},\cdots,e_{i,k_i},\cdots,e_{n,k_n}) \qquad (4-5)$$

注意到函数 $h_{ij}(x(t))$ 的最高次数为 $n-1$ 次,而函数 $\varphi_i(x(t))$ 的最高次数为 n 次,根据式(4-3)的定义可知每个 $f_{ij}(x(t))$ 的次数为 $n+1$ 次。对每种类型的出行群体,可以按照式(4-3)至式(4-5)写出其复制者动态方程,对于任意 i , $x_{ij}(t)$ 需要满足概率约束条件,故自由变量个数只有 $w_i - 1$ 个。

记 w 维向量 $y(t) = (y_1(t),\cdots,y_{w_1}(t),\cdots,y_{w-w_n+1}(t),\cdots,y_w(t))^T :=$

$(x_{11}(t),\cdots,x_{1w_1}(t),\cdots,x_{n1}(t),\cdots,x_{nw_n}(t))^T$

向量值函数 $g(y(t)) = [g_1(y(t)),\cdots,g_{w_1}(y(t)),\cdots,g_{w-w_n+1}(y(t)),\cdots,g_w(y(t))]^T := [f_{11}(x(t)),\cdots,f_{1w_1}(x(t)),\cdots,f_{n1}(x(t)),\cdots,f_{nw_n}(x(t))]^T$

则流量演化系统的动力学模型(Flow Evolutionary Dynamic Model, FEDM)可表示为如下向量形式：

$$\frac{\mathrm{d}y(t)}{\mathrm{d}t} = g(y(t)),y(t) \in \Omega \tag{4-6}$$

$\Omega = \{(y_1(t),\cdots,y_{w_1}(t),\cdots,y_{w-w_n+1}(t),\cdots,y_w(t))^T:0 \leqslant y_k(t) \leqslant 1, \sum_{k=1}^{w_{j+1}} y_{w_0+w_1+w_2+\cdots+w_j+k}(t) = 1\}$ 这里，$w_0 = 0$，指标集合 $J = \{0,1,\cdots,n-1\}$，$k \in W, j \in J$。则 $\Omega \subset \mathrm{R}^w$ 是 w 维实空间 R^w 中的一个区域。由于向量值函数 $g(y(t))$ 中各分量函数 $f_{ij}(x(t))$ 是关于 $y(t)$ 中元素的 $n+1$ 次实系数多项式，故向量值函数 $g(y(t))$ 在 Ω 上连续，即 $g(y(t)) \in C[\Omega,\mathrm{R}^w]$。

下面对多维联合出行下的流量演化动力学模型(4-6)解的性质(存在性、唯一性和稳定性)进行分析。首先证明动态用户最优(DUO)下的流量等价于流量演化动力学模型中的纯策略Nash均衡，动态随机用户最优(DSUO)下的流量等价于流量演化动力学模型中的混合策略Nash均衡，然后利用常微分方程解的存在唯一性定理来判断演化动力学模型解的存在性和唯一性，再使用Liapunov直接法讨论演化动力学模型解的稳定性。

4.4 等价性证明

本节将分别证明动态用户最优均衡等价于流量演化动力学模型的纯策略Nash均衡，动态随机用户最优均衡等价于混合策略Nash均衡。

这一步的证明将从博弈论的角度对动态交通流分配模型均衡解的含义进行解释，即它不仅是交通流动态均衡和流量演化动力学分析二者之间联系的桥梁，而且使本章应用流量演化模型对交通流动态均衡展开研究的合理性得到保证。不失一般性，在本小节的证明中，都是取道路网络中任一 OD 对为研究对象，设 OD 对上总共有 K 条路径。

4.4.1　DUOE 和纯策略 Nash 均衡等价性

这里将路径看作是出行者，用小写字母 k 表示第 k 条路径（第 k 个出行者），对于动态流量分配问题，出行者的策略是确定路径上当前时刻的车辆负荷（车辆数），用 $f_k(t)$ 表示 t 时刻路径 k 上的车辆数，也即第 k 个出行者的策略，记策略向量 $s(t) = (f_1(t), \cdots, f_K(t))^T = (f_k(t), f_{-k}(t))^T$，表示 t 时刻 K 个出行者的策略。$u_k(s(t)) = u_k(f_k(t), f_{-k}(t))$ 表示 t 时刻当系统出行者采用策略 $s(t)$ 时，第 k 个出行者的收益，取值为负的瞬时路径旅行阻抗，即

$$u_k(f_k(t), f_{-k}(t)) = -\tau_k(f_k(t), f_{-k}(t)) \tag{4-7}$$

其中，$\tau_k(f_k(t), f_{-k}(t)) > 0$ 表示 t 时刻第 k 条路径上的瞬时旅行阻抗，它是 t 时刻整个 OD 对车辆负荷分布 $\{f_1(t), \cdots, f_K(t)\}$ 的函数，$\tau^*(t)$ 表示 t 时刻 OD 对间的最小瞬时阻抗。

在证明等价性以前，给出两个前提假设：

假设 1：理性人假设。即出行者总是从它所知道的路径旅行阻抗中选择阻抗值最小的路径行动。

假设 2：阻抗严格单调递增假设。即路径阻抗是当前时刻车辆数的严格单调递增函数，即

$$[\tau_k(f_k^1(t), f_{-k}^1(t)) - \tau_k(f_k^2(t), f_{-k}^2(t))](f_k^1(t) - f_k^2(t)) > 0$$
$$\forall f_k^1(t) \neq f_k^2(t) \tag{4-8}$$

当 $f_k^1(t) = f_k^2(t)$ 时，式(4-8)左端等于 0。

在证明等价性命题之前，先给出动态用户最优（DUO）条件：

定义1：动态用户最优条件[78]。在任一时刻、任一决策节点上，OD对所有被使用的路径上的瞬时阻抗都相等且等于最小瞬时阻抗，而所有未被使用的路径上的瞬时阻抗都不小于这个最小瞬时阻抗，称此时的网络状态满足基于瞬时路径阻抗的动态用户最优（DUO）均衡条件。

表示成等价的互补条件就是：

$$[\tau_k(f_k^*(t), f_{-k}^*(t)) - \tau^*(t)]f_k^*(t) = 0$$
$$\forall k \in \{1, \cdots, K\} \tag{4-9}$$

其中，$f_k^*(t)$、$f_{-k}^*(t)$ 分别表示 t 时刻第 k 条路径和其他 $k-1$ 条路径的最优瞬时车辆数目。

定义2：纯策略 Nash 均衡（Pure Strategy Nash Equilibrium，PSNE）。称 t 时刻纯策略 $s^*(t) = (f_k^*(t), f_{-k}^*(t))^T$ 满足纯策略 Nash 均衡条件，若：

$$u_k(f_k^*(t), f_{-k}^*(t)) \geqslant u_k(f_k(t), f_{-k}^*(t))$$
$$\forall k \in \{1, \cdots, K\} \tag{4-10}$$

引理1：动态用户最优均衡满足纯策略 Nash 均衡，即 DUO $\Rightarrow$ PSNE。

证明：$\forall k \in \{1, \cdots, K\}$，若 $f_k^*(t) > 0$，则由 DUO 的定义1可知：

$$\tau_k(f_k^*(t), f_{-k}^*(t)) = \tau^*(t) \leqslant \tau_k(f_k(t), f_{-k}^*(t)) \tag{4-11}$$

若 $f_k^*(t) = 0$，则由于 $f_k(t) \geqslant 0, \forall k$，由假设2可知：

$$\tau_k(f_k^*(t), f_{-k}^*(t)) = \tau_k(0, f_{-k}^*(t)) \leqslant \tau_k(f_k(t), f_{-k}^*(t)) \tag{4-12}$$

综合式（4-11）、式（4-12）及式（4-7）可知，式（4-10）成立，故引理1成立，证毕。

引理2：纯策略 Nash 均衡满足动态用户最优均衡条件，即 PSNE $\Rightarrow$ DUO。

证明：由式(4－10)成立及式(4－7)可知：

$$\tau_k(f_k^*(t),f_{-k}^*(t)) \leqslant \tau_k(f_k(t)f_{-k}^*(t))$$
$$\forall k \in \{1,\cdots,K\} \tag{4-13}$$

(1) 若$f_k^*(t)=0$，自然有式(4－9)成立。

(2)若$f_k^*(t)>0$，但$\tau_k(f_k^*(t),f_{-k}^*(t))>\tau^*(t)$，由$\tau^*(t)$的含义可知，必至少存在某条路径$l \in \{1,\cdots,K\}$，使得$\tau_l(f_l^*(t),f_{-l}^*(t))=\tau^*(t)$，则对于两条路径$k$、$l$，有$\tau_k(f_k^*(t),f_{-k}^*(t))>\tau_l(f_l^*(t),f_{-l}^*(t))$。根据假设1，在理性人假设条件下，必然会有出行者从路径k转移到路径l上，不妨设转移出的车辆数目为$\Delta f_{k\to l}(t)>0$，则路径k转移后的新车辆数为$f_k(t)=f_k^*(t)-\Delta f_{k\to l}(t)<f_k^*(t)$。由路径阻抗的严格单调性假设2可知，$t$时刻路径$k$的阻抗满足$\tau_k(f_k^*(t),f_{-k}^*(t))>\tau_k(f_k(t),f_{-k}^*(t))$，这与式(4－13)矛盾。故若$f_k^*(t)>0$，必有$\tau_k(f_k^*(t),f_{-k}^*(t))=\tau^*(t)$成立。

综合(1)、(2)两种情况可知，当式(4－10)得到满足时，式(4－9)成立，故引理2成立，证毕。

推论1：动态用户最优均衡等价于纯策略Nash均衡，即DUO $\Leftrightarrow$ PSNE。

证明：由引理1和引理2即可得。

4.4.2 DSUO 和混合策略 Nash 均衡等价性

假设网络中出行者集合$I=\{1,\cdots,n\}$。这里之所以采用与4.4.1中不同的博弈要素设置，是由问题本身的性质所决定的，因为动态用户最优均衡条件中需要确定的是当前时刻路径上的车辆数，而动态随机出行者最优均衡条件需要确定的是出行者选择每条路径的概率，所以在4.4.1的证明中，将路径看作博弈参与方，将路径上的车辆数作为策略。而在本小节的证明中，将出行者看作博弈参与方，将出行者选择路径的概率作为策略。

设 t 时刻出行者 i 的策略向量 $s_i(t) = (x_{i,1}(t),\cdots,x_{i,K}(t))$ 。这里 $s_i(t)$ 中的每一个分量满足概率条件 $0 \leqslant x_{i,j}(t) \leqslant 1$, $\sum_{j=1}^{K} x_{i,j}(t) = 1$, t 时刻第 i 个出行者的收益向量函数为：

$$u_i(s_i(t),s_{-i}(t)) = [u_{i,1}(s_i(t),s_{-i}(t)),\cdots,u_{i,K}(s_i(t),s_{-i}(t))]^T \tag{4-14}$$

其中，$s_{-i}(t) = (s_1(t),\cdots,s_{i-1}(t),s_{i+1}(t),\cdots,s_n(t))^T$ 表示 t 时刻其他 $(n-1)$ 个出行者的策略，式(4－14)中每个分量 $u_{i,k}(s_i(t),s_{-i}(t))$ 表示 t 时刻第 i 个出行者采取策略 $s_i(t)$ ，而其他 $n-1$ 个出行者采取策略 $s_{-i}(t)$ 时，第 i 个出行者在第 k 条路径上可以获得的收益，类似于式(4－7)，这里同样用负的路径旅行阻抗表示收益值，即

$$u_{i,k}(s_i(t),s_{-i}(t)) = -\tau_{i,k}(s_i(t),s_{-i}(t)) \tag{4-15}$$

在证明等价性之前，先给出动态随机用户最优均衡条件 DSUO 和混合策略 Nash 均衡条件。

定义 3：动态随机用户最优均衡条件[78]。在任一时刻，在任一 OD 对之间的每一个决策节点上，若从决策节点至终讫点的路径被选用，则这些被选用路径的当前时刻的理解瞬时阻抗等于从决策节点至终讫点的最小理解瞬时阻抗，称此时的网络流量状态满足动态随机用户最优(DSUO)均衡条件。

所谓理解阻抗为最小，就是在当前时刻，出行者按照一定的概率选择出行路径，并且在这个选择概率下认为自己所选择路径的旅行阻抗为最小，公式为：

$$\tau_{i,k}(s_i^*(t),s_{-i}^*(t)) \leqslant \tau_{i,k}(s_i(t),s_{-i}^*(t)), \forall i \in I, k \in \{1,\cdots,K\} \tag{4-16}$$

其中，$s^*(t)=(s_i^*(t),s_{-i}^*(t))^T$表示系统处于DSUO状态时网络中所有个体出行者的出行策略。

定义4：混合策略Nash均衡（Mixed Strategy Nash Equilibrium，MSNE）。称t时刻混合策略$s(t)=(s_i(t),s_{-i}(t))^T$满足混合策略Nash均衡条件，如果$t$时刻第$i$个出行者的收益满足：

$$u_i(s_i^*(t),s_{-i}^*(t))\geqslant u_i(s_i(t),s_{-i}^*(t)),\forall i\in I \qquad (4-17)$$

引理3：动态随机用户最优均衡满足混合策略Nash均衡，即DSUO ⇒ MSNE。

证明：由于DSUO被满足，由定义3可知，式（4－16）成立，再由式（4－14）及式（4－15）可知，式（4－17）成立，故引理3成立，证毕。

引理4：混合策略Nash均衡满足动态随机用户最优均衡，即MSNE ⇒ DSUO。

证明：由式（4－17）成立及式（4－14）可知，对于每一条路径k，有$u_{i,k}(s_i^*(t),s_{-i}^*(t))\geqslant u_{i,k}(s_i(t),s_{-i}^*(t)),\forall i\in I$成立，又由式（4－15）即得式（4－16）成立，故引理4成立，证毕。

推论2：DSUO解等价于混合策略Nash均衡，即DSUO ⇔ MSNE。

证明：由引理3和引理4即得。

由推论1和推论2可知，当流量系统处于演化稳定状态（即达到流量演化动力学模型的平衡点）时，道路网络上的流量处于动态（随机）用户最优均衡状态。下面讨论这种最优均衡状态的稳定性和平衡点附近的长期演化趋势。

4.5 流量演化系统动力学模型解的性质分析

现在对联合出行选择情形下的流量演化系统的动力学模型FEDM的解的性质进行分析。关于流量演化系统FEDM的解的存在性和唯一性有如下命题：

命题：FEDM 解的存在唯一性。$\forall(t_0, y_0) \in T \times \Omega$，总存在常数 $t^* > 0$，在区间 $\hat{D} = [t_0 - t^*, t_0 + t^*]$ 内流量演化系统 FEDM 存在唯一的解 $y(t;t_0,y_0)$，这里 $T = [0, +\infty) \subset R^w$。

考虑到篇幅原因，这里仅给出一个证明思路。因为 $g(y(t)) \in C[\Omega, R^w]$，所以只需要看 $g(y(t))$ 是否在区域 Ω 上满足 Lipschitz 条件，考察 $g(y(t))$ 对 $y(t)$ 中任一分量 $y_l(t)$ 的偏导数的范围。根据 $y(t)$ 和 $g(y(t))$ 的定义可知，$g_k(y(t))$ 与 $f_{ij}(x(t))$、$y_l(t)$ 与 $x_{pq}(t)$ 存在一一对应，故：

$$\frac{\partial g_k(y(t))}{\partial y_l(t)} = \frac{\partial f_{ij}(x(t))}{\partial x_{pq}(t)}, \ \forall i,p \in I; j \in N_i; q \in N_p; k,l \in W \tag{4-18}$$

通过分析函数 $f_{ij}(x(t))$ 的各项特征可知，$\frac{\partial f_{ij}(x)}{\partial x_{pq}}$ 存在上界，则 $\frac{\partial g_k(y(t))}{\partial y_l(t)}$ 亦存在上界，故 $g(y(t)) = [g_1(y(t)),\cdots,g_w(y(t))]^T$ 在 Ω 上满足 Lipschitz 条件。又 $g(y(t)) \in C[\Omega, R^w]$，故由常微分方程解的存在唯一性定理可知，$\forall(t_0,y_0) \in T \times \Omega$，总存在常数 $t^* > 0$，使得在区间 $\hat{D} = [t_0 - t^*, t_0 + t^*]$ 内存在唯一的解 $y(t;t_0,y_0)$ 满足流量演化系统 FEDM。

下面简要介绍流量演化动力学模型 FEDM 在平衡点附近稳定性的分析思路。因为 $g(y = 0) = 0$，所以 FEDM 存在零解，只需要讨论 FEDM 在零解上的稳定性即可，其基本思路是根据 Lyapunov 直接法给出它在零解上具有稳定性的充分条件。令 Lyapunov 函数 $V(y) = \sum_{k=1}^{w} y_k^2$，则函数 $V(y)$ 关于 FEDM 对 t 的全导数为：

$$\frac{\mathrm{d}V(y)}{\mathrm{d}t} = \sum_{k=1}^{w} \frac{\partial V}{\partial y_k} \cdot g_k(y) = 2\sum_{k=1}^{w} y_k^2 \delta_k(y) \qquad (4-19)$$

由 $g_k(y)$ 与 $f_{ij}(x)$ 、y_k 与 $x_{ij}(t)$ 存在的对应关系可知，$g_k(y) = y_k[h_k(y) - \varphi_k(y)] := y_k\delta_k(y)$ ，$\forall k \in W$,因此式(4－19)中第2个等式成立。分别解出使得 $\frac{\mathrm{d}V(y)}{\mathrm{d}t}$ 大于零、等于零和小于零的 y 所在的区域,通过 Lyapunov 稳定性和切塔耶夫不稳定性定理,可以得到流量演化动力学模型 FEDM 在零解上稳定、渐进稳定和不稳定成立的充分条件。

综合上面关于流量演化动力学模型 FEDM 解的性质的分析可知,如果我们已经建立了交通流的演化动力学模型,那么对于任意可行的初始状态,存在唯一的依时间变化的出行策略满足该系统的演化动力学,而且,可以进一步判断该演化系统的平衡点关于初始值的稳定性质。这里关键是需要确定各个出行者在出行过程中各方的收益(支付)参数,结合收益参数的大小来判断上述稳定性判定的三个条件中哪一个得能到满足,从而预测系统流量的长期演化趋势。

4.6　数值算例

本节用一个简单的数值算例说明本章建立的流量演化动力学模型的合理性和有效性。

设路网 G(N,A) 由两节点、两条路段组成,节点集 $N = \{O,D\}$,路段集 $A = \{1,2\}$,路网拓扑结构如图4－2所示。

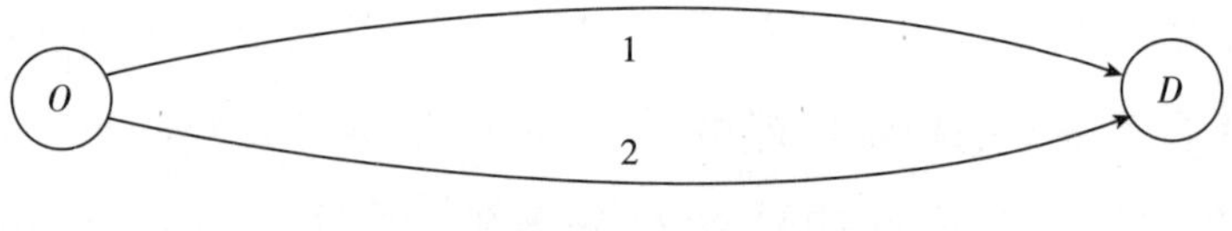

图4－2　算例路网拓扑结构图

路网参数：$l_1 = 3\ \text{km}$，$l_2 = 2\ \text{km}$，$v_1 = 30\ \text{m/s}$，$v_2 = 20\ \text{m/s}$，$k_{j,1} = 0.25\ \text{veh/m}$，$k_{j,2} = 0.25\ \text{veh/m}$，$l_1$ 和 l_2 分别为路段 1 和路段 2 长度，v_1 和 v_2 分别为路段 1 和路段 2 上的自由流速度，$k_{j,1}$ 和 $k_{j,2}$ 分别是路段 1 和路段 2 的阻塞密度，路段特性函数[79]为：

$$c_a(k_a(t)) = \frac{l_a k_j}{v_{\max}(k_j - k_a(t))} \tag{4-20}$$

其中，$k_a(t) \equiv \dfrac{x_a(t)}{l_a}$ 为 t 时刻路段 a 上的交通密度，单位为 veh/m；$v_{\max}$ 为自由流速度，单位为 m/s；k_j 为阻塞密度，单位为 veh/m。路段 1、路段 2 上的车辆负荷分别为 $x_1(t)$、$x_2(t)$，为了保证 $c_a(k_a(t)) > 0$，必须有路段负荷 $x_1(t) < 750$，$x_2(t) < 500$。

4.6.1　动态用户最优（DUO）模型

设所考虑的建模时间段为 $[0,T]$，建立满足动态用户最优（DUO）均衡的分配模型[78, 79]如下：

$$u_a(t)(c_a(t) - c_{\min}^{OD}) = 0,\quad a \in A \tag{4-21}$$

$$\int_0^T \sum_{a\in A} (u_a(t) - u_a^*(t))(c_a(t) - c_a^*(t))\mathrm{d}t \geqslant 0 \tag{4-22}$$

$$\frac{\mathrm{d}x_a(t)}{\mathrm{d}t} = u_a(t) - v_a(t),\quad a \in A \tag{4-23}$$

$$\frac{\mathrm{d}c_a(t)}{\mathrm{d}t} = \frac{u_a(t)}{v_a(t + c_a(t))} - 1,\quad a \in A \tag{4-24}$$

$$\sum_{a\in A} x_a(t) = D(t) \tag{4-25}$$

$$x_a(t) \geqslant 0,\quad u_a(t) \geqslant 0,\quad v_a(t) \geqslant 0 \tag{4-26}$$

其中，$c_a(t)$ 为 t 时刻路段 a 上的实际行驶阻抗；$c_{\min}^{OD}$ 为 OD 对间的最小行驶阻抗；$x_a(t)$ 为 t 时刻路段 a 的交通负荷（车辆数），单位为 veh；$u_a(t)$ 和 $v_a(t)$ 分别为 t 时刻路段 a 上的流入率和流出率；$u_a^*(t)$ 和

$c_a^*(t)$ 分别为 t 时刻满足 DUO 条件的路段 a 上的流入率和行驶阻抗；$D(t)$ 为 t 时刻 OD 对间的交通需求负荷量，假设固定为 600，单位 veh。

式（4－21）为动态用户最优（DUO）条件，式（4－22）为等价的变分不等式（VI）问题，式（4－23）为状态约束条件，式（4－24）为流量传播约束条件，式（4－25）为守恒约束，式（4－26）为非负约束。

将路网参数代入式（4－20）至式（4－26），可以解出状态变量 $x_1(t) \approx 436 \approx 0.726D(t)$，$x_2(t) \approx 164 \approx 0.274D(t)$。

4.6.2 流量演化动力学模型（FEDM）

出行者 $\{A,B\}$，策略集 $\{1,2\}$，2×2 对称博弈的规范形式为 $\begin{pmatrix} A,B & 1 & 2 \\ 1 & (a,a) & (b,c) \\ 2 & (c,b) & (d,d) \end{pmatrix}$，其中，博弈支付参数 a 表示当出行者 A 选择路段 1，对手 B 也选择路段 1，A 获得的收益，这里收益用负的阻抗来表示，其他字母 b、c、d 的含义类似。A 的博弈支付矩阵 $\begin{pmatrix} a & b \\ c & d \end{pmatrix}$，在动态交通环境下，由式（4－20）可知，道路行驶阻抗函数是路段交通负荷的严格单调递增函数，则易知博弈支付参数满足：

$$a < c, b > d \tag{4-27}$$

在博弈策略分别为 $\{1,1\}$，$\{1,2\}$，$\{2,1\}$，$\{2,2\}$ 时，路段 1 和路段 2 上面的交通负荷量分别为 $\{x_1(t)+x_2(t)=D(t),0\}$，$\{x_1(t),x_2(t)\}$，$\{x_2(t),x_1(t)\}$，$\{0,x_1(t)+x_2(t)=D(t)\}$，将交通负荷量分别代入式（4－20）中，可得支付参数如下：

$$a = \frac{100}{\frac{x_1(t)+x_2(t)}{750}-1}, \quad b = \frac{100}{\frac{x_1(t)}{750}-1}, \quad c = \frac{100}{\frac{x_1(t)}{500}-1}$$

$$d = \frac{100}{\dfrac{x_1(t) + x_2(t)}{500} - 1} \tag{4-28}$$

由路段负荷条件 $x_1(t) < 750, x_2(t) < 500$ 易知，b、c 均为负数。

由式（4-27）和式（4-28）可得，x_1 和 x_2 满足约束条件 $x_1 < 2x_2$。

设总需求 $D(t) = 600$ 中，路段 1 上面分配的交通负荷比例为 $p_1 = \frac{x_1(t)}{x_1(t) + x_2(t)}$，路段 2 上面分配的交通负荷比例为 $p_2 = 1 - p_1 = \frac{x_2(t)}{x_1(t) + x_2(t)}$，由 $x_1 < 2x_2$ 易知 $p_1 < \frac{2}{3}, p_2 > \frac{1}{3}$，可得流量演化动力学模型 FEDM[80]：

$$\dot{p}_1 = p_1({e_1}^T - p^T)Ap := f(p_1) \tag{4-29}$$

其中，$e_1 = (1,0)^T$，$p = (p_1, p_2)^T$

4.6.3　结果分析和讨论

对流量演化动力学模型（4-29）化简得：

$$\begin{aligned} \dot{p}_1 = f(p_1) :&= p_1(1 - p_1)((a - c + d - b)p_1 + b - d) \\ &= (a - c + d - b)p_1(1 - p_1)(p_1 - p^*) \end{aligned} \tag{4-30}$$

这里：

$$p^* = \frac{d - b}{a - c + d - b} \tag{4-31}$$

易知，流量演化系统（4-29）存在唯一演化稳定策略（ESS）：$\{p^*, 1 - p^*\}$。

（1）演化动力学模型 FEDM 解的存在唯一性。

将 $f(p_1)$ 对 p_1 求导数取绝对值得：

$$\left|\frac{\mathrm{d}f(p_1)}{\mathrm{d}p_1}\right| = |(1 - p_1)(a'p_1 + b') - p_1(a'p_1 + b') + a'p_1(1 - p_1)| \leqslant$$

$$3|a'|+2|b'|=3(c-a)+5(b-d)$$

这里,$a'=a-c+d-b<0, b'=b-d>0$。由于$f(p_1)\in C^1[0,1]$,在$[0,1]$上满足 Lipschitz 条件,故流量演化系统(4 - 29)对于某个初值(t_0,p_1)在$[0,1]$内存在唯一解。

(2)FEDM 的演化稳定点(ESS)与动态用户最优(DUO)条件的等价性。

将$x_1(t)=p^*\cdot D(t)$, $x_2(t)=(1-p^*)\cdot D(t)$和支付参数模型(4 - 28)代入式(4 - 31)中,可以解得$p^*\approx 0.726$,当时间t充分大的时候,有$x_1(t)\to p^*D(t)\approx 0.726D(t)$, $x_2(t)\to(1-p^*)D(t)\approx 0.274D(t)$,即流量演化系统(4 - 29)的演化稳定点对应的交通负荷就是满足动态用户最优条件下的解。通过分析流量演化动力学模型(4 - 29)得到了满足 DUO 条件的均衡解,证明了本章模型的合理性和有效性。

值得注意的是,4.4 和 4.5 中的讨论都是基于网络路径的,4.6 给出的算例却是基于网络路段的。这里有两个原因:首先,由于算例路网的简单性(给出的算例只含有一个 *OD* 对和两条路段),使得这里的路段同时也是路径;其次,更重要的也是一般性的原因,就是基于路径流量和基于路段流量的 DUO 条件之间存在密切的关系,用式子表示就是$u_a(t)=\sum_{q\in Q_a}f_q(t)$。其中,$u_a(t)$为$t$时刻路段$a$的流入率,$f_q(t)$为$t$时刻路径$q$的流量速率,$Q_a$为包含路段$a$的路径集合。由这个关系式可以推出基于瞬时路径阻抗的 DUO 条件与基于瞬时路段阻抗的 DUO 条件的一致性,既满足基于瞬时路径阻抗的 DUO 条件,也满足基于瞬时路段阻抗的 DUO 条件,反之亦然[29]。同时,考虑到基于瞬时路径阻抗的 DUO 条件下的动态流量分配模型在设计算法时需要列举路径,给实际大型交通网络的应用带来不便,因此,在理论分析中往往采用基于路段的 DUO 动态分配模型来代替基于路径的 DUO 分配模型,一是这两者本质上一致,二是会带来求解的便利,4.6 的算例就是基于这个考虑。

4.7 小结

本章针对交通流从不均衡到均衡的动态演化过程,提出了交通流演化动力学研究的一般框架,建立了流量演化的微分动力学模型,证明了动力学模型对应的纯策略 Nash 均衡(PSNE)和动态用户最优(DUO)条件以及混合策略 Nash 均衡(MSNE)和动态随机用户最优(DSUO)条件之间的等价性。同时,动力学模型的 ESS 就是满足 DUO 的均衡解,在动态交通流分配问题和出行者博弈行为之间建立了联系,并讨论了动力学模型解的性质(解的存在性、唯一性和平衡点附近的稳定性)。这些结论有助于我们加深对城市交通流演化规律的认识和理解,对发展出有效的交通管理控制措施也具有积极的理论价值和实际意义。本章提出的交通流演化动力学的研究框架具有相当的一般性,可以很方便地推广到其他更为复杂的出行行为决策下的流量演化相关问题的研究中。

本章只是从理论分析的角度对交通流的动态均衡和演化动力学问题进行了探讨,考虑到现实问题的复杂性,模型对实际情况进行了大量的假设和简化,下一步可以运用仿真和实证的方法,对本章的相关结论展开验证。另外,本章中的一些参数具体取值的设定,也是值得进一步深入探讨的问题。

第 5 章　多维动态随机用户最优流量分配模型

摘要：针对个体用户进行出行方式、出发时间、出行路径联合选择问题，在个体用户基于 Logit 模式进行出行决策的假设下，建立了满足动态随机用户最优均衡条件的变分不等式模型。该模型将用户的出行方案制定和实施作为一个整体进行考虑，说明了该变分不等式模型解的存在性和唯一性，并且在此基础上使用投影算法，通过一个简单算例验证了算法的合理性和有效性。

5.1　引言

为了分析交通拥挤特性以及对交通流进行最优控制，必须对动态交通流进行建模研究，动态交通分配（DTA）考虑了交通需求随时间变化的特性，能够给出瞬时的交通流分布状态，它是 ITS（智能交通系统）项目中最重要的关键核心技术基础之一。动态交通分配理论经过 20 多年的发展，目前有许多有效的方法。其中，变分不等式理论在处理不对称方面的优势以及其清晰的解析特性，使得动态最优交通分配的变分不等式模型的研究迅速发展[81]。

Ran 等从单用户角度，在 1996 年提出了一系列基于路段的理想动态用户最优路径选择问题的变分不等式模型[82-84]。文献[85]针对我国城市混合交通的特点，借助于Share需求模型，建立了混合交通运量分布与平衡分配的极值模型，证明了模型的最优解与Wardrop用户最优均衡条件等价，提出了求解的方向搜索法。文献[86]建立了随机动态用户最优路径选择模型，并提出了两种K最短路径的启发式算法。文献[87]将车辆分为小汽车和卡车，在路段费用函数中充分考虑了共用同一道路设施的用户间的相互作用及其不对称性，建立了多用户类的动态交通分配拟变分不等式模型，提出了实用的嵌套修正投影算法。文献[88]在多起点、多讫点的一般结构城市交通网络上建立了离散动态均衡的交通分配模型，允许用户对路径和出发时间同时选择。文献[89]在多用户类和多停车设施的条件下，建立了同时考虑出行时间、路径、停车位置和停车时间选择的动态网络均衡模型，并且提出了一种启发式算法和算例。文献[78]在分析出发时间和路径选择的组合DUO条件的基础上，建立了与之等价的双层VI模型，并给出了两种启发式算法。Chen等[90]建立了离散时间基于路段的动态用户最优路径选择模型，并且给出了一个嵌套对角化算法和算例。文献[91]提出了交通系统的三维结构，指出要有效缓解交通阻塞问题，必须从系统工程的角度综合考虑交通系统间各维度的协调控制。文献[92]在路段出行成本是流量的单调函数的较弱条件下，分别针对固定需求和弹性需求的情形，首次证明了静态的随机用户配流模型可以表示为一个变分不等式问题。文献[93]将具有弹性需求的随机用户平衡分配问题描述为一个等价的变分不等式，在路段出行成本函数是路段流量的严格单调上升函数的假定下，给出了其等价的凸数学规划问题，并针对公交网络问题的特殊性，提出了相应的算法。文献[94]首次把瞬时的路径选择和出发时间决定的动态用户均衡问题表示为一个变分不等式模型，该模型满足先进先出

(FIFO)条件。

本章在个体用户基于 Logit 模式进行出行选择的假设下，建立了满足动态随机用户最优出行方式、出发时间和路径选择条件的变分不等式(VI)组合模型，说明了该 VI 模型解的存在唯一性，并且在此基础上使用投影算法对一个简单网络进行了算例验证。

5.2 符号和假设

假设 $G(N,A)$ 是具有多起讫点的强连通交通网络，N 是网络节点集，A 为有向路段集，起节点集合 $O \subset \mathbf{N}$，讫节点集合 $D \subset \mathbf{N}$，起节点个数为 $|O|$，讫节点个数为 $|D|$，$r \in O$ 表示任一决策节点，$s \in D$ 表示任一目的节点，网络中所有 OD 对集合为 $W = \{rs : r \in O, s \in D\}$，网络中 OD 对集合的个数为 $|W|$，$|M|$ 为所有出行模式的数目，$|R|$ 为 rs 对间路径的条数。考虑一个固定的时间段 $[0,T]$（T 是能够满足所有用户在高峰时间出行且能够完成旅行的时间），假设在时间段 T 内任一 OD 对间总的出行需求是已知的，为 $D^{rs}(T)$，用户可选择的出行方式有 M 种（公交车、小汽车、摩托车、自行车等），可供选择的出发时间 t 为 $[0,T]$ 中任意一点。相关的决策变量表示如下（这些变量中，所有带有上标 rs 的变量均表示决策节点为 r，目的节点为 s）：

$x_{ma}(t)$ 为时刻 t 行驶在路段 a 上的第 m 种方式的出行数量 *（$m \in \{1,\cdots,M\}$，下同）；

$u_{ma}(t)$ 为时刻 t 第 m 种出行方式进入路段 a 的流入率 **；

$v_{ma}(t)$ 为时刻 t 第 m 种出行方式离开路段 a 的流出率 **；

$f_m^{rs}(t)$ 为时刻 t 第 m 种出行方式从起点 r 到讫点 s 的出发率 **；

$f_{mp}^{rs}(t)$ 为时刻 t 第 m 种出行方式从起点 r 到讫点 s 间第 p 条路径上的出发率 **；

$\tau_{ma}(t)$ 为时刻 t 进入路段 a 的第 m 种出行方式的交通流在路段 a 上花费的实际旅行时间。

其中,带有 * 的变量表示状态变量,带有 ** 的变量表示控制变量。个体用户进行出行方式、出发时间和出行路径的选择时,假设个体用户每种出行方案(一个出行方案是出行方式、出发时间和出行路径的组合)的效用函数的随机误差项服从相互独立的 Gumbel 分布。

5.3　出行方式/出发时间/路径选择问题

实际生活中,用户的出行方式和出发时间一般并不事先给定,而是根据出行目的,参考自己的经验和外界的信息进行确定。在出行活动实施的过程中,用户往往根据某种原则动态选择自己的行进路线,原先确定的路径就有可能发生变化,个人行为的变化导致了交通流量在路网上的分配不是一成不变的,这实际是一个结构(出行方式)、时间(出发时间)、空间(出行路径)的三维决策问题。假设个体用户完全了解路网上的交通信息,能精确计算每条路径的出行成本从而做出完全正确的出行决策,则确定性动态用户最优均衡;如果个体用户不完全了解路网上的出行交通信息,在出行中按照个人理解的最小出行成本来进行出行决策,则随机动态用户最优均衡[95]。实际中这种按照个人理解进行出行决策的情况是大量存在的,我们的目标是要得到每个出发时刻、每一条路径上各种出行方式的流量速率,以及各条路段上的流入率、流出率、出行数量。

5.3.1　出行方式/出发时间选择

对网络中任何一个产生出行的决策节点,用户选择不同的出行方式、出发时间和出行路径,会产生不同的出行成本(包括时间、经济支出和一定的心理成本等)。

令$f^{rs}(t) = (f_1^{rs}(t),\cdots,f_{|M|}^{rs}(t))^T$是$t$时刻$rs$间出发率向量。后面用$c_1$表示出行方式/出发时间选择下的实际成本,用$c_2$表示出行路径选择下的实际成本,令$c_1(f^{rs}(t)) = (c_1(f_1^{rs}(t)),\cdots,c_1(f_{|M|}^{rs}(t)))^T$为$OD$对$rs$间所有出行方案下的实际出行成本向量,其中每一个分量$c_1(f_m^{rs}(t))$表示OD对rs间从t时刻出发的采用第m种出行方式下的实际出行成本,假设$c_1(f_m^{rs}(t))$是瞬时出发率$f_m^{rs}(t)$的单调递增可微函数。$c_1(f_m^{rs}(t))$由以下四部分的加权和构成:①该种出行方式下的经济成本支出(车票、油耗等交通费用);②在出发的起节点由于等待造成的损失;③花费在路上的旅行时间;④由于早到带来的利益或者迟到带来的损失。将实际出行成本函数$c_1(f_m^{rs}(t))$定义为:

$$c_1(f_m^{rs}(t)) = \mu_m + \alpha_m t + \tau_m^{rs}(t) + [T^{rs} - (t + \tau_m^{rs}(t))], \forall r,s \in OD \tag{5-1}$$

其中,μ_m是与出行方式相关的经济成本支出;$\alpha_m t$是由于等待而产生的效用项,参数$\alpha_m \geqslant 1$表示对用户而言,1单位时间等待造成的损失比1单位时间在路上行驶造成的损失大;$\tau_m^{rs}(t)$是OD对rs间采用第m种出行方式在时刻t的实际旅行时间;T^{rs}是要求到达的时间。

下面给出动态随机用户最优出行选择条件的定义:

定义 1:动态随机用户最优出行方式/时间选择均衡条件。网络上的交通流满足动态随机用户最优出行方式/出发时间选择条件,如果对任一OD对rs,在任一时刻t,每一种被使用的出发时间和出行方式下的瞬时出行成本都等于该rs在t时刻的最小理解瞬时出行成本,称此时的网络流量状态满足动态随机用户最优出行方式/出发时间均衡条件。

5.3.2 路径选择

当个体用户确定了出行方式和出发时间后,在出行过程中,用户会根据实际路网的情况适时调整自己的行进路线,假设用户按照个人理解出行成本进行路径选择,那么网络达到的均衡状态称为随机用户最优均衡。

假设 rs 间总的路径条数为 $|R|$ 条,令 $g_m^{rs}(t) = (f_{m1}^{rs}(t), \cdots, f_{m|R|}^{rs}(t))^T$ 是 t 时刻 rs 间采用第 m 种出行方式的路径向量,令 $c_2(g_m^{rs}(t)) = (c_2(f_{m1}^{rs}(t)), \cdots, c_2(f_{m|R|}^{rs}(t)))^T$ 为 OD 对 rs 间所有出行方案(这里出行方案是选择某条出行路径)下的实际出行成本向量,其中每一个分量 $c_2(f_{mp}^{rs}(t))$ 表示 OD 对 rs 间从 t 时刻出发的采用第 m 种出行方式下第 p 条路径的实际出行成本,假设 $c_2(f_{mp}^{rs}(t))$ 是瞬时流量速率 $f_{mp}^{rs}(t)$ 的单调递增可微函数。将实际出行成本函数 $c_2(f_{mp}^{rs}(t))$ 定义为:

$$c_2(f_{mp}^{rs}(t)) = \sum_{a \in A_p^{rs}} \tau_{ma}(t) \tag{5-2}$$

其中, $\tau_{ma}(t)$ 表示时刻 t 采用第 m 种方式路段 a 上的旅行时间, A_p^{rs} 表示 rs 间第 p 条路径所包含的路段集合。

下面给出动态随机用户最优路径选择条件的定义:

定义 2:动态随机用户最优路径选择均衡条件。称网络上的交通流满足动态随机用户最优路径选择条件,如果对任一 OD 对 rs ,在任一时刻 t ,使用同种出行方式同时出发的用户,该 rs 对间所有被使用的路径的瞬时阻抗都等于该 rs 对的最小理解瞬时旅行阻抗,称此时的网络流量状态满足动态随机用户最优出行方式/出发时间均衡条件。

5.4　多维动态随机用户最优变分不等式模型、算法和算例

5.4.1　模型

命题:满足多维动态随机用户最优均衡条件的解与下述变分不等式问题等价:

VIP1:确定一个 $f_{mp}^{*rs}(t) \in \Omega$,使得 $\forall f_{mp}^{rs} \in \Omega$ (这里 Ω 是满足模型

约束条件的可行集)，则不等式

$$\sum_{rs}\sum_{p}\sum_{m=1}^{M}\begin{matrix}\beta_m\{c_1(\sum_{p} f_{mp}^{*rs}(t)+\frac{1}{\theta}[\ln\sum_{p} f_{mp}^{*rs}(t)-\ln D^{rs}(T)]-S(c_1(\sum_{p} f_{mp}^{*rs}(t)))+\\ c_2(f_{mp}^{*rs}(t)+\frac{1}{\theta}[\ln f_{mp}^{*rs}(t)-\ln f_{m}^{*rs}(t)]-S(c_2(g_{m}^{*rs}(t)))\}(f_{mp}^{rs}(t)-f_{mp}^{*rs}(t))\end{matrix}\geqslant 0 \tag{5-3}$$

成立。

限于篇幅，这里不给出具体证明，证明方法与参考文献[96]中的证明方法类似。

5.4.2 算法

常用的求解变分不等式问题的算法有投影方法、对角化方法、增广拉格朗日方法、分解方法和混沌优化算法等几种。对于变分不等式问题 VIP1，这里采用投影方法，求得出发率和流量速率后，可以根据约束条件计算得出其他几个决策控制变量 $u_{ma}^{rs}(k)$ 、$v_{ma}^{rs}(k)$ 、$x_{ma}^{rs}(k)$ 。对于实际旅行阻抗 $\tau_{ma}(t)$ ，按照文献[97]的公式计算：

$$\tau_{ma}(t)=\tau_{ma}^{0}\left[1+\alpha\left(\frac{\sum_{m}\gamma_m x_{ma}^{rs}(t)}{C_a}\right)^{\beta}\right] \tag{5-4}$$

其中，τ_{ma}^{0} 为路段 a 上第 m 种出行方式的零流时间，C_a 为路段 a 上的最大车辆通过能力；α ，β 为待定参数，一般取 $\alpha=0.15$，$\beta=4.0$。$\sum_{m}\gamma_m x_{ma}^{rs}(t)$ 为路段上的折合总流量，γ_m 为第 m 种出行方式的流量折算系数。

将时间段 $[0,T]$ 进行分段，分为 K 个小时段，每个小时段记为 k ，投影方法在第 n 步迭代中需要求解如下子问题 SQP：

$\min\frac{1}{2}z^{T}(k)z(k)+[\rho F^{n-1}(z(k))-z^{n-1}(k)]^{T}z(k),\forall k$ ，其中，$z(t)=(x(t),y(t))^{T}$ ，$x(t)=(f^{rs}(t):rs\in W)^{T}$ ，$y(t)=(g^{rs}(t):rs\in W)^{T}$ ，ρ 是

满足 $0 < \rho < 1/L$ 的任一正数，L 是满足 $c_1(f^{rs}(t))$ 和 $c_2(g_m^{rs}(t))$ 的 Lipschitz 常数。具体求解步骤如下：

第0步：令出行方式变量 $m = 1$ 。

第1步：初始化，使用随机加载得到0时刻的决策控制变量 $\{z^0(0)\}$ ，并计算出初始的函数值 $F^0(z(0))$ ，初始的成本向量 $c_1^0(f^{rs}(0))$ ，$c_2^0(g_m^{rs}(0))$ ，根据约束条件分别计算得出初始的决策控制变量 $\{u_{ma}^{rs,0}(0)\}$ ，$\{v_{ma}^{rs,0}(0)\}$ ，$\{x_{ma}^{rs,0}(0)\}$ ，并令 $n = 1$ 。

第2步：令 $k = 0$ 。

第3步：迭代，求解子问题SQP，得到决策控制变量 $\{z^n(k)\}$ 。

第4步：更新，可根据约束条件分别计算得出决策控制变量 $\{u_{ma}^{rs,n}(k)\}$ ，$\{v_{ma}^{rs,n}(k)\}$ ，$\{x_{ma}^{rs,n}(k)\}$ ，根据式(5－4)，计算出路段实际旅行阻抗 $\tau_{ma}^n(k)$ 。

第5步：计算终止检查，若 $k = K$ ，转第6步；否则令 $k = k + 1$ ，转第3步。

第6步：收敛性检验，若 $\| z^n(k) - z^{n-1}(k) \| \leqslant \varepsilon$（ ε 为设定的迭代精度），停止迭代；否则，令 $n = n + 1$ ，转第2步。

第7步：若 $m = |M|$ ，停止计算；否则，令 $m = m + 1$ ，转第1步。

5.4.3　算例

考虑如图5－1所示的Papageorgiou网络，有4个 OD 对，8条路段。可供选择的出行方式有2种，每条路段有2种交通方式混合行驶，可供选择的出发时间有2种，分别为 b_1 、b_2 。假设用户在 OD 对1→5之间进行动态出行选择。首先，用户需要在起节点1进行出行方式和出发时间的选择，然后，用户在连接间 OD 对1→5之间的3条路径上进行出行路径的选择，每到一个中间节点，用户将根据当时估计的出行成本选择下一条前进路段。取阻抗和效用转换参数 $\theta = 1.5$，式(5－1)中参数

$\alpha_1 = \alpha_2 = 1$，$\mu_1 = 2$，$\mu_2 = 1$，两种方式的折算系数分别为 $\gamma_1 = 1$，$\gamma_2 = 3$，要求到达时间 $T^{1,5} = 1200s$，迭代精度 $\varepsilon = 0.001$。具体参数如表5－1、表5－2所示。

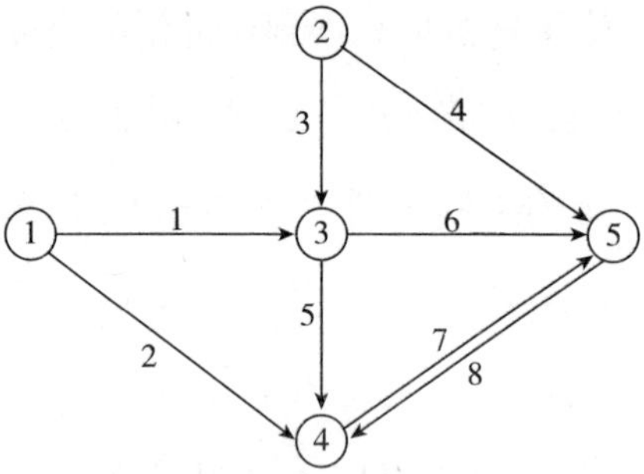

图5－1　Papageorgiou 网络图

表5－1　网络路段参数

路段	起节点	终止节点	自由流时间①(s)	通行能力(pcu/s)
1	1	3	240	4
2	1	4	360	3
3	2	3	240	4
4	2	5	360	3
5	3	4	240	6
6	3	5	300	6
7	4	5	120	2.5
8	5	4	120	4

表5－2　网络 *OD* 数据

OD 对	*OD* 需求	路段集
1→4	6000	1－5，　2，　1－6－8
1→5	5000	1－6，　2－7，　1－5－7
2→4	7000	3－5，　4－8，　3－6－8
2→5	6000	4，　3－6，　3－5－7

① 假设两种方式下的自由流时间相等。

利用5.4.2给出的投影算法得到如表5－3所示的解。这里仅列出了路段1和路段7这两条路段上的计算结果。

表5－3　满足DSUO条件的模型解

路段	时段	出行方式	出发时间	流入率	流出率	车辆数目	瞬时阻抗
1	0	1	1	750	0	0	240
			2	750	0	0	240
		2	1	750	0	0	240
			2	750	0	0	240
	1	1	1	160.7195	0	161	3006.85
			2	160.7195	0	161	3006.85
		2	1	720.295	0	720	3006.85
			2	720.295	0	720	3006.85
	2,3	1	1	0	0	0	240
			2	0	0	0	240
		2	1	0	0	0	240
			2	0	0	0	240
7	0,1	1	1	0	0	0	120
			2	0	0	0	120
		2	1	0	0	0	120
			2	0	0	0	120
	2	1	1	12.3501	0	12	1030.45
			2	12.3501	0	12	1030.45
		2	1	55.349	0	55	1030.45
			2	55.349	0	55	1030.45
	3	1	1	0	81.082	40	1459.68
			2	0	81.082	40	1459.68
		2	1	0	363.3855	363	1459.68
			2	0	363.3855	363	1459.68

通过前面给出的算法，可以得到路段上每个时段、每种出行方式下不同出发时间的流出率、流入率、车辆数目和瞬时路段阻抗。从计算结果可以看出，在每个时段，对于每种出行方式、每个出发时间，得到的路

段瞬时阻抗是相等的,从而每个时刻的均衡流量满足出行方式、出发时间、出行路径联合选择的动态随机用户最优均衡条件。这说明前面提出的模型和算法是有效的。

5.5 小结

本章针对动态交通流分配问题,在个体用户不能掌握完全路况信息做出完全理性决策,而只能按照个人理解出行成本进行出行决策的前提下,建立了同时考虑出行方式、出发时间、出行路径的动态随机用户最优出行选择的变分不等式模型,证明了变分不等式模型和动态随机用户最优均衡条件的等价性,并且提出了一个可行的投影算法。该模型的优点在于:一是将出行方案制定和出行行为实施作为一个连续的决策过程进行考虑,使得模型更加符合客观实际;二是将出行方式、出发时间、出行路径选择问题纳入一体化的框架中分析,考察动态的交通流在这三个方面取得一致的均衡性,这种综合性的考虑对于实时的交通控制与优化,以及推动智能交通系统更快发展无疑具有十分重要的理论意义。下一步需要研究的问题是,对于大型的城市交通网络,如何开发更加高效实用的算法,使之能够满足智能交通系统工程化的需要。

第6章　考虑信息使用和社交网络的出行类别模式分析

摘要：城市交通个体出行者的信息使用和社交网络属性对个体出行选择和组织的交通管理决策带来了深刻影响，了解个体出行者的信息使用习惯、社交网络属性以及交通行为之间的内在关系对于交通管理策略的制定具有重要的现实意义。本章选取中国城市居民作为样本对象，运用描述统计和聚类分析手段，将出行行为与信息使用、信息使用与社交网络属性进行组合聚类分析。结果显示，在考虑信息使用条件下，用户的通勤类出行类模式呈现出与休闲类出行类模式明显不同的特征，同时，用户的社交网络类模式也呈现出与不考虑信息使用情况下不同的类模式特征。本章的工作为进一步研究信息服务、社会互动对于出行行为的作用机理提供了理论启示和分析洞察。

6.1　引言

随着信息通信技术的发展和互联网普及程度的提高，截至2017年6月，中国网民规模达到7.51亿，其中手机网民占比高达96.3%，规模为7.24亿，两者规模均居世界第一[98]。各种交通信息的可获得性和易用性均超过了以往任何时期,遍布于城市的各种个人移动设备、车载传感器、固定设施传感设备每天都会生成海量的信号、数据和信息,各种信息的使用已成为城市居民交通出行的重要影响因素和辅助手段[99-101]。同时,数据和信息本身可以通过社会互动对交通出行产生影响,充分利用信息资源,建立社交网络分享各种交通信息,促进更社会化的决策行为,提高出行效率和交通资源的利用水平,已成为交通科学和社会科学等领域关注的热点[102-105]。现有关于信息使用、社会互动和出行行为的研究可以分两大类:一类是信息使用和交通出行之间的关联作用[101,106-109];另一类是社交网络与交通出行之间的影响互动[103,110-113]。

虽然有众多文献对信息使用和出行行为以及社会互动和出行行为之间的关系和相互影响展开研究,但存在两个方面的局限:一是对于各类交通信息的关注,现有文献主要从信息传递内容和获取渠道对信息进行划分,尚缺少对用户的信息使用习惯以及信息表现形式等更全面的考虑,在当今的大数据时代,探讨不同的信息使用习惯或者信息展现形式下个体交通行为特征对于交通政策的制定和管理措施的实施具有重要的参考价值。二是缺少对信息使用、社交网络和出行行为三者相结合的多角度用户特征的刻画,尚不清楚将这三者结合描述的用户特征与单独分析有何不同。本章通过问卷调查手段收集我国典型城市数据,对样本对象的信息使用习惯、社交网络属性、交通出行行为进行组合聚类分析,探索样本对象在这三个维度下的类型特征,获取更为细致、准确的城市交通出行者的行为习惯和信息选择偏好之间的关系,加深对于信息使用、社交网络与交通出行特征之间相互作用的理解,为交通需求管理和交通信息政策制定提供理论启示和科学依据。

6.2 问卷设计、数据收集和检验

问卷共分基本情况(6 题)、交通出行基本信息(8 题)、社交网络情况(7题)、信息使用情况(4题)、交通合作观念与态度(3题)五个部分,加上最后的一道建议题总共29题。交通出行分别调查用户的通勤和休闲娱乐两大类出行的出行方式、出行时间、出行距离和出行费用四种属性,社交网络调查用户的社交网络规模、社交网络对象、社交网络使用频率、社交网络使用强度四种属性,信息使用调查用户的信息获取渠道、信息使用习惯、信息交流内容和信息表现形式四种属性。问卷针对在校学生进行了小规模预调查,对存在的问题经过修改调整后,利用问卷网平台进行编写和发布[114]。

为了提高回复率,问卷收集采取了有偿答题方式,通过朋友圈进行宣传推广,正式收集从2016年12月2日开始到12月23日结束,22天时间总共收集到有效问卷606份。问卷平均答题时长7分40秒,通过移动设备答题574份(接近95%),通过桌面计算机答题32份(不到6%),这也从一个侧面说明了我国移动互联网的普及程度。从地域分布来看,排名前7位的省市分别是江苏(57%)、湖北(17%)、浙江(6%)、北京(3%)、河南(3%)、上海(2%)、福建(2%),总计占比90%。问卷地域分布既有北京、上海、江苏、浙江等经济发达地区,也有湖北、河南等中部内陆省份,说明样本采集的数据具有一定的代表性。

在对数据进行分析处理之前,首先对收集到的数据进行信度和效度检验,选取聚类分析涉及的24个变量,在原始数据表中变量名称分别为Q9~Q16,Q24_R1~Q24_R4, Q26,Q27_R1~Q27_R3, Q28_A1~Q28_A5, Q29_R1~Q29_R4,Q31_R1~Q31_R6,Q32_R1~Q32_R3,Q33_R1~Q33_R3,共计37个变量。利用SPSS19,选择克伦巴赫(Cronbach's)公式估计内部一致性系数,进行信度检验,然后计算KMO值和Bartlett球形度检验进行效度检验,得到的数据信度和效度检验结果如表6-1所示。

表 6-1 数据信度、效度检验

题项	说明	变量数	Cronbach's Alpha	KMO	Bartlett 球形度检验显著性
Q9 ~ Q16	交通出行行为	8	0.724	0.673	0
Q24_R1 ~ Q24_R4	社交网络态度	4	0.733	0.709	0
Q26 ~ Q29	信息使用行为及倾向	13	0.723	0.771	0
Q31 ~ Q33	合作观念和态度	12	0.845	0.861	0
合计		37	0.801	0.821	0

从表 6-1 数据可见，每一类题项的 Cronbach's Alpha 系数均超过 0.7，合计 37 个变量的 Cronbach's Alpha 系数超过了 0.8，说明问卷内部一致性信度较好；另外，每一类题项的 KMO 度量值均在 0.65 以上，合计 37 个变量的 KMO 度量值超过了 0.8，且每一类题项和合计的 Bartlett 球形度检验均显著小于 0.01，可以认为问卷的结构效度较好。

6.3 样本人口统计学特征描述

调查样本的社会人口统计学描述如表 6-2 所示。

表 6-2 社会人口统计学描述（N=606）

项目	类别	人数（人）	占比（%）
性别	男	310	51.16
	女	296	48.84
年龄	18 岁以下	11	1.82
	18 ~ 25 岁	217	35.81
	26 ~ 35 岁	100	16.50
	36 ~ 50 岁	251	41.42
	51 ~ 65 岁	22	3.63
	65 岁以上	5	0.83

续表

项目	类别	人数(人)	占比(%)
学历	初中/技校或以下	20	3.3
	高中或中专	22	3.63
	大专	57	9.41
	本科	316	52.15
	硕士及以上	191	31.52
职业	国家公务员	17	2.81
	企事业单位管理人员	89	14.69
	企事业单位普通职工	111	18.32
	专业人士	137	22.61
	个体经营者/私营业主	29	4.79
	工人/体力工作者	12	1.98
	无业/待业/失业/家庭主妇	6	0.99
	离退休人员	4	0.66
	学生	196	32.34
	其他	5	0.83
家庭月收入(注:有一人未作答,N=605)	1999 元及以下	28	4.63
	2000~5999 元	150	24.79
	6000~9999 元	132	21.82
	10000~19999 元	189	31.24
	20000~29999 元	59	9.75
	30000~49999 元	27	4.46
	50000 元及以上	20	3.31
家庭拥有的私家车数量	无	159	26.24
	1 辆	326	53.80
	2 辆	89	14.69
	3 辆及以上	32	5.28

6.4　分析与讨论

将信息使用习惯和通勤交通出行、信息使用习惯和休闲交通出行以及社交网络属性和信息使用习惯运用系统聚类法进行组合聚类分析，考察样本对象在这三个组合维度上的类别模式，使用的数据处理与分析工具为 MATLAB R2014a。

6.4.1 交通出行（通勤类）与信息使用组合的分析结果

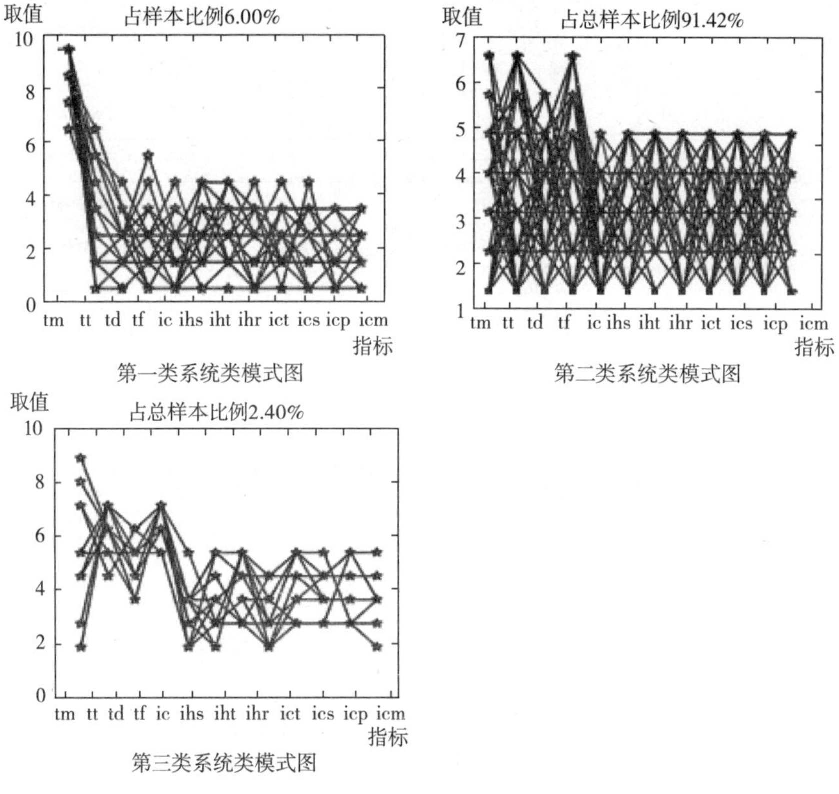

图 6－1 “交通出行（通勤类）+信息使用”组合聚类分析

（1）分析。

调查样本的通勤类交通出行和信息使用进行组合聚类的结果如图 6－1所示（横坐标 12 个标签 tm ~ icm 分别表示出行方式、出发时间、出行距离、出行费用、信息来源、信息习惯—发布、信息习惯—转发、信息习惯—回复、信息内容—技术、信息内容—服务、信息内容—

政策、信息内容—管理，纵坐标表示对应指标的问卷选项取值，具体含义可参考文献〔114〕）。结果表明，调查样本可以分为三个主要类别：第一类占比约为6.00%（图6－1左上），其交通出行行为属于前面提到的出行方式合作型出行，费用相对较低，本章称为交通通勤和信息使用合作型类模式，这类群体的信息使用特征不明显。第二类比例约为91.42%（图6－1右上），其交通出行行为和信息使用特征不明显，总体上呈现随机分布状态，本章称为交通通勤和信息使用同质随机类模式。第三类占比约2.40%（图6－1左下），其交通出行行为特征呈现出非合作型出行，出行费用偏高，本章称为交通通勤和信息使用非合作型类模式。

（2）讨论。

将通勤出行行为和信息使用进行组合聚类，得到的几种类型中，调查对象的信息使用并没有表现出明显特征，其原因或许由于用户的交通出行行为是一种较为刚性的需求，受到信息使用习惯的约束较小。另外，个体的信息使用习惯受出行行为的影响也较小，说明两者之间具有某种相互独立性。

6.4.2 交通出行（休闲类）与信息使用组合的分析结果

（1）分析。

调查样本的休闲类交通出行和信息使用进行组合聚类的结果如图6－2所示（图6－2中左下和右下比例均为0.17%的两类包含样本量过低，可视作异常值不予考虑）。结果表明，样本对象可以分为两个主要类别：第一类占比约2.15%（图6－2左上），其交通出行行为属于前面提到的合作型出行，出行费用支出相对较低，而信息使用特征则不明显，本章称为交通休闲和信息使用合作型类模式。第二类占比约97.52%（图6－2右上），其交通出行行为和信息使用特征均不明显，总

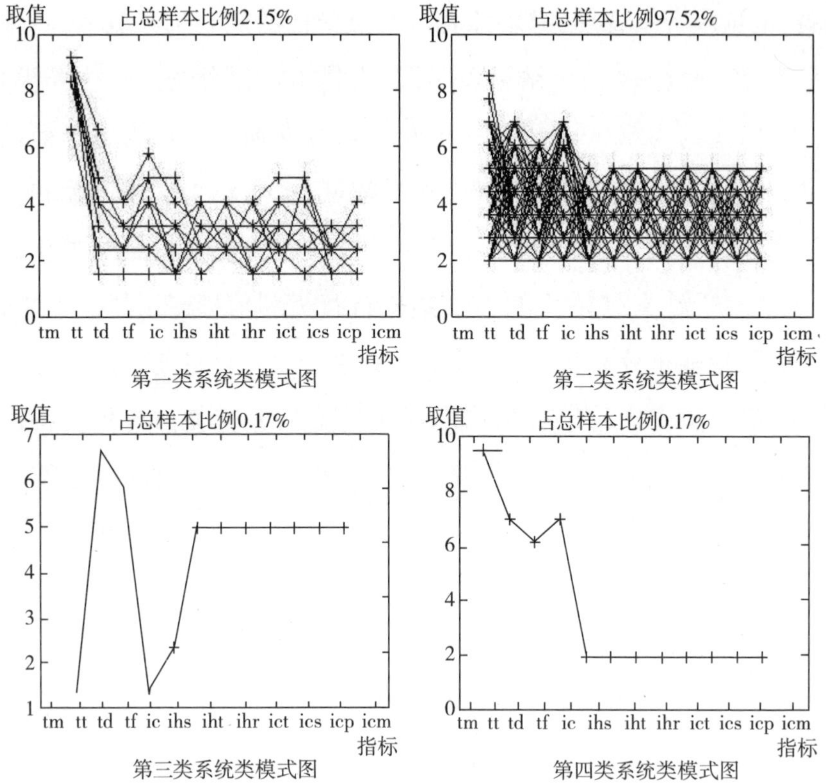

图 6－2 “交通出行（休闲类）＋信息使用”组合聚类分析

体上呈现随机分布状态，本章称为交通休闲和信息使用同质随机类模式。与通勤类出行和信息使用组合聚类相比，这里得到的类型少了一种，没有非合作型出行类模式出现。另外，这里组合聚类得到的第二类的比例（97.52%）比通勤类和信息使用组合聚类中第二类（91.42%）的比例更高，说明人们的休闲出行行为更加多样化、分散化。

（2）讨论。

与前面的组合聚类分析类似，将休闲出行行为和信息使用进行组合得到的几种类型中，信息使用并没有呈现明显特征，其原因或许在于居民的出行行为和信息使用两者缺乏更多的相互依赖性。另外，通勤出行行为的信息使用习惯中，出现了较为极端的非常符合或者不符合的情形，可能由于人们在通勤出行这种有较多约束的情况下，信息的使用习惯更容易形成一种固化的模式，而在休闲出行情况下，信息的使用则显示出更大的随意性。这说明了对某些人群而言，信息在进行通勤出行行为中起到的影响作用比休闲类出行更为明显。

6.4.3　信息使用与社交网络属性组合的分析结果

将个人的信息使用和社交网络属性进行组合聚类，选取信息获取渠道、信息使用习惯和信息包含内容三个方面的属性与社交行为中的社交网络规模、社交频率、社交强度、社交对象进行聚类，得到结果如图6－3所示（横坐标标签na、nf、ns、np分别表示社交网络规模、社交网络频率、社交网络强度、社交网络对象等指标，其他标签含义同图6－1、图6－2）。

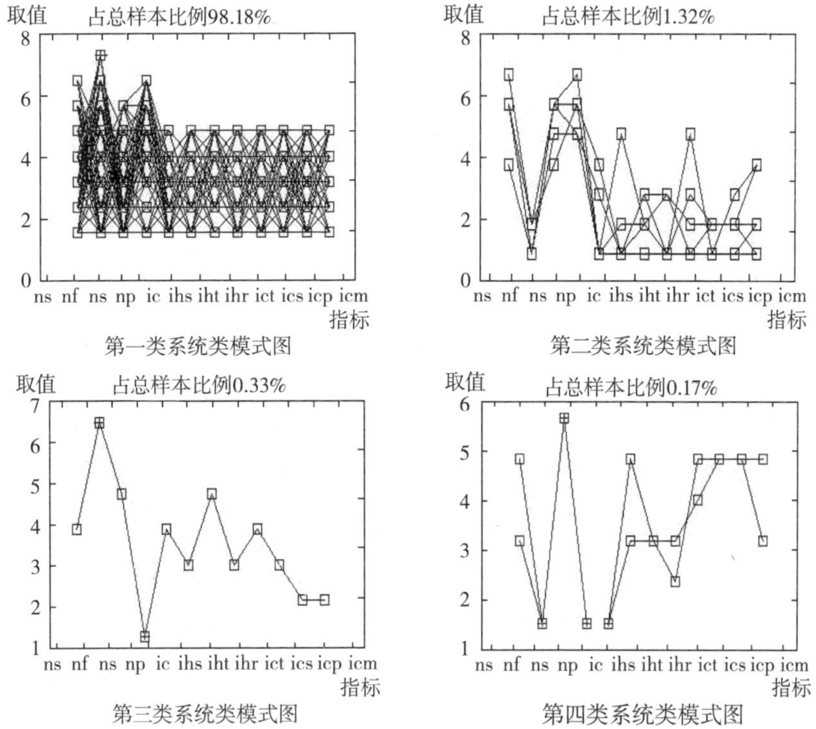

图6－3　信息使用与社交网络属性组合聚类分析

(1)分析。

分析结果显示,样本对象可以分成两大类别(图6-3的左下和右下比例分别为0.33%和0.17%的两类包含样本量过低,可视作异常值不予考虑):第一类占比约98.18%(图6-3左上),其在信息使用和社交行为方面没有表现出明显特征。第二类占比约1.32%(图6-3右上),结合原始数据分析,这类群体在信息使用习惯、信息包含内容、社交规模、社交频率、社交强度等属性上表现出较明显的特征。在信息使用习惯方面,这类群体的信息转发和回复行为比较活跃;在信息包含内容方面,这类群体最关注交通出行服务方面的信息;在社交规模方面,这类群体的朋友圈规模比较大,一般都在150人以上,同时具有较高的社交频率和社交强度。我们称这一类别为信息使用与社交网络活跃群体类模式。这与单独对样本对象的社交网络属性展开聚类分析得到的结果形成了鲜明对比,如果单独对样本对象的社交网络属性进行聚类分析,我们可以发现社交网络不活跃型类模式,而如果考虑到信息使用与社交网络属性的组合聚类,则会发现社交网络活跃型类模式,并没有出现社交网络不活跃型类模式。

(2)讨论。

如果单纯考虑社交网络属性,由于社交需要付出一定的额外成本,所以极度活跃型群体不会自发形成。当考虑到信息使用因素后,由于社交网络行为需要通过信息手段来实现,所以当将两者相结合后,会出现社交极为活跃的群体类模式。该类模式的基本特征是,信息转发和回复行为较为活跃,对原创信息并没有表现出明显的偏好倾向,并极为关注交通服务方面的信息,表现出较高的社交频率和社交强度,这部分群体是交通服务信息的积极关注者和参与者。

6.5　小结

在信息通信技术飞速发展、移动互联网日益普及、海量数据不断涌现的今天，充分利用各种信息手段提高交通资源的利用率，提高个体出行效率，改善交通决策水平，促进城市交通系统在经济、社会和生态多维度的协调发展，对于广泛的交通参与主体而言具有重要的现实意义。本章通过对问卷数据进行统计描述和聚类分析，探索城市交通个体用户在交通出行行为、信息使用习惯、社交网络属性三个层面的类模式特征，并围绕信息要素，将出行行为和信息使用、社会网络和信息使用进行组合，对样本对象进行类模式分析，发现了一些与从单一要素角度展开研究不同的分析结果。

本章运用统计实证的手段从信息使用习惯、社交网络属性和交通出行行为的角度对城市交通出行者的类模式特征进行了初步探讨。基于本章的工作，未来可进一步运用统计模型对出行者的交通观念和态度展开潜在类别聚类分析，揭示个体交通出行行为类模式和决策行为影响因素方面更多深层次的特征，也可以对出行者的交通观念和行为构建动力学模型，对信息服务和社交网络对出行者的交通观念和决策行为的影响机理展开更为深入的研究。

第7章　城市交通拥堵及供需耦合性平衡的测度

摘要：本章针对日趋严重的城市交通拥堵问题，首先阐述了城市交通拥堵和交通供需失衡之间的联系，指出对高效的交通管理而言，传统的注重静态供需平衡的分析方法是不够的，还应从供需双方动态的耦合性平衡上进行更深入的考察。在此基础上，提出了刻画交通拥堵和耦合性平衡的拥堵指数和耦合指数的概念，并给出了拥堵指数和耦合指数的计算方法，最后提供了一个简单算例说明其有效性和可行性。本章的方法为进一步揭示城市交通供需失衡问题深层次的原因，为提高城市交通管理的效果和效率提供了有价值的参考和新的思路。

7.1　引言

中国交通的发展已经可以用飞速来形容，但是在一些大中城市，交通拥堵越来越严重。据测算，北京市区每平方公里拥有道路为1.66公里，仅分别相当于大阪、东京、纽约、巴黎、伦敦这样的国际大都市的9.37%、8.89%、16.7%、11.1%和17.8%。与此同时，中国汽车的数量快速增长，据有关资料统计，截至2017年底，全国机动车保有量达3.1

亿辆，其中汽车2.17亿辆，机动车驾驶人达3.85亿，其中汽车驾驶人3.42亿，全国有53个城市的汽车保有量超过百万辆，24个城市超过200万辆，7个城市超过300万辆[115]。中国城市的快速机动化对城市交通管理和生态环境带来了巨大挑战，可能导致交通拥堵、能源危机、环境恶化等严重城市问题。目前对于拥堵的定义各国尚未有统一的标准，拥堵是交通流在运行过程中出现的一种客观现象，对其严重程度的判断因人而异，具有相当的主观性。

就拥堵发生的原因而言，本质上都是由于在某些特定位置和某些特定时期，道路上的交通流量超过了道路容量，造成需求大于供给，引发交通供求关系的不平衡[116]。对于交通供需失衡的研究，目前的一些文献多集中在宏观的供需关系方面。文献[117]提出了城市道路网络容量和城市交通需求大小的计算方法，用城市道路供需匹配指数来评判城市道路供需平衡状况；文献[118]以网络容量和交通需求大小之差为目标函数建立数学规划模型，求得城市道路结构和交通需求模式的最优匹配；文献[119]建立了交通状态分析的时空分层模型，可以得到包含时空信息的区域交通状态分析结果。

实际上，因为拥堵现象的复杂性，仅仅从宏观供需平衡的角度去把握它是不够的。文献[120]从系统科学的角度出发，对引起城市交通系统供需失衡的机理进行了归类剖析，提出了城市交通供需的结构性失衡和耦合失衡的观点，指出以往的研究成果往往忽略了交通管理者和交通出行者之间的不同的利益冲突以及交互决策过程的动态特性，而耦合失衡的研究是综合分析这些动态特性的基础。本章在文献[120]的基础上，首先分析了对拥堵和耦合失衡进行定量刻画的必要性，提出了拥堵指数和耦合指数的概念以及它们的具体计算方法，最后用一个简单算例说明其应用。

7.2 交通拥堵和供需失衡

如果把交通拥堵看作交通系统中供需两方由于某些方面供求关系的不平衡引起的“果”,那么供需双方供求关系的失衡就是导致这种现象的“因”,为了更加有效地解决交通拥堵问题,我们有必要对供需失衡进行深入的分析。我们可以将城市交通系统供需失衡进一步划分为结构性失衡和耦合失衡两类。所谓结构性失衡,是指某个城市或者区域的交通供给总量(包括交通基础设施和运输工具)不能够满足交通需求总量;所谓耦合失衡,是指有限的交通资源没有得到合理的利用,交通需求分布缺乏合理的均匀性[120]。耦合失衡具体表现为:某些路段承载了过多的运输利用率不高的私人小汽车(结构耦合失衡);某些平时畅通的路段由于上下班的高峰造成的拥堵(时间耦合失衡);某个时段路网中有的路段车辆很少,有的路段却不堪重负(空间耦合失衡)。交通系统供需平衡中的结构性平衡可以看作是一种刚性的静态平衡,而交通系统供需失衡中的耦合性平衡则是一种弹性的动态平衡。现有的国内文献对供需失衡的研究都是在结构性失衡范围展开的,而对于耦合失衡的研究往往比较忽视。为了说明耦合失衡研究的重要性,下面首先分析耦合失衡问题提出的背景。

对于交通拥堵问题,政府部门通常首先想到的措施就是通过新建、扩建或者改建道路,改善交通基础设施等扩大供给的手段来满足交通需求的增长。然而国内外城市的实践表明,单纯依靠工程手段并不能保证有效解决拥堵问题,交通经济学中有一条“当斯定律”(Downs Law),其含义是在政府对城市交通不进行有效管理和控制的情况下,新建的道路设施会诱发新的交通量,而交通需求总是倾向于超过交通供给[121]。为了缓解这一矛盾,交通需求管理(Transportation Demand Management,TDM)应运而生。交通需求管理的目的就是有效地引导约束人们的出行行为,使得有限的交通资源得到合理利用,尽可能提高交通资源的使用效率。随着经济的高速发展,我国的交通事业也将经历类似于发达国家的从注重“建设”到注重“管控”的发展历程[122]。根据前文的论述我们可以看到,传统的注重建设的解决手段是和关注交通供需的结构性失衡的观点一脉相承的,而现在越来越重视的交通需求管理则跟交通供需的耦合失衡问题是相对应的,可以说,对耦合失衡的研究随着城市交通需求管理的不断发展而必然出现。

那么,为了对耦合失衡问题进行研究,从而提高交通需求管理的效率,就不能不关注交通供需失衡问题的定量化描述。交通供需失衡问题可以理解为由交通拥堵、交通供需结构性失衡、交通供需耦合失衡三部分组成,其中交通拥堵是“因”,后面两者是“果”。本章将使用指数来定量刻画交通拥堵和交通供需耦合性平衡的程度,分别称为交通拥堵指数(Traffic Congestion Index)和供需耦合指数(Supply and Demand Coupling Index)。指数是一种表明社会经济现象某种状态的数字,运用指数可以测定不能直接相加和不能直接对比的社会经济现象的总动态,可以分析社会经济现象总变动中各因素变动的影响程度,还可以研究总平均指标变动中各组标志水平和总体结构变动的作用[123]。之所以提出交通拥堵指数,是因为目前交通中也有多种实用的指数,如反映中国城市总体畅行程度的华普城市畅行指数[124],反映中国居民生活机动性水平的福田指数[125],还有为城市出行活动提供参考的交通出行指数[126]。但综观这些指数,有的指数(交通出行指数)是预报性的指数,主要以日为时间单位,提供一天的出行参考;有的指数(华普畅行指数、福田指数等)是从整个宏观结构层面反映中国居民的某些交通状况(城市出行畅通性、出行机动性等)。目前还没有一个能够反映实时的、微观的交通拥堵状态的定量指标，这个指标应该随着出行者在道路上的行驶，根据实际的路况实时更新，能够让驾驶员任意选择自己关心的某些路段获得其拥堵状况，从而为其出行决策提供参考。相对于拥堵指数的服务对象是城市各类出行者而言，对于城市的交通管理部门，更关心的是交通系统的供给和需求两者之间的平衡，但已有的供需匹配指数反映的只是整个道路网络交通设施的总供给和出行需求总量之间的匹配程度[127]，本质上属于反映交通供需双方结构性平衡程度的指数，目前还未见有反映耦合性平衡程度的指数出现。所以，本章的重点将立足于拥堵指数和耦合指数的论述。

7.3　符号和指数计算体系

本小节将对本章提出的指数计算体系进行详细说明。考虑道路网络 $G(N,A)$ ，其中 N 为节点集合，A 为路段集合，将道路网络划分为路段（包括交叉路口）、路径和区域三个层次。路段（包括交叉路口）是进行指数计算的最小单元，路径指数通过路段指数进行代数运算得到，区域指数通过路段指数进行代数运算得到。三个层次体现了由点到线再到面的逻辑顺序，每一层次的指数都分为交通拥堵指数和供需耦合指数两类。本章将道路网络中所有的节点统一用整数进行编号，假设所有的出行模式有 M 种（包括步行、自行车、电动车、摩托车、小汽车、公交、轻轨、地铁等所有可行的城市交通出行模式）。

下面列出本章中用到的各种符号：

$a_{i,j}$ 表示从节点 i 指向节点 j 的路段（包括交叉路口）。本章中路段是有向路段，因此 $a_{i,j} \neq a_{j,i}$

$$a_{i,j} = \{(i,j): i \in N, j \in N\}$$

其中，N 是节点集合。

p_k^{rs} 表示在 OD 对 rs 间的第 k 条路径。

$|p_k^{rs}|$ 为路径 p_k^{rs} 包含的路段数量。

$p_k^{rs} = \{a_{i,j}:i = k_i^{rs},j = k_{i+1}^{rs};i \in Z_+,1 < i \leqslant |p_k^{rs}|,k_i^{rs} \in N,k_1^{rs} = r,k_{|p_k^{rs}|}^{rs} = s\}$。

D_l 为城市道路网络的第 l 个交通区域。

$|D_l|$ 为区域 D_l 包含的路径数量。

$D_l = \{p_k^{rs}:k \in Z_+,1 < k \leqslant |D_l|,r \in O \subset N,s \in D \subset N\}$ 。

$\gamma(t,a_{i,j})$ 为 t 时刻在路段 $a_{i,j}$ 上的拥堵指数。

$\gamma(t,p_k^{rs})$ 为 t 时刻在 OD 对 rs 间的第 k 条路径的拥堵指数。

$\gamma(t,D_l)$ 为 t 时刻在第 l 个交通区域 D_l 的拥堵指数。

$\omega(t,a_{i,j})$ 为 t 时刻在路段 $a_{i,j}$ 上的耦合指数。

$\omega(t,p_k^{rs})$ 为 t 时刻在 OD 对 rs 间的第 k 条路径 p_k^{rs} 上的耦合指数。

$\omega(t,D_l)$ 为 t 时刻在第 l 个交通区域 D_l 的耦合指数。

β_m 为第 m 种出行模式的换算系数，相当于每单位第 m 种出行模式下的平均出行人数。

$x(m,t,a_{i,j})$ 为时刻 t 第 m 种出行模式在路段 $a_{i,j}$ 的出行交通量。

$\tau_0(m,t,a_{i,j})$ 为时刻 t 第 m 种出行模式在路段 $a_{i,j}$ 的畅行时间（零流通行时间）。

$\tau(m,t,a_{i,j})$ 为时刻 t 第 m 种出行模式在路段 $a_{i,j}$ 的实际通行时间。

$C(m,a_{i,j})$ 为第 m 种出行模式在路段 $a_{i,j}$ 的通行能力（路段容量）。

图 7－1 说明了本章中城市交通参与者、交通拥堵、供需失衡和各种指数之间的关系。

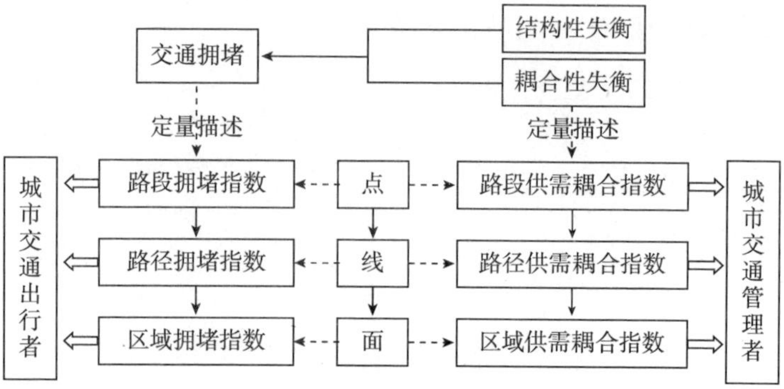

图 7－1　指数计算体系结构

7.4　交通拥堵指数

随着我国道路交通管理、监测手段的现代化，道路交通流量、车速、通行能力等原始数据的采集与整理、归纳、统计信息化水平的提高，完全可能实现全年全天候对各条道路的各时段、交通流量、车速、行车密度等基本交通量进行监测统计，在此基础上，得到实时精确的反映拥堵程度的定量指标已经不存在技术上的障碍[127]。下面依次给出路段、路径和区域拥堵指数的计算公式：

（1）t 时刻在路段 $a_{i,j}$ 上的拥堵指数：

$$\gamma(t,a_{i,j}) = 1 - \frac{\sum_{m=1}^{M} \beta_m \tau_0(m,t,a_{i,j}) x(m,t,a_{i,j})}{\sum_{m=1}^{M} \beta_m \tau(m,t,a_{i,j}) x(m,t,a_{i,j})} \tag{7-1}$$

根据式（7－1）中各项的意义易知 $\gamma(t,a_{i,j})$ 的范围为［0,1］，数字越大说明拥堵情况越严重。因为发生交通拥堵的基本特征是交通流行驶不畅，必然导致行驶时间的加大，同时可能还伴随有道路上出行单元（行人、车辆等）数量的增多，所以，行驶时间和出行单元数量是拥堵的两个基本相关变量，该拥堵指数的计算公式反映了这两个基本变量的影响。

(2) t 时刻在 OD 对 rs 间的第 k 条路径 p_k^{rs} 上的拥堵指数:

$$\gamma(t,p_k^{rs}) = \max\{\gamma(t,a_{i,j}) \mid a_{i,j} \in p_k^{rs}\} \quad (7-2)$$

式(7－2)的含义是某个时刻路径的拥堵指数等于组成该路径的所有路段的拥堵指数中的最大值。因为拥堵指数是具有很强实用背景的交通指标,根据人们的交通实践可以知道,只有当一条路径上的所有的路段(交叉路口)都没有交通拥堵的时候,才可以认为该条路径的拥堵情况比较轻微,利于出行使用,如果至少有一条路段交通出现拥堵,那么该路径整体的拥堵情况就不能忽视,也就是说,路径的拥堵是由交通行驶状况最差(拥堵指数最大)的那条路段决定的。

(3) t 时刻在第 l 个交通区域 D_l 的拥堵指数:

$$\gamma(t,D_l) = \max\{\gamma(t,p_k^{rs}) \mid p_k^{rs} \in D_l\} \quad (7-3)$$

式(7－3)的含义与路径拥堵指数式(7－2)的含义类似,在此不再赘述。需要指出的是,拥堵指数越大,说明该路径(区域)的交通拥堵状况越严重。

7.5　交通供需耦合指数

本节首先通过一个简单的城市交通中出现的场景实例来说明传统的从交通供需结构性平衡的角度讨论交通拥堵的成因和缓解措施是无法胜任的,进而说明交通耦合平衡研究的现实意义。

7.5.1　交通耦合失衡研究的必要性

下面首先给出耦合指数计算用到的广义饱和度的概念。

定义1:广义饱和度。

根据交通工程中饱和度的概念,称 $s(t,a_{i,j})$ 表示 t 时刻在路段 $a_{i,j}$ 上的广义饱和度,计算公式为:

$$s(t,a_{i,j}) = \frac{\sum_{m=1}^{M} \beta_m x(m,t,a_{i,j})}{\sum_{m=1}^{M} \beta_m C(m,a_{i,j})} \tag{7-4}$$

显然有 $s(t,a_{i,j}) \geqslant 0$ ，当 $s(t,a_{i,j}) > 1$ 时，路段出现过饱和的交通拥堵状态。

本章在前面曾提到，交通系统供需耦合性平衡属于一种弹性的动态平衡，单纯从传统的交通供需结构性平衡角度分析并不能很好地解释现实中的交通拥堵现象，下面举一个简单的例子来说明这一点[128,129]。考虑图 7－2 所示的简单网络 $G(N,A)$ ，节点集为 $N = \{1,2,3,4\}$ ，路段集为 $A = \{a_{1,3},a_{2,3},a_{3,4}\}$ ，节点 1、节点 2 为产生出行的起始节点，节点 4 为终讫节点，从起始节点 1、节点 2 产生的交通量分别通过路径到达终讫节点 4，使用本章前面给出的符号记法，该网络的区域集合可以表示为 $D = \{p_1^{1,4},p_1^{2,4}:p_1^{1,4} = \{a_{1,3},a_{3,4}\},p_1^{2,4} = \{a_{2,3},a_{3,4}\}\}$ 。考虑到算例网络的简单性，我们将整个网络都看作一个区域，即区域的数量为 1，区域包含的路径数量等于 2，图中黑色箭头表示道路流量的运行方向。

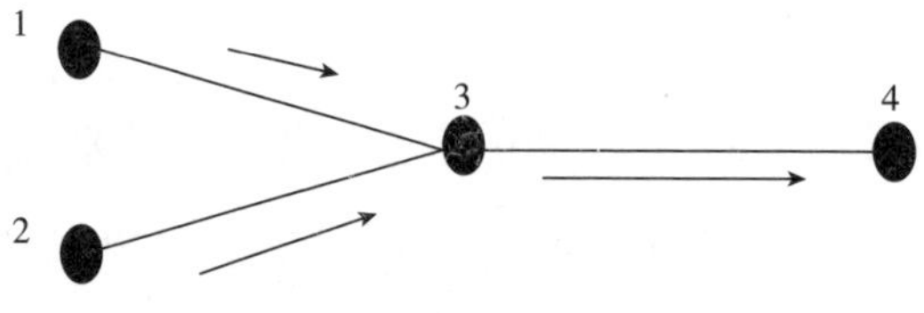

图 7－2　交通网络示意

假设网络中出行方式只有小汽车 1 种，起始节点 1、节点 2 产生的出行量分别为 1000 车/小时、2000 车/小时，各条路段的设计容量如表 7－1 所示。

表7-1　路段设计容量

单位：千车/小时

路段	路段 $a_{1,3}$	路段 $a_{2,3}$	路段 $a_{3,4}$
通行能力	1.5	2.5	2.5

我们设计如下两个场景比较系统的交通状况。

(1)场景1。

时刻 t_1 是一上班高峰期，在时刻 t_1 起节点1、节点2产生的出行量同时出发，路段 $a_{1,3}$、$a_{2,3}$ 的通行时间均为 t_2-t_1，则在时刻 t_2，路段 $a_{1,3}$、$a_{2,3}$ 上的流量同时到达中间节点3，然后沿着路段 $a_{3,4}$ 继续前进，过多的流量集结在路段 $a_{3,4}$ 使得 t_2 时刻以后路段 $a_{3,4}$ 出现拥堵。

(2)场景2。

管理部门实行了错时上下班政策，让起节点1的居民出发时间往后延迟到 t_2，路段 $a_{1,3}$、$a_{2,3}$ 的通行时间同场景1，由于没有超过路段容量，t_1、t_2 时刻各条路段交通都比较畅通。

表7-2、表7-3分别列出了两个场景下 t_1、t_2 时刻各条路段上的流量以及整个路网上的供需匹配指数，括号外的数字为该时刻的路段流量，括号内的数字为该时刻路段的广义饱和度。

表7-2　场景1

单位：千车/小时

时刻＼路段	路段 $a_{1,3}$	路段 $a_{2,3}$	路段 $a_{3,4}$	供需匹配指数
t_1	1(0.667)	2(0.8)	0(0)	2.1667
t_2	0(0)	0(0)	3(1.2)	2.1667

表 7-3 场景 2

单位:千车/小时

时刻＼路段	路段 $a_{1,3}$	路段 $a_{2,3}$	路段 $a_{3,4}$	供需匹配指数
t_1	0(0)	2(0.8)	0(0)	3.25
t_2	1(0.667)	0(0)	2(0.8)	2.1667

从表 7-2 和表 7-3 所示的数据可以看出,在两个场景下两个时刻网络道路设施的供需匹配指数都大于 1.1,按照文献[117]的标准,网络道路设施都是供给富余的,交通不应出现拥堵。可是在场景 1 中,时刻 t_2 在路段 $a_{3,4}$ 上的广义饱和度达到了 1.2,路段 $a_{3,4}$ 在 t_2 出现了拥堵,说明单纯从交通系统供需的结构性平衡的角度来解释交通拥堵是不够的,要深入分析交通供需失衡问题的成因,提高交通管理的效率,必须关注交通供需双方的耦合失衡问题。

7.5.2 耦合指数的计算方法

定义 2:路段耦合指数。

称测度某条路段 $a_{i,j}$ 在某个时刻 t 交通供给和需求耦合性平衡状态的量为该时刻的路段上耦合指数,计算公式为:

$$\omega(t,a_{i,j}) = f(s(t,a_{i,j})) \tag{7-5}$$

其中,$s(t,a_{i,j})$ 为广义饱和度,映射 $f(x)$ 为分段连续函数,x 的取值范围为 $x \geqslant 1$,$f(x)$ 的定义为:

$$f(x) = x, x \in [0,1]; f(x) = x^{-b}, x > 1, b > 1 \tag{7-6}$$

通过映射 $f(x)$,可以把广义饱和度 s 的取值对应到区间[0,1]。这里,路段耦合指数函数 $f(x)$ 的取值具有明显的实际意义,当广义饱和度 s 小于 1 时,此时路段上流量还未达到路段容量的上限;随着 s 的增加,路段上交通资源的利用效率是逐渐增加的,由路段耦合指数的含义可知,这时路段的耦合指数也是单调增加的;当广义饱和度 s 超过临界值 1

继续增加时,此时路段上流量处于过饱和状态,这种情况下路段上交通资源的利用效率随着 s 的增加反而会下降(每单位面积承载了过多的出行需求量,造成资源过度利用,拥堵增加,供需不耦合的程度增加);当 s 逐渐趋向无穷大(实际上不可能)时,交通资源的利用效率将会趋向0,这种情形下使用负幂函数形式正好刻画了供需耦合性平衡和广义饱和度反向变化的趋势,幂指数大于1表示当流量过饱和时,路段耦合指数将非线性地迅速下降趋向于0。

图7-3即是映射 $f(x)$ 的图形。

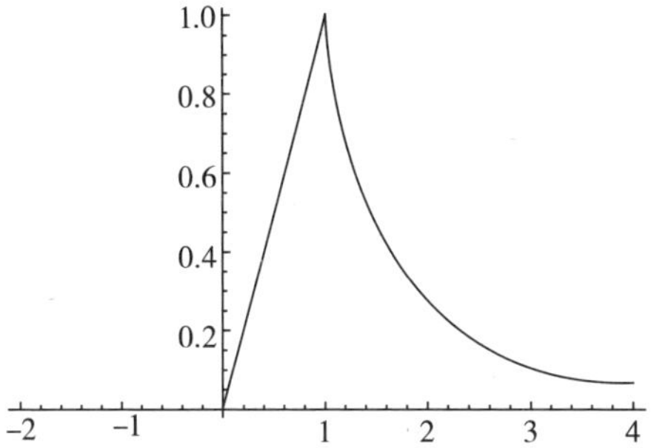

图7-3 映射 $f(x)$ 的图形

下面给出计算路径和区域耦合指数用到的算子 F_Λ 的概念。

定义3:非线性算子。

定义 $[0,1]\rightarrow[0,1]$ 上的非线性算子:

$$F_\Lambda : x\alpha F_\Lambda x = 1 - \sqrt{\frac{\sum (x-1)^2}{|\Lambda|}} \tag{7-7}$$

其中,x 表示某种耦合指数(在本章研究背景下指路段耦合指数或者路径耦合指数),集合 $\Lambda=\{x\}$ 表示某条路径或者某个区域,符号 $|\Lambda|$ 表示集合中元素的数量,容易验证对 $\forall x\in[0,1]$,有 $F_\Lambda x\in[0,1]$。路径耦合指数由路段耦合指数通过算子 F_Λ 运算得到,区域耦合指数由路径耦合指数通过算子 F_Λ 运算得到。

定义 4:路径耦合指数。

称测度某条路径 p_k^{rs} 在某个时刻 t 交通供给和需求耦合性平衡状态的量为该时刻的路径耦合指数,计算公式为:

$$\omega(t,p_k^{rs}) = F_{\Lambda}\omega(t,a_{i,j}) , \Lambda = p_k^{rs} \; a_{i,j} \in p_k^{rs} \tag{7-8}$$

定义 5:区域耦合指数。

称测度某个区域 D_l 在某个时刻 t 交通供给和需求耦合性平衡状态的量为该时刻的区域耦合指数,计算公式为:

$$\omega(t,D_l) = F_{\Lambda}\omega(t,p_k^{rs}) , \Lambda = D_l , p_k^{rs} \in D_l \tag{7-9}$$

本章提出的路径和区域耦合指数实质是描述了路径或者区域上交通需求在交通供给上的分布均匀程度,耦合指数越大,说明交通系统中供给和需求双方的耦合性平衡状况越理想。

7.6 算例分析

7.6.1 耦合指数计算

还是以图 7-2 所示的交通网络为例,我们分别计算出 2 个场景下每个时刻的路径耦合指数和区域耦合指数,然后将场景 1 和场景 2 进行比较。图 7-4 至图 7-11 是两种场景下耦合指数的计算结果比较,每个图中横坐标表示某个耦合指数自变量的值,纵坐标表示该耦合指数的值,为简化书写,下面统一用 p_1 表示路径 $p_1^{1,4}$,用 p_2 表示路径 $p_1^{2,4}$。表 7-4是根据式(7-4)至式(7-9)算出的两种场景下两条路径和区域的耦合指数,计算时式(7-6)中的幂指数 b 取为 2。

表 7-4 两种场景下耦合指数的计算结果

场景	$\omega(t_1,p_1)$	$\omega(t_1,p_2)$	$\omega(t_2,p_1)$	$\omega(t_2,p_2)$	$\omega(t_1,D)$	$\omega(t_2,D)$	$\Delta\omega_p$	$\Delta\omega_D$
场景 1	0.25464	0.27889	0.26062	0.26062	0.26667	0.26062	0.25464	0.1385
场景 2	0	0.27889	0.55279	0.27889	0.12822	0.4	-0.31044	-0.1394

表 7-4 最右边两列用来表示耦合指数从时刻 t_1 到时刻 t_2 的变化，$\Delta\omega_p$ 列下面的第 1 个数字表示在 t_1 时刻场景 1 的路径耦合指数比场景 2 高，通过(0.25464+0.27889)-(0+0.27889)计算得到，第 2 个数字表示在 t_2 时刻场景 1 的路径耦合指数比场景 2 低，通过(0.26062+0.26062)-(0.55279+0.27889)计算得到；$\Delta\omega_D$ 下面的第 1 个数字表示场景 1 的区域耦合指数比场景 2 高，通过 0.26667-0.12822 计算得到，第 2 个数字表示场景 1 的区域耦合指数比场景 2 低，通过 0.26062-0.4 计算得到。

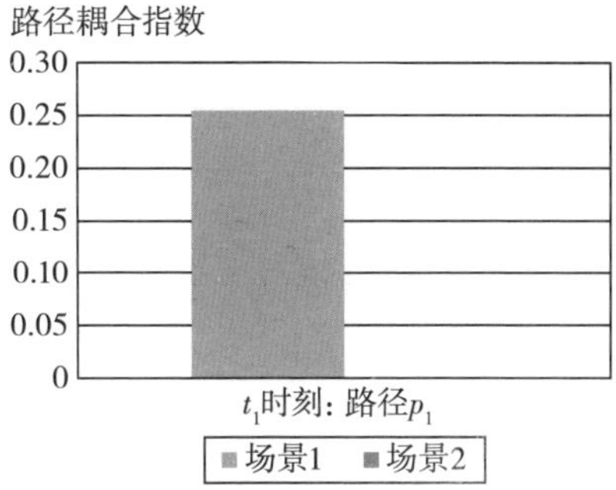

图 7-4　场景 1 和场景 2 的 $\omega(t_1, p_1)$ 对比

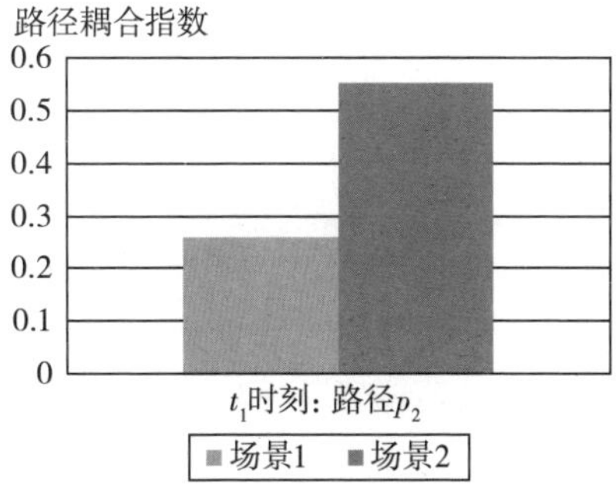

图 7-5　场景 1 和场景 2 的 $\omega(t_1, p_2)$ 对比

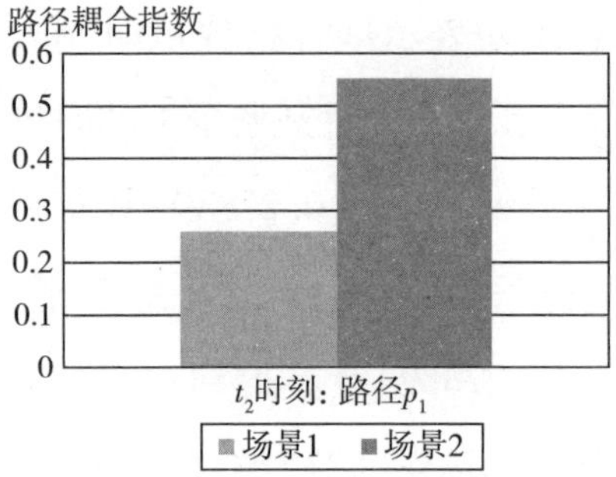

图 7-6　场景 1 和场景 2 的 $\omega(t_2, p_1)$ 对比

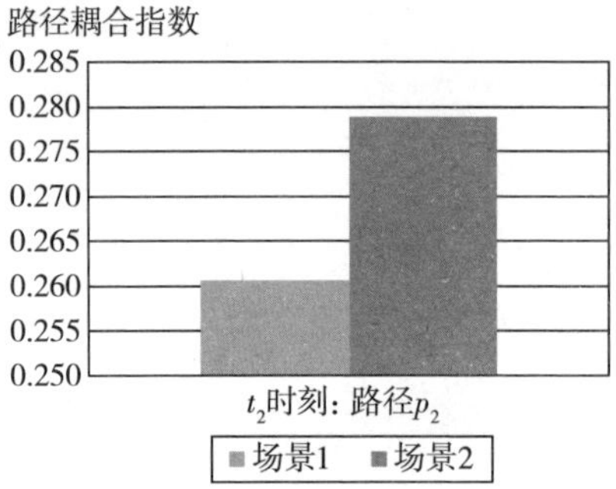

图 7-7　场景 1 和场景 2 的 $\omega(t_2, p_2)$ 对比

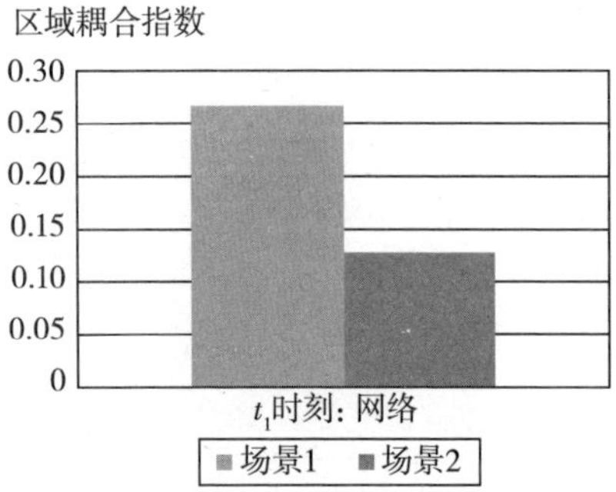

图 7-8　场景 1 和场景 2 的 $\omega(t_1, D)$ 对比

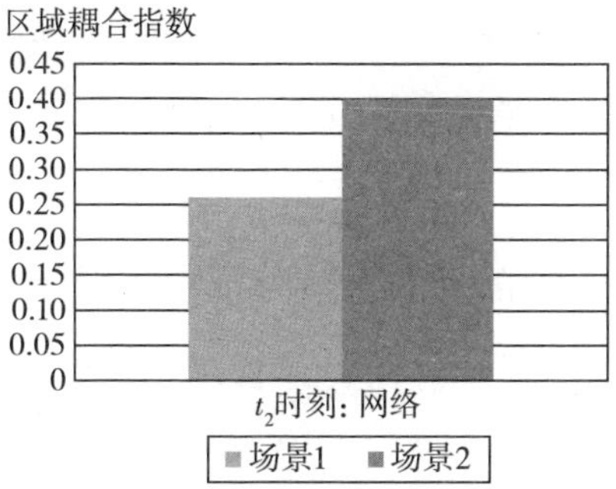

图 7－9　场景 1 和场景 2 的 $\omega(t_2, D)$ 对比

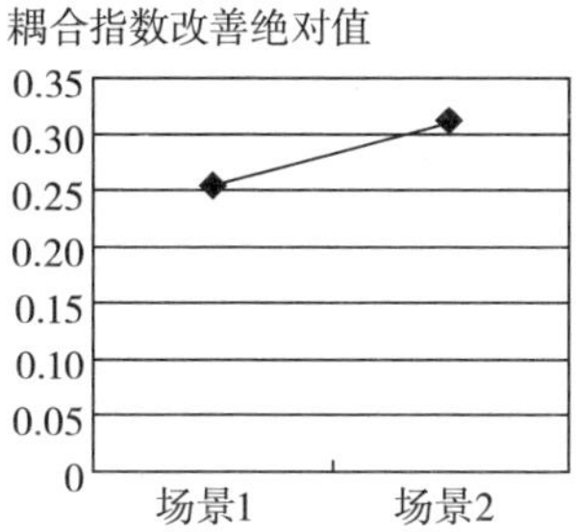

图 7－10　场景 1 和场景 2 路径耦合指数变化

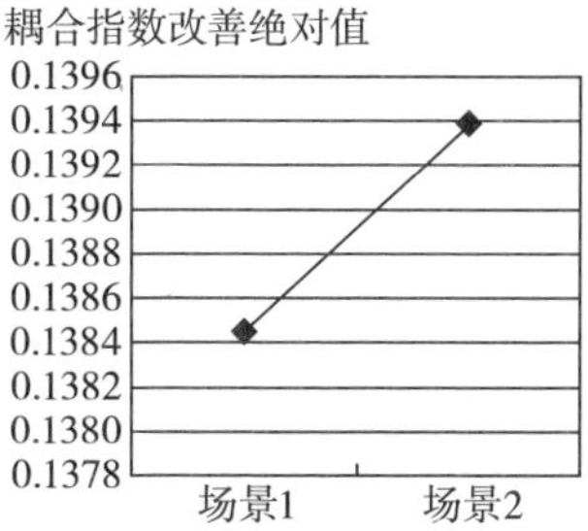

图 7－11　场景 1 和场景 2 区域耦合指数变化

7.6.2　结果分析与讨论

从图 7－4 至图 7－7 可以看出，场景 2 除了在 t_1 时刻路径 p_1 的耦合性平衡状况比场景 1 差外，在 t_1 时刻路径 p_2 的耦合性平衡状况、在 t_2 时刻 2 条路径 p_1 和 p_2 的耦合性平衡状况，都比场景 1 要好，说明实行错时

上下班政策后，除了在 t_1 时刻路径 p_1 上的交通供需耦合性平衡性能有所降低外，其他时刻所有路径的交通供需耦合性平衡性能都得到了提升。并且从图 7 – 10 向上倾斜的直线可以看出，在场景 2 中实施该项管理措施后，道路网络上两条路径的供需耦合性平衡状况得到了改善。而从图 7 – 8、图 7 – 9 可以看出，在实施管理措施后，道路网络总体的供需耦合性平衡性能在 t_1 时刻比实施措施前有所下降，在 t_2 时刻比实施措施前有所改善。并且从图 7 – 11 可以看出，实施错时上下班的交通需求管理措施之后，道路网络总体供需耦合性平衡状况得到了明显改善。

通过上述反映交通供需耦合性平衡情况的耦合指数的计算，可以使我们根据耦合指数提供的信息，采取更有针对性的管理措施，提高交通管理的效率。例如，实施措施后，道路网络整体的供需耦合性平衡性能提高了，但是在 t_1 时刻路径 p_1 上的耦合性平衡下降了，这就要求管理部门更加关注路径 p_1 在 t_1 时刻的交通状况，想办法提高这一时刻的道路使用率，保证道路行驶的畅通，而不是盲目地对整个系统所有路段进行一视同仁的管理，这样做的结果一方面可能造成人力、物力等资源的浪费，另一方面也收不到预期的效果。

7.7 小结

本章针对城市交通日趋严重的拥堵问题，首先阐述了拥堵和交通供需失衡的关系，指出要有效解决拥堵问题，传统的注重静态的供需平衡的分析方法是不够的，还应从供需双方动态的耦合性平衡角度进行更深入的分析，在此基础上引入拥堵指数和耦合指数的概念和计算公式，然后通过两种典型场景下的案例对比分析得到了一些有价值的结论：

（1）根据实际的交通系统运行情况综合归纳得出指数的计算公式，

保证了方法的合理性。

(2)我国道路基础设施建设的现代化,道路交通原始数据的采集与整理、归纳、统计的信息化水平的提高,保证了该方法的可行性。

(3)计算得到的数据包含了丰富的信息,拥堵指数可以为出行者制定出行决策提供参考,耦合指数可以为交通管理措施的制定和执行效果的评估提供依据,可以对道路网络的动态耦合性平衡情况进行定量化描述,为提高交通管控的效率服务。

(4)可操作性强,易于编程实现,在利用计算机对城市交通问题进行模拟仿真时,使用该方法作为评价交通网络供需耦合性平衡状态的指标比较方便。

城市交通系统是一个由物理系统(包括各种信号灯、道路、车辆等交通设施设备)、信息系统(各种用于交通诱导和控制的交通服务信息)和大量具有自组织、自适应、学习能力的交通出行者和管理者组成的具有非线性、随机性、动态性的复杂巨系统,这就决定了系统的供给和需求的耦合性平衡关系非常复杂。本章只是从城市道路使用者和交通管理者两方面入手展开讨论,如何更加全面准确地分析城市交通系统供给耦合性平衡的本质和发展规律,从而为实际的城市交通管理与控制工作提供更完善的科学依据和理论支撑,是值得深入探讨和思考的课题。

第4篇

定量研究——以群决策和系统评价为例

第8章　考虑随机扰动的群体决策理性演化模型

摘要：在群体决策过程中，随机噪声对个体理性和群体理性的变化具有不可忽视的影响。针对存在随机扰动条件下群体决策理性的演化行为，在假设个体和群体理性之间存在作用叠加效果的基础上，建立了刻画个体和群体理性受随机噪声影响的个体和群体理性演化动力学模型，利用随机微分方程理论，论证了模型解的存在性和唯一性，在给定群体决策的随机扰动为白噪声的假设条件下得到了模型的解析解，讨论了群体决策中两个重要参数，即理性作用强度和随机干扰作用强度对于群体理性演化的影响。理论分析结果表明，群体决策理性的演化行为取决于这两个参数的相对大小，存在着三条不同的演化路径，数值算例验证了模型的合理性和有效性，并对群体理性的演化行为进行了直观说明，对于深入认识群体决策规律和提高决策质量具有积极的理论和实际意义。

8.1　引言

随着现实经济、社会、工程、技术系统复杂程度的加剧，由此产生的复杂决策问题越来越多，这类决策问题不但自身非结构化程度较高，而且涉及因素多、关联复杂，且常常处于动态变化的决策环境中，单凭一个人的知识、经验、能力和掌握的信息，要做出正确的决策非常困难。因此，现实中许多重大问题的决策都是进行群体决策。群体决策是各个决策成员通过交互影响和分享信息，按照某种偏好集结方法形成群体一致偏好的特定的群体行为过程，它是由多个决策者共同参与，协商解决问题的决策方式，即一种联合抉择[130,131]。作为一种现实中应用广泛的决策形式，群体决策可以兼顾多方面的利益，克服决策个体的知识、经验、能力和信息等方面的不足，是人类社会活动的基本决策形式。

传统的决策理论认为，决策者是按照“理性人”假设进行决策的，随着管理学家西蒙(Simon)提出“有限理性原理”，越来越多的理论研究和实验证据对传统决策中“理性人”假设提出了质疑，尤其是卡尼曼(Kahneman)和特沃斯基(Tversky)[132]所提出的“前景理论”(Prospect Theory)，能够更好地解释和预测现实中个体的决策行为，前景理论已经成为有限理性决策下的一个基本理论框架。因此，从个体有限理性这种更符合实际的视角出发，探讨有限理性条件下群体决策行为的演化规律和动力学机制，有助于丰富和发展群体决策的理论和方法，提高解决现实复杂决策问题的能力。

早在 19 世纪晚期，法国社会心理学家古斯塔夫・勒庞(Gustave Le Bon)[133]就系统地分析了群体行为的发生机制和产生原因。勒庞认为，群体行为是一种社会一致化现象，他的研究对象是具有高度不确定性的非正式群体，研究的是群体成员的从众行为。之后，生物学、人类学、社会学、社会心理学、实验经济学和行为金融学等领域学者从不同的角度对各种正式或非正式群体组织的集体行为进行了大量研究[134-139]。从群体决策的角度，Janis 和 Mann[140]、Janis[141]通过分析美国外交政策上几次重大决策失误，提出了群体思维的概念和理论框架。

Janis的研究及以后的实证和理论研究的对象都是规模相对较小的群体。Agrawal和Gibson[142]的研究表明，群体规模对决策群体的群体行为有显著的影响。Bikhchandani等[143,144]研究了在序列决策过程中，先做决策的决策者行为所传达的信息对后做决策的决策者的决策会产生影响，然而，Bikhchandani等的研究以理性经济人为基本假设，具有一定的局限性。基于Simon的有限理性原则，Goldstein和Einhorn[145]、Faure等[146]、Clazer等[147]、Tversky和Simonson[148]分别研究了群体决策中的个人偏好表示、群体协商问题中社会情绪的影响、群体决策中信息导致的分散效应以及群体决策中个体对于决策场景依赖性等非理性行为。Csaszar和Eggers[149]提出了包含有项目、个体、结构和绩效的群体决策模型，运用数值模拟的方法研究了在给定组织环境和成员专业知识技能的前提下，四种常见的决策结构对组织决策绩效影响的差异，得出了在何种情况下应该运用哪种决策结构更有利。Koriat[150]通过一系列实验揭示出在何种情况和为什么群体决策比个体决策更加有效，文章指出，个体对于自身决策结果的信心对群体决策的准确性起到关键作用，并且个体决策信心随着决策环境信息会发生变化。除了这些关注群体的规模、结构、决策规则、个体理性等要素对于群体决策效率和质量的影响以及群体决策作用机制的研究外，多准则的群体决策问题也引起了决策领域学者广泛的关注[151-154]。

国内学者近年对于群体决策的作用机制和演化规律以及不同背景下的群体决策方法和应用问题也进行了大量研究。毕鹏程和席酉民[153]从群体思维的本质、前提条件、表现形式、对群体决策过程及结果的影响以及如何防范等方面对群体思维的研究状况进行了综述。毕鹏程等[154]回顾了群体思维理论的发展和实证研究的进展。熊菲等[155]以网络个体交互为研究背景，在考虑人员个性不完全信息的前提条件下，通过仿真手段研究了网络舆论演化与群体意见形成问题。刘咏梅等[156]针对群体决策过程中的冲突管理行为,通过群体决策行为模拟实验考察群体情绪智力三个层面之间的关系以及它们对于群体决策行为和结果的影响。李欣苗等[157]针对如何对在群体研讨过程中生成的海量信息进行有效组织的问题,提出了一种自动识别研讨信息与决策方案之间关系的自动识别模型。李振鹏和唐锡晋[158]基于Hopfield网络模型仿真研究了负社会影响、网络局部三元组与群体观点极化模式之间的影响。朱振涛等[159]针对复杂竞争环境下企业间项目合作的群体决策问题,建立了考虑企业文化的凝聚作用和合作企业间耦合作用的项目成员企业观点演化的动力学模型,研究群体观点的突变与成员企业的凝聚作用强度、对相异观点的开放度以及观点演化的历史状态之间的联系。张晓和樊治平[160]针对具有属性期望的多属性多标度大群体决策问题,提出了一种基于前景随机占优的决策分析方法。杨雷和杨洋[161]使用计算实验方法,针对决策成员社会惰性、空间位置、决策偏好动态变化的决策场景,研究了社会惰性对群体决策偏好收敛时间的影响。曾祥添等[162]针对偏好具有冲突性且权重信息完全未知的直觉模糊多属性群体决策问题,提出了一种基于多目标决策的求解方法。徐选华等[163]针对不完全偏好信息大群体决策问题,考虑访问控制中的信任机制,引入了直接信任度与推荐信任度,提出了一种基于信任机制的补值决策方法。

可以看到,上述群体决策领域的相关文献,大多是在预先给定决策者有限理性的前提条件下,针对群体决策观点或偏好的演化规律或者某种情境下的群体决策方法展开研究,而对于理性这个要素本身在决策过程中的动态变化行为缺乏足够的关注。对于决策中理性的含义,目前并无公认的统一定义,一般认为它是刻画决策准确程度的量,它与决策者掌握的信息、认知与判断能力有关，在群体决策中，个体理性和群体理性对决策的过程和质量起着至关重要的作用，文献[135]研究了决策环境中随机因素对于群体决策的影响；文献[138]通过可控实验深入考察了个体和集体理性对群体共识形成的作用机制，说明了在群体决策中需要考虑个体和集体理性两种因素。同时，决策者在决策过程中会受到个体主观感知、外部客观环境的不同程度的影响，现实中的群体决策往往是在不同干扰因素的作用下进行的[164]，基于这一客观事实，本章将考虑在决策中存在随机扰动作用的情况下，研究个体和群体理性的演化行为，试图进一步理解在决策活动中至关重要的理性程度的变化规律，这对于我们深入认识群体决策规律和提高决策质量具有重要的理论和实际意义。

8.2　问题描述和基本模型

在实际的群体决策过程中，群体决策所面临的往往是一个复杂的决策问题，群体通常会事先制定出若干个可行的备选方案，需要经过多轮反复的磋商、沟通、协调才能够最终达成一致，从中选出一个最终的实施方案（也有可能在讨论过程中产生新的方案，本章暂不考虑这种情况）。由于个体成员有限理性的存在，任何个体成员不可能拥有对于复杂决策问题的完全信息，也不大可能具有对于所有方案完美的计算能力，能够精确判断出各个方案最终的价值大小；同时，个体成员的偏好可能受到决策时间的长短和其他客观外部因素的干扰而发生偏移，决策中也存在影响到决策结果的结构效应。在这种前提条件下，群体之间的交互行为会对个体的决策信息、价值判断、偏好移动和结构效应产生影响，因此，在决策进行过程中，个体的有限理性会不断发生变化，同时也会影响到群体决策的理性程度。下面首先给出考虑随机噪声的单一个体理性微分动力学的基本模型，然后将模型扩展到由三个参与者组成群体的情形，建立考虑随机噪声的群体理性微分动力学模型，在讨论模型解的存在性、唯一性之后，对微分动力学模型进行求解。

8.2.1 假设条件和符号定义

假设决策群体为 $\Omega := \{\omega\}$ 由 m 个成员组成，t 时刻整个群体的理性程度大小记为 $Y(t)$，t 时刻每个群体成员的理性程度大小记为 $X(t) := \{X(t)_1, \cdots, X(t)_m\}$。其中，有限理性集合 $X(t)$ 中的每个元素 $X(t)_k$ 为 t 时刻群体成员 k 的理性程度大小，取值为区间[0,1]上的一个随机变量，即 $X(t)_k : \Omega \to [0,1]$，区间端点 0 和 1 分别对应完全非理性和完全理性两种极端情形。个体理性程度大小 $X(t)_k$ 的集合构成一维随机过程，即 $\{X(t)_k\}$ 为一个一维随机过程。

文献[137]指出群体决策中需要考虑到个体和群体理性的作用，文献[150]提出群体理性可以表示为构成群体组织中个体理性作用的叠加。基于这些研究成果本章提出如下假设：

假设 1：群体与个体理性作用关系。群体理性 $Y(t) = \dfrac{\sum_{k=1}^{m} X(t)_k}{m}$。

在非群体单一决策的情况下，随着时间的推移，个体在决策中会获得更多的数据、信息和资料，个体对于决策问题的识别、判断和认知能力相应地也在增长，导致个体理性程度在也在不断增加[151]，本章据此提出如下假设：

假设 2：单人决策个体理性随机线性增长。在单人进行的非群体决策中，个体理性大小随着决策的进行而增长，增长速度随机正比于当前时刻个体理性程度的大小。

对于群体决策问题，随着决策的进行，由于决策个体之间不断进行交互、沟通和讨论，与上述单一决策类似，个体在群体决策中理性程度在也在不断增长。文献[138]通过实验发现在群体决策过程中，个体理性与集体理性存在着复杂的相互作用，本章据此提出如下假设：

假设 3：群体决策个体理性随机线性增长。在多人参与的群体决策中，个体理性大小随着决策的进行而增长，增长速度随机正比于当前时刻群体理性程度的大小。

文献[135]提出的理论模型中，考虑到了决策中确定性和随机性两种因素的影响，在此基础上，本章假设含有随机因素的理性作用量为 $a(t) := r + \alpha W(t)$。其中，r 是理性作用因子，表示的是个体或群体内在自身因素（比如，决策者掌握的知识、经验、技能等）对决策理性的影响；α 是随机干扰因子，表示的是决策中的干扰因素对决策理性的影响（比如，决策者受到的外界压力、错误信息、不良暗示等），均为非负实数，即 $r \geqslant 0$ 且 $\alpha \geqslant 0$；$W(t)$ 是在决策过程中起干扰作用的白噪声。

8.2.2　基本模型

我们首先对单一决策者的决策问题建立个体理性 $X(t)$ 演化基本模型（M1），根据假设 2 可得：

$$\frac{\mathrm{d}X(t)}{\mathrm{d}t} = a(t)X(t), X(0) = X_0, \quad X(t) \in [0,1] \tag{8-1}$$

其中，X_0 是某个已知的在[0,1]上的初始随机量。由于 $W(t)$ 是干扰白噪声，因此 $W(t) = \frac{\mathrm{d}B(t)}{\mathrm{d}t}$。其中，$\{B(t)\}$ 是一维布朗运动。理性增长因子 $a(t) = r + \alpha W(t) = r + \alpha \frac{\mathrm{d}B(t)}{\mathrm{d}t}$。

将上式代入方程（8-1）中化简可得：

$$\frac{\mathrm{d}X(t)}{X(t)} = r\mathrm{d}t + \alpha\, \mathrm{d}B(t)$$

两边积分可得：

$$\int_0^t \frac{dX(t)}{X(t)} = rt + \alpha B(t), B(0) = 0$$

设二元函数 $g(t,x) = \ln x$；$x > 0$，则由 Itô 公式可得：

$$d(\ln X(t)) = \frac{1}{X(t)} dX(t) + \frac{1}{2}\left(-\frac{1}{X(t)^2}\right)(dX(t))^2 = \frac{dX(t)}{X(t)} - \frac{1}{2}\alpha^2 dt$$

两边积分可得：

$$\ln\frac{X(t)}{X_0} = \int_0^t \frac{dX(t)}{X(t)} - \int_0^t (\frac{1}{2}\alpha^2 dt) = rt + \alpha B(t) - \frac{1}{2}\alpha^2 t$$

化简上式可得：

$$X(t) = X_0 \exp((r - \frac{1}{2}\alpha^2)t + \alpha B(t)), \quad X(t) \in [0,1] \quad (8-2)$$

两边取期望可得：

$$E[X_t] = E[X_0]e^{(\hat{r}-\hat{\alpha})t} \quad (8-3)$$

其中，$\hat{r} = r$，$\hat{\alpha} = \frac{1}{2}\alpha^2$，$\hat{r}$ 和 $\hat{\alpha}$ 分别称为广义理性作用强度因子和广义随机干扰作用强度因子。进一步分析式(8－3)可得：

(1) 当 $\hat{r} > \hat{\alpha}$，$t \to \infty$时，由于 $e^{(\hat{r}-\hat{\alpha})t} \to \infty$，则随机变量 X_t 将趋向最大值1，个体理性 $X(t) \xrightarrow{P} 1$（这里 $\xrightarrow{P} 1$ 表示依概率收敛到1）。

(2) 当 $\hat{r} = \hat{\alpha}$ 时，由于 $e^{(\hat{r}-\hat{\alpha})t} \equiv 1$，$E[X_t] \equiv E[X_0]$，则个体理性 $X(t)$ 在[0,1]之间随机地取任意值（由初始个体理性 X_0 决定）。

(3) 当 $\hat{r} < \hat{\alpha}$，$t \to \infty$时，由于 $e^{(\hat{r}-\hat{\alpha})t} \to 0$，则随机变量 X_t 将趋向最小值0，个体理性 $X(t) \xrightarrow{P} 0$（这里 $\xrightarrow{P} 0$ 表示依概率收敛到0）。

分析结果表明，最终决策质量的高低（由决策理性所描述）不仅取决于决策者本身的素质，而且取决于决策者面临的场景因素，决策质量由这两方面的相对优势来确定。该结论的现实意义在于,在决策中除了重视决策者自身的实力外(如知识、技能、经验、智慧等因素),还需尽量避免各种干扰因素对决策个体的不利影响,如减少负面信息的误导、减轻决策者面临的过高压力、营造公平公正的外部环境等。

8.3　群体决策理性演化模型

首先假设决策者数量 $m = 3$,然后再讨论一般 n 人的群体决策。我们把前面的基本模型扩展至考虑群体决策的情形,设 3 个决策者的理性作用强度因子和随机干扰强度因子分别为(r_1),(α_1);(r_2),(α_2);(r_3),(α_3),根据假设 3,可得群体决策的理性演化模型(M2):

$$\frac{\mathrm{d}X(t)}{\mathrm{d}t} = a(t)Y(t),\ t \geqslant 0, X(0) = X_0 \in R^3_{[0,1]} \qquad (8-4)$$

其中,向量 $X(t) = (X_1(t), X_2(t), X_3(t))^T$,初始条件 $X(0) = X_0 = (X_{1,0}, X_{2,0}, X_{3,0})^T$,理性增长因子 $a(t) = (r_1 + \alpha_1 W(t), r_2 + \alpha_2 W(t), r_3 + \alpha_3 W(t))^T$,干扰白噪声 $W(t) = \frac{\mathrm{d}B(t)}{\mathrm{d}t}$, $Y(t)$ 是由假设 1 确定的群体理性。由于群体决策中,决策者面对的环境相同,所以假设干扰白噪声相同是合理的,这里 $\{B(t)\}$ 是一维布朗运动。将式(8-4)展开可得如下模型 M2 的等价形式:

$$\mathrm{M2}:\begin{cases} \dfrac{\mathrm{d}X_1(t)}{\mathrm{d}t} = \dfrac{1}{3}\left(r_1 + \alpha_1 \dfrac{\mathrm{d}B(t)}{\mathrm{d}t}\right)(X_1(t) + X_2(t) + X_3(t)) \\ \dfrac{\mathrm{d}X_2(t)}{\mathrm{d}t} = \dfrac{1}{3}\left(r_2 + \alpha_2 \dfrac{\mathrm{d}B(t)}{\mathrm{d}t}\right)(X_1(t) + X_2(t) + X_3(t)) \\ \dfrac{\mathrm{d}X_3(t)}{\mathrm{d}t} = \dfrac{1}{3}\left(r_3 + \alpha_3 \dfrac{\mathrm{d}B(t)}{\mathrm{d}t}\right)(X_1(t) + X_2(t) + X_3(t)) \end{cases} \qquad (8-5)$$

后面为简洁,统一将个体决策者理性变量中的时间参数 t 省略,即 $X_1(t),X_2(t),X_3(t)$ 分别记为 X_1,X_2,X_3,同时 $B(t)$ 记为 B_t。

8.3.1 解的存在唯一性

我们利用随机微分方程解的存在唯一性定理给出针对个体和群体决策理性演化模型解的如下命题:

命题 1:理性演化模型 M1 存在唯一解。个体决策理性演化模型 M1 存在唯一解。

命题 2:理性演化模型 M2 存在唯一解。个体决策理性演化模型 M2 存在唯一解。

为节省篇幅,我们直接证明更为一般的命题 2。

证明:将模型 M2 改写成如下的向量形式:

$$\mathrm{d}X_t = b(t,X_t)\mathrm{d}t + \sigma(t,X_t)\mathrm{d}B_t$$

其中,$X_t = (X_1,X_2,X_3)^T$,$b(t,X_t) = \frac{1}{3}(X_1 + X_2 + X_3)\cdot(r_1,r_2,r_3)^T$,$\sigma(t,X_t) = \frac{1}{3}(X_1 + X_2 + X_3)\cdot(\alpha_1,\alpha_2,\alpha_3)^T$。则对于 $x = (x_1,x_2,x_3)^T \in R^3$,有:

$$|(b(t,x))| + |(\sigma(t,x))| = \frac{1}{3}|x_1 + x_2 + x_3|\cdot\sqrt{r_1^2 + r_2^2 + r_3^2} + \frac{1}{3}|x_1 + x_2 + x_3|\cdot\sqrt{\alpha_1^2 + \alpha_2^2 + \alpha_3^2} = A|x_1 + x_2 + x_3|$$

其中,$A = \frac{1}{3}(\sqrt{r_1^2 + r_2^2 + r_3^2} + \sqrt{\alpha_1^2 + \alpha_2^2 + \alpha_3^2})$(非负常数)。

由 Cauchy – Shwarz 不等式 $|(x,y)| \leqslant |x|\cdot|y|$ 易知,$|x_1 + x_2 + x_3| \leqslant \sqrt{3}\cdot\sqrt{x_1^2 + x_2^2 + x_3^2}$。取常数 $C = \sqrt{3}A$,则有:

$$A|x_1 + x_2 + x_3| \leqslant C\sqrt{x_1^2 + x_2^2 + x_3^2} \leqslant C(1 + \sqrt{x_1^2 + x_2^2 + x_3^2})$$

即

$$|(b(t,x))|+|(\sigma(t,x))| \leqslant C(1+|x|)$$

同理,易证 $\forall t \in [0,+\infty), x \in R^3$,有:

$$|b(t,x)-b(t,y)|+|\sigma(t,x)-\sigma(t,y)| \leqslant C|x-y|$$

则由存在唯一性定理可知,群体理性演化模型 M2 在 $[0,+\infty) \times R^3_{[0,1]}$ 上存在唯一解。

8.3.2 模型求解

由式(8-5)可得:

$$\begin{cases} \dfrac{\mathrm{d}X_1}{X_1+X_2+X_3} = \dfrac{1}{3}(r_1\mathrm{d}t+\alpha_1\mathrm{d}B_t) \\ \dfrac{\mathrm{d}X_2}{X_1+X_2+X_3} = \dfrac{1}{3}(r_2\mathrm{d}t+\alpha_2\mathrm{d}B_t) \\ \dfrac{\mathrm{d}X_3}{X_1+X_2+X_3} = \dfrac{1}{3}(r_3\mathrm{d}t+\alpha_3\mathrm{d}B_t) \end{cases}$$

上式各项相加并两边积分可得:

$$\int_0^t \frac{1}{X_1+X_2+X_3}\mathrm{d}(X_1+X_2+X_3) = \frac{1}{3}[(r_1+r_2+r_3)t+(\alpha_1+\alpha_2+\alpha_3)B_t] \tag{8-6}$$

令向量值函数 $g(t,X) = \ln(X_1+X_2+X_3)$ 。由 Itô 公式可得:

$$\mathrm{d}g(t,X) = \frac{\mathrm{d}X_1+\mathrm{d}X_2+\mathrm{d}X_3}{X_1+X_2+X_3} - \frac{(\mathrm{d}X_1^2+\mathrm{d}X_2^2+\mathrm{d}X_3^2+\mathrm{d}X_1\mathrm{d}X_2+\mathrm{d}X_2\mathrm{d}X_3+\mathrm{d}X_3\mathrm{d}X_1)}{2(X_1+X_2+X_3)^2}$$

利用 $\mathrm{d}t \cdot \mathrm{d}t = \mathrm{d}t \cdot \mathrm{d}B_t = \mathrm{d}B_t \cdot \mathrm{d}t = 0$, $\mathrm{d}B_t \cdot \mathrm{d}B_t = \mathrm{d}t$,化简上式得:

$$\mathrm{d}g(t,X) = \mathrm{d}\ln(X_1+X_2+X_3) = \frac{1}{X_1+X_2+X_3}\mathrm{d}(X_1+X_2+X_3) - \frac{1}{18}(\alpha_1^2+\alpha_2^2+\alpha_3^2+\alpha_1\alpha_2+\alpha_2\alpha_3+\alpha_3\alpha_1)\mathrm{d}t$$

将上式两边从 0 到 t 积分得:

$$\ln \frac{X_1 + X_2 + X_3}{X_{1,0} + X_{2,0} + X_{3,0}} =$$

$$\int_0^t \frac{1}{X_1 + X_2 + X_3} d(X_1 + X_2 + X_3) - \frac{1}{18}(\alpha_1^2 + \alpha_2^2 + \alpha_3^2 + \alpha_1\alpha_2 + \alpha_2\alpha_3 + \alpha_3\alpha_1)t$$

将式(8 -6)代入并整理得:

$$X_1 + X_2 + X_3 = (X_{1,0} + X_{2,0} + X_{3,0}) \cdot u(t,B_t)$$

即群体理性:

$$Y_t = Y_0 \cdot u(t,B_t), \quad Y_t:[0, +\infty) \to [0,1] \tag{8-7}$$

其中:

$$u(t,B_t) = (\exp((\hat{r} - \hat{\alpha})t + (\alpha_1 + \alpha_2 + \alpha_3)B_t))\frac{1}{3}$$

其中,广义因子 $\hat{r} = (r_1 + r_2 + r_3)$, $\hat{\alpha} = \frac{1}{6}(\alpha_1^2 + \alpha_2^2 + \alpha_3^2 + \alpha_1\alpha_2 + \alpha_2\alpha_3 + \alpha_3\alpha_1)$ 。Y_t 和 X_k 的关系由假设 1 给出,称函数 $u(t,B_t)$ 为群体决策理性度量函数。

将上面三人群体决策的情形推广至 n 人群体决策,不难得到 n 人群体决策情形下度量函数的表达式:

$$u(t,B_t) = \left(\exp\left((\hat{r} - \hat{\alpha})t + \sum_{k=1}^{n} \alpha_k B_t\right)\right)\frac{1}{n} \tag{8-8}$$

其中,系数 $\hat{r} = \sum_{k=1}^{n} r_k$, $\hat{\alpha} = \frac{1}{2n}\prod_{i=1,j=i}^{n} \alpha_i\alpha_j$,综合式(8 -7)和式(8 -8),两边取期望可得:

$$E[Y_t] = E[Y_0] \cdot (e^{(\hat{r}-\hat{\alpha})t})\frac{1}{n} \tag{8-9}$$

进一步分析式(8 -9)可知,群体理性的演化路径取决于两个广义因子 $\hat{r}$ 和 $\hat{\alpha}$ 之间的相对数量关系,具体如下:

(1)当 $\hat{r} > \hat{\alpha}$, $t \to \infty$时,由于 $(e^{(\hat{r}-\hat{\alpha})t})1/n \to \infty$,则随机变量 Y_t 将趋向

最大值1,群体理性 $Y(t)\xrightarrow{P}1$（这里 $\xrightarrow{P}1$ 表示依概率收敛到1）。

（2）当 $\hat{r}=\hat{\alpha}$ 时,由于 $e^{(\hat{r}-\hat{\alpha})t}\equiv 1$, $E[Y_t]\equiv E[Y_0]$,则群体理性 $Y(t)$ 在[0,1]之间随机地取任意值(由初始群体理性 Y_0 决定)。

（3）当 $\hat{r}<\hat{\alpha}$, $t\to\infty$时,由于 $(e^{(\hat{r}-\hat{\alpha})t})1/n\to 0$,则随机变量 Y_t 将趋向最小值0,群体理性 $Y(t)\xrightarrow{P}0$（这里 $\xrightarrow{P}0$ 表示依概率收敛到0）。

分析结果表明,最终群体决策质量的高低(由群体决策理性所描述)不仅取决于参与群体决策的成员本身的素质,而且取决于决策者面临的场景因素,决策质量由这两方面的相对优势所确定。该结论的现实意义在于,在复杂的群体决策问题中,除了重视群体成员自身的实力外(如知识、技能、经验、智慧等因素),还需尽量避免各种干扰因素对整个决策群体的不利影响,如减少负面信息的误导、减轻决策者面临的过高压力、营造公平公正的外部环境等。

8.4　算例分析

为了更加直观地说明决策中群体的理性程度如何随着决策的进行而变化,下面给定群体决策理性度量函数中的两个广义因子 $\hat{r}$ 和 $\hat{\alpha}$ 中个体有关参数的大小,通过数值模拟得到群体决策理性演化模型 M2 的解。假设决策者个数 $m=3$,三位决策者初始理性大小为 $X_0=(\frac{1}{2},\frac{2}{3},\frac{5}{6})$,则群体初始理性大小为 $Y_0=\frac{2}{3}\approx 0.6667$ 。参数取值如表8－1所示。

表 8-1　算例参数取值

组别	r_1	r_2	r_3	α_1	α_2	α_3	$\hat{r}$	$\hat{\alpha}$
Ⅰ	0.12	0.23	0.55	0.2	0.3	0.4	0.9	0.0917
Ⅱ	0.04	0.02	0.0317	0.3	0.4	0.2	0.0917	0.0917
Ⅲ	0.01	0.02	0.03	0.4	0.2	0.3	0.06	0.0917

利用上述参数计算得到的图形如图 8-1 所示。

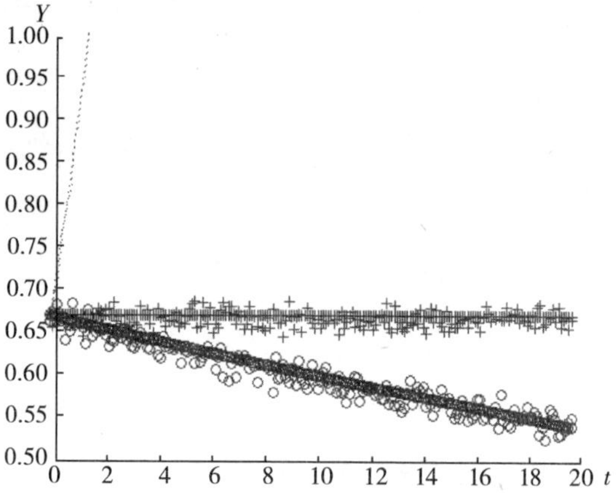

图 8-1　群体理性演化的数值模拟

图 8-1 中，横坐标代表决策运行时间，纵坐标代表群体决策的理性程度，3 组深色直线和 3 组浅色波动线分别代表群体决策的理性期望值 $E[Y_t]$ 和加入了随机扰动后的实际值 Y_t，第Ⅰ组、第Ⅱ组、第Ⅲ组参数分别用虚线圆点"…"，加号"+"和圆形"○"表示。可以看出，随着时间的推移：

（1）第Ⅰ组参数由于广义理性作用强度因子 $\hat{r}(=0.9)>$ 广义随机干扰作用强度因子 $\hat{\alpha}(=0.0917)$，因此大约到 $t=2$ 的时刻，群体理性已经趋向最大值 1。

（2）第Ⅱ组参数由于广义理性作用强度因子 $\hat{r}(=0.0917)=$ 广义随机干扰作用强度因子 $\hat{\alpha}(=0.0917)$，因此群体理性一直在初始值附近随机取值，没有太大涨落。

(3)第Ⅲ组参数由于广义理性作用强度因子 $\hat{r}(=0.06)<$ 广义随机干扰作用强度因子 $\hat{\alpha}(=0.0917)$,因此群体理性向右下方逐渐趋向最小值0。

这个简单的数值算例比较直观地验证了前面关于群体决策理性演化模型的合理性和有效性。

8.5　小结

群体决策问题作为管理科学和系统工程领域的一个研究热点,已有许多学者从不同角度,如群体结构、个体理性、决策规则等,对群体决策的作用机制展开了广泛研究,而对于决策中的个体和群体理性的演化行为,仍缺乏足够的关注。本章将客观环境的影响和个体主观自身形成的对决策产生干扰作用的随机噪声考虑进来,建立了刻画个体和群体理性受随机噪声影响的个体和群体理性演化动力学模型,利用随机微分方程理论,论证了模型解的存在性和唯一性,并在给定群体决策的随机扰动为白噪声的假设条件下得到了模型的解析解。在此基础上,讨论了群体决策中两个重要参数,即理性作用强度因子和随机扰动作用强度因子对于群体理性变化的影响。理论分析结果表明:群体理性随着决策的进行可能会呈现出三条不同的演化路径,群体理性的演化趋势取决于群体理性作用强度因子和随机作用强度因子之间的相对大小,数值算例说明了本章模型的合理性和有效性。

本章建立的模型和分析结果的现实意义在于:在复杂的群体决策问题中,为了提高最终的决策质量,除了要重视群体成员自身的素质和能力外(如知识、技能、经验、智慧等因素),还需尽量避免各种干扰因素对决策个体和群体产生的不利影响,如减少负面信息的误导、减轻决策者面临的过高压力、营造公平公正的外部环境等。高质量的决策需要从多个方面入手,既要考虑如何有效提高决策者自身的实力,也需要注重构建良好的决策环境为决策目标实现提供保障,两者相互作用,共同对决策结果产生影响。这对于我们进一步理解在决策活动中各种干扰因素对决策理性变化的影响,提高我们对于群体决策规律的认识和决策质量具有重要的理论价值和现实意义。本章在建模和分析的过程中对于群体决策的环境和结构进行了一些假设,未来可考虑从两方面展开进一步深入探讨:一是对决策中理性的影响因素以及作用机理进行实验研究;二是考虑更加复杂的情形,比如考虑群体成员之间存在信息交互,进而揭示群体决策的信息动力学和群体成员不同的个体属性特征之间的相互作用规律。

第9章　基于证据理论的全过程多级群决策模型

摘要：群体决策研究已经有很长的历史，在定量研究方面，现在文献大都聚焦于对集结函数的研究，较少对专家的偏好表达进行分析，这就造成了模型的输入端存在隐患，特别是在处理复杂的决策问题时，由于专家的知识局限，他们可能无法基于所有因素给出正确的方案选择。本章基于DS证据理论，从决策的全过程角度提出了一种专家的偏好表达和群体偏好集结方法，建立了全过程多级群决策模型。在该决策模型中，专家只需基于自己熟悉的因素给出方案偏好，而无须考虑所有因素，这样就使我们的偏好集结更科学。本章为复杂不确定环境的群体决策提供了新的思路和方法，对现实复杂决策问题的解决也具有启发和参考价值。

9.1　引言

对群体决策的研究最早始于200多年前两位法国数学家Borda和Condorect对于方案排序的探讨。法国数学家Borda于1781年提出了群体对方案排序的Borda规则，1785年法国数学家Condorcet提出了Condorcet规则并发现了投票悖论[165]。此后，许多学者从各个方面对群体决策进行了研究。1967 年 Dempster 提出证据理论后，由于它在处理不确定性问题时独有的优势，所以被越来越广泛地运用于群决策的研究[166]。2002 年，Beynon[167]提出了一种 DS/AHP 方法从而将证据理论引向了复杂的多属性群决策领域。近年来，证据理论在群决策领域的应用逐渐从理论走向实践，如将 DS/AHP 用于供应商的选择[168]和证券投资决策[169]等。但实践发现，将这些理论和方法应用于一些复杂的群决策领域如大型工程的决策，它们所取得的效果并不理想。这主要是因为先前的群决策理论研究主要聚焦于群体决策的核心部分(偏好集结)，而非从全过程的角度整体看待群决策问题。所谓全过程群决策，就是从群体决策的全过程出发，基于每个决策者的知识背景和认识结构来确定偏好的输入、修正、集结和合成进而给出一个合理的决策流程而非一个单独的集结函数。

9.2 全过程多级群决策模型

9.2.1 全过程多级群决策模型框架

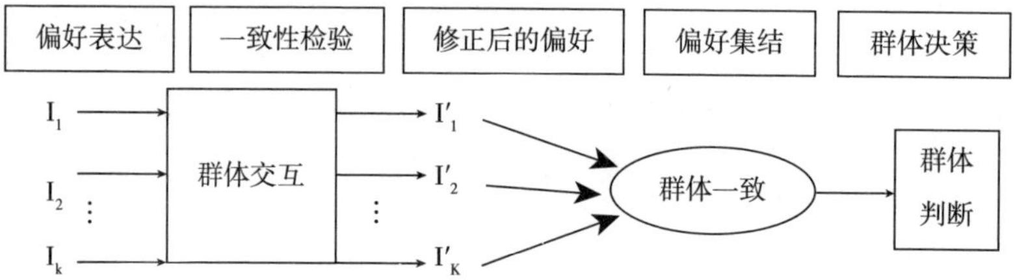

图 9－1　群体决策基本过程框架

目前群体决策已成为包括数学、政治学、经济学、社会心理学、行为科学、决策科学、计算机科学等多门学科研究的共同焦点，而人们对群体决策的认识和理解还未达成共识。Huang 等[170]给出了一个技术性较强的定义：群体决策是把不同成员的偏好按照某种规则集结、合并、归纳成群体的一个唯一偏好序。根据这个定义可将群体决策抽象为如图9-1所示的基本过程。

9.2.2　基于证据理论的偏好表达过程

当我们遇到复杂的群决策时，影响决策的因素有很多，例如，在一个工程决策里，影响方案选择的因素有工程成本、工程收益、政策效应、法律、技术可行性、施工时间等因素，为了决策的科学性，我们需要咨询很多专家，这时候我们就会遇到一个"专家知识局限"[171]的问题。因为每个专家都有他自己的知识背景，他不可能对所有因素都非常熟悉，比如一个经济方面的专家对成本和收益很了解，但对工程技术、法律等并不十分清楚，因而他在选择方案的时候要么对这些因素没考虑，要么就是考虑不足，这时候我们就有理由怀疑他给出的偏好的正确性。

由于"专家知识局限"存在，实际决策过程中，专家只需要基于自己熟悉的因素进行方案选择或偏好表达，对于不了解的因素则无须考虑。Beynon 的 DS/AHP 方法给出了一种基于单个属性的偏好表达方法，这种方法的前提是要确定因素的权重，我们知道因素权重一般是由专家给出的，而在现实中每个专家的权威性不同，所以客观地讲每个专家应该具有不同的权重。考虑到复杂的群决策的决策效率的要求，决策的时候需要一种简单且有效地确定权重的方法；另外，现实中往往不可能对所有专家都有非常准确的了解，特别是在专家人数非常多时，很难准确地判断每一位专家的重要性，所以，合理的权重计算方法要能够考虑这种信息不完全的状况。本章用一种对专家进行分类的方法来确定专家权重[172]，这种方法主要分两步：

(1)对专家进行分类。通过计算专家之间的意见距离，将距离最小的专家合并为一类，依次迭代，将专家分成 n 类。

(2)计算专家权重：同一类内的专家权重相同，不同类之间的权重正比于类内的专家人数。

我们得到专家的权重后,接下来就是确定因素权重。这里将每个专家给出的因素权重加权平均,即设专家权重 $=(p_1,p_2,\cdots,p_z)$,因素 i 的权重 $w_i=\sum_{r=1}^{z} w_{ri}\cdot p_r$,这样就能得到所有因素的权重。基于单个因素的专家偏好表达过程有如下四个步骤:

步骤1:确定决策对应的合适程度的数值:(极端合适,强烈到极端,强烈合适,强烈到一般,一般合适)=(5,4,3,2,1)。

步骤2:专家基于自己熟悉的每个因素给出每个因素下的所有可能方案的集合。例如,专家 i 基于自己熟悉的两个因素(投资成本、工程收益)进行的方案选择如图9-2所示。

工程收益
$\{A\},\{B,C\},\{\Theta\}$

投资成本		
$\{B\}$	$\{C\}$	$\{\Theta\}$

图9-2　方案选择

步骤3:对方案选择进行合适度评价,得出专家的知识矩阵。

步骤4:计算知识矩阵最大特征值和对应的特征向量,并将特征向量正规化;把正规化后的特征向量作为每个因素下各个决策选择集合基本概率分配(BPA)即mass函数值。

9.2.3　基于证据理论的偏好集结过程

为了得到一致的群体偏好,我们需要将这些专家偏好用集结函数来处理。以前用证据理论定量研究群体决策的学者倾向于借用证据理论中的Dempster合成法则来合成这些偏好,其要求所合成的意见具有相同的权重。但在现实中每个人都有自己的认识结构,专家也不例外,例如,专家 i 对因素工程收益和投资成本都了解,但对因素工程收益的了解比投资成本更深入,所以他基于这两个因素的意见应该具有不同可信度。

另外,在选择方案时往往会遇到这种情况,由于因素自身间的矛盾导致基于这两个因素的偏好存在合理性冲突,例如因素工程成本和因素工程完工时间成反比,所以基于这两个因素的合理的方案选择必然有分歧,而 Dempster 合成法则是不能合成带分歧的意见的。所以单纯地用 Dempster 合成法则无法得到一个合理而科学的群体偏好,因此我们提出一种多级合成的方法,并同时采用改进的 Dempster 合成法则来处理这些分歧和矛盾。

第一步:在这个合成过程中我们首先要确定每个专家的认识结构。

这里我们把专家对因素的把握度即专家的认识结构分为十分熟悉、熟悉、了解、不了解四个层次,并将其量化为(十分熟悉,熟悉,了解,不了解)=(1,0.6,0.2,0)。例如,某个工程决策中的专家 i 的认识结构如表9－1所示。

表9－1　专家认识结构

专家认识结构	技术可行性	投资成本	时间要求	安全性	法律约束	政策效应	水文地质因素
专家 i	十分熟悉	熟悉	熟悉	十分熟悉	不了解	不了解	十分熟悉

第二步:对每个因素下的所有专家意见进行一致性检验并调整,对调整后的意见用 Dempster 合成法则进行合成,从而得到每个因素下的专家偏好分布。这里我们用证据间的相似度来度量证据间的一致性,通过将它与限值 σ 比较来确定是否有分歧[173]。

相似度定义为:

$$L(m_i, m_j) = 1 - D_{BPA}(m_i, m_j) \tag{9-1}$$

D_{BPA} 表示两个意见之间的距离:

$$D_{BPA} = \frac{\sum_{p=1}^{n} m_{ip} \cdot m_{jp}}{\sqrt{\sum_{p=1}^{n} m_{ip}^2 \cdot \sqrt{\sum_{p=1}^{n} m_{jp}^2}}} \quad (9-2)$$

将焦元投影至各坐标轴加和,归一化后得到近似的概率分配函数,用向量形式来表示各决策专家的 mass 函数,如第 i 个专家的 mass 函数为 $mass_i(m_{i1},\cdots,m_{in})$ 。以计算结果构成一致性矩阵,并将矩阵中的每个值与限值 σ 比较来确定意见是否有分歧:如果相似度 $>\sigma$ 则表示两个专家的意见相近;反之,则表示这两个专家根据这个因素进行的方案选择有分歧。

在同一因素下不存在合理性冲突问题,所以对有分歧的专家意见在合成之前需要进行调整,这里我们采用向权威专家看齐的原则[174]对意见进行调整。

设在某一因素下专家 1 的意见权重为 α,同时专家 2 的意见权重为 β,专家 1 和专家 2 的 mass 函数分布如表 9 -2 所示。

表 9 -2　专家 mass 函数分布表

Mass 函数	$\{A\}$	$\{B\}$	$\{C\}$	$\{A,C\}$	$\{\Theta\}$
专家 1	x_1	x_2	x_3	x_4	x_5
专家 2	y_1	y_2	y_3	y_4	y_5

一致性检验会存在有两种情况:一种是两者意见基本一致,另一种是他们之间意见有分歧,意见需要调整。对于第一种情况,可以直接用 Dempster[175]合成法则进行合成。如果经过一致性检验发现两者意见有分歧,为了使 Dempster 法则有效,则需要对意见进行调整。我们知道两者的权重不同,所以两者的可信度也就不同。为此我们采取保留权重较高也就是可信度较高的专家的意见,修改权重较低的意见的方法。这里我们结合意见的权重信息采用加权平均的方法修改专家意见:设

α < β，专家1新的基本可信度分配为：$\tilde{y}_1 = \alpha x_i \cdot \beta y_i\ (i = 1, 2, 3, \cdots)$。修改后的专家2的意见再与专家1的意见用Dempster合成法则进行合成。

第三步：用改进的Dempster合成法则合成第二步计算所得的因素下的偏好分布，从而得到群体偏好分布。

在群体决策中，有些因素之间的矛盾可能会导致这些因素下偏好分布存在合理性冲突，我们希望在合成的时候尽可能保留这些合理的分歧，而非通过一致性检验把这些分歧消除。所以这里需要一种改进的Dempster合成法则来合成所有因素下的偏好分布。

设 $mass_i$ 表示第二步计算所得的因素 i 的偏好分布，Θ 为一包含 N 个两两不同命题的完备的辨识框架，2^Θ 是 Θ 所有子集生成的空间，m_1 和 m_2 是在识别框上的两个基本可信度分配。

步骤1：计算各个意见之间的距离：

$$d_{BPA}(m_1, m_2) = \frac{1}{2^N}\sqrt{\sum_{i=1}^{2^N}\sum_{j=1}^{2^N}\frac{\| A_i \cup B_j \|^2}{\| A_i \cap B_j \|^2}(m_1(A_i) - m_2(B_j))^2}, A_i, B_j \in 2^\Theta \tag{9-3}$$

步骤2：计算 m_i 和 m_j 所表征的两意见之间的相似性测度：

$$L(m_i, m_j) = 2Sup(d_{BPA}) - d_{BPA}(m_i, m_j) \tag{9-4}$$

$Sup(d_{BPA})$ 为 Θ 的距离的上确界，$L(m_i, m_j) = 2Sup(d_{BPA}) - d_{BPA}(m_i, m_j)$ 反映的是两个意见的相似性程度，两个意见之间的距离越小，相似性测度越大。

步骤3：将意见的相似性测度转换为意见的支持度：$S(m_i) = \sum_n L(m_i, m_j)$，它反映的是某条意见被其他意见支持的程度。显然，支持该意见的程度越高，该意见就越可信。

步骤4：合成所有的专家意见得到群体偏好分布。

在群决策专家意见集结时，相对信任度大的意见对集结结果的影响应该较大，因此应该分配给相对信任度较大的意见对集结结果较大影响的机会。同时，既然对分歧的意见无法做出合理的抉择，我们就应将其部分信任度归入未知邻域 X。由此，改进的证据组合公式应为：

$$m(A) = \sum_{A_i \cap B_j = A} m_1(A_i) m_2(B_j) + k \sum_{i=1}^{n} P_i m_i(A), A \neq \Phi, X \quad (9-5)$$

$$m(X) = 1 - \sum_{i=1}^{n} m(A_i), P(m_i) = S(m_i) / \sum_{k=1}^{n} S(m_k), k = \sum_{A_i \cap B_j = \Phi} m_1(A_i) m_2(B_j)$$

这种算法使得合成后的意见更具可信性，但同时也增加了计算量，在因素比较多时会比较烦琐。为了简化运算，我们在合成时，首先对因素间的 mass 函数进行相似度计算，得到相似度矩阵，再将矩阵中的各个元素与设定的限值 σ 相比较。对于有分歧的两种因素之间用带分歧的 mass 函数合成法则，即改进的证据组合公式(9－5)进行计算，对于相似度较高的因素之间用一般的 Dempster 合成法则进行合成。

9.2.4 偏好的输出过程

经过上面的计算我们可以得到各个方案的信度值，此时我们根据信度值对方案进行排序。在选择方案时原则上我们选取信度值最高的方案作为我们的最优方案，但有时候会出现异常情况，如方案 i 的信度值和方案 j 的信度值位居前列，分别为 0.343 和 0.341。虽然方案 i 的信度值较高，但与方案 j 的信度值差异较小，如果我们这样就断定方案 i 为最优方案，未免有些武断，因为任何一个算法和模型都不可能是完美的。为了不使我们与最优方案擦肩而过，建议采用多准则的判别原则[176]来处理这种情况，即对这两个方案采用另外一个原则进行判优。例如，用两者的似真函数值（该值表示命题的最大可信度）进行比较，较高者优。

9.2.5 决策流程和决策模型

根据上文的分析我们得到如下的决策流程：

步骤 1：专家集体确定影响决策的因素 $U(U_1,U_2,\cdots,U_n)$。

步骤 2：专家给出自己心目中每个因素的权重（w_{ij}）。

步骤 3：通过本章给出的计算权重的方法计算专家权重和因素权重。

步骤 4：确定专家对各个因素的熟悉度或者说是把握度。本章将专家对因素的熟悉度分为四个等级：十分熟悉、熟悉、了解 不了解，同时采用一种非常简单的量化思想对四个等级进行量化：1，0.6，0.2，0。

步骤 5：每个专家基于自己了解的因素给出方案偏好（不了解的因素不用给出偏好）。

步骤 6：对每个因素下的各个专家偏好进行一致性检验，并用向权威专家看齐的原则对有冲突的意见进行调整。

步骤 7：用 Dempster 合成法则合成因素下的专家偏好，接着用改进的 mass 函数集结方法合成因素间的偏好，得到方案群体偏好。

步骤 8：根据信度值选取最优方案（信度值越大越优）。如有异常，启用多准则方法进一步选优。

上述全过程多级群决策模型框架如图 9－3 所示。

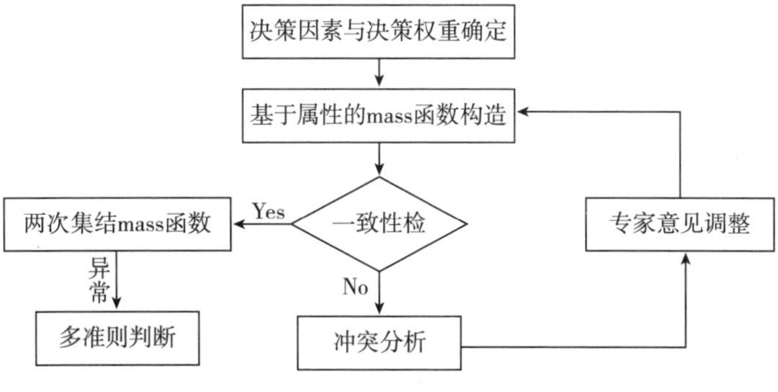

图 9－3　全过程多级群决策模型框架

9.3 小结

本章分析了目前的群体决策定量研究成果,发现它们在解决复杂的决策案例时,由于专家的知识局限和认识结构造成了偏好输入的偏差。为了使决策结果更具科学性,本章基于证据理论提出了一种专家偏好表达和群体偏好的多级集结方法,在这种方式下,专家只需要基于自己了解的因素进行方案选择,无须考虑其他因素。本章还从全过程的角度给出了一个多级群决策的流程和模型,在这种决策规则下处理复杂的群体决策会更有效。

但是这种方法也遇到了许多决策定量研究都会遇到的问题,就是如何将专家的模糊表达量化,例如本章中将专家对因素的熟悉度(十分熟悉,熟悉,了解,不了解)量化为(1,0.6,0.2,0)。为了更好地表达这些模糊语言,可以考虑采用区间量化的形式。区间量化是模糊理论的应用,如何将证据理论与模糊数理论相结合运用于本章提出的决策模型是值得进一步研究的方向。

第10章　基于结构方程模型的软实力测度与评估

摘要：在对软实力研究的广度和深度正日益迅速发展的背景下，对软实力进行系统性量化分析不足的问题显得尤为突出。本章针对软实力评估体系建设实践中的定量测量问题，运用结构方程模型这一在社会学、心理学、经济学和管理学等领域中得到广泛应用的线性统计建模技术，提出了一种基于结构方程模型的软实力测度方法，在此基础上，提出了软实力评估体系建设的一般处理流程。本章对于推进软实力研究的科学化、系统化、实用化具有积极的理论价值和现实指导意义。

10.1　引言

软实力的概念，最早由美国学者、哈佛大学肯尼迪政府学院教授约瑟夫·奈(Joseph Nye)在1990年出版的《注定领导：美国权力性质的变迁》(*Bound to Lead*：*The Changing Nature of American Power*)一书中明确提出，随后，该概念被逐渐运用到社会学、政治学、经济学、民族学等领域[177-180]。对此，中国学术界和政府界的学者、专家和研究人员迅速做出反应，各界不仅将原本用于国际政治和国际关系研究的软实力概念应用于这些软实力传统领域的研究中，而且还延伸到地方政治、区域经济、企业经营、文化建设等其他领域的研究中，我国学者对其关注和重视程度超过了世界上其他任何一个国家。据不完全统计，截至2010年，在中文全文期刊数据库中，涉及软实力、软力量、软权力的文章多达4000篇[181]。尽管我国学者对软实力的研究投入了极高的热情，但随着我国学者对软实力进行“中国化”的改造从深度和广度上逐步深入拓展，对软实力的相关研究也出现了不少具有中国特色的问题，其中较突出的是：我国目前对软实力的理论研究、规范研究、定性研究偏多[182-186]，而应用研究、实证研究和定量方面的研究不足，使得现有关于软实力的研究显得较为抽象、空泛，思辨色彩较浓，现实指导性和可操作性相对不足。国内已有学者关注到软实力研究的此类问题，如文献[187]通过对国外软实力研究状况的梳理，指出加强软实力的量化研究和实证研究是今后值得努力的一个方向。文献[188]在对我国软实力研究的意义和现有成果进行回顾的基础上，对我国软实力研究目前存在的不足及未来主要研究方向进行了较为系统的总结，指出加强对软实力指标体系和定量化测度研究应是今后一个重要的研究方向。本章针对软实力具有不易量化这一造成定量研究困难的根本原因，将结构方程模型(Structural Equation Modeling, SEM)这一广泛应用于社会学、心理学、经济学和管理学领域的线性统计建模技术应用到软实力的量化研究中，提出了一种软实力的量化测度方法，在此基础上给出了软实力评估体系建设的一般处理流程，对于推进软实力研究的科学化、系统化、实用化具有积极的理论价值和现实指导意义。

10.2　结构方程模型(SEM)原理

10.2.1　SEM的基本概念与组成

在社会科学研究领域,有时需要处理多个原因、多个结果的关系,或者经常遇到不能直接观测到的变量(潜在变量),传统的统计方法对这些情况往往无能为力,而结构方程模型的出现弥补了这一不足,并迅速成为多元统计分析的重要工具[189]。结构方程模型是基于变量的协方差矩阵来分析变量之间关系的一种统计方法,所以也称为协方差结构分析[190]。在很多社会学、心理学研究中涉及的一些变量,如学习动机、智力、学业成就等都不能准确、直接地加以测量,这种变量称为潜在变量(latent variable)。对这些潜在变量,可用一些外显指标(manifest indicator)或称外显变量(manifest variable)、观察变量(observed variable)、测量变量(measured variable)来间接测量它们。如可用智商IQ、学习成绩、获奖次数(外显变量)作为学业成就(潜在变量)的测量指标。传统的统计方法不能妥善处理这些潜在变量,而结构方程模型则能同时处理潜在变量及其指标。

结构方程模型中的变量类型一共有两对:测量变量和潜在变量、内生变量(endogenous variable)和外生变量(exogenous variable);将这两对变量类型组合在一起,构成结构方程模型中的四种变量类型:内生测量变量(一般用字母 y 表示)、外生测量变量(一般用字母 x 表示)、内生潜在变量(用希腊字母 η 表示)、外生潜在变量(用希腊字母 ξ 表示);变量之间有单向(用单箭头 $\rightarrow$ 表示,从影响的变量指向被影响的变量)和双向(用双箭头 $\leftrightarrow$ 表示)两种关系,内生(外生)潜在变量指向内生(外生)测量变量的单向箭头上面用数字表示关联强弱的参数(又称为因子载荷,factor loading,用希腊字母 λ 表示),外生潜在变量之间的双向箭头用数字表示它们之间的相关性参数（用希腊字母 φ 表示），外生潜在变量指向内生潜在变量的单向箭头上用数字表示外生潜在变量对内生潜在变量的影响强弱参数（用希腊字母 γ 表示），内生潜在变量之间的单向箭头上的数字表示它们之间的影响强弱参数（用希腊字母 β 表示），外生测量变量和内生测量变量的测量误差分别用希腊字母 δ 和 ε 表示，内生潜在变量的估计误差用希腊字母 ζ 表示。

SEM 中各种参数、变量与关系，可以用如下的一般化线性方程加以描述：

$$x = \Lambda_x \xi + \delta \tag{10-1}$$

$$y = \Lambda_y \eta + \varepsilon \tag{10-2}$$

$$\eta = B\eta + \Gamma\xi + \zeta \tag{10-3}$$

式（10－1）和式（10－2）称为测量方程（Measurement Equation），用来描述测量变量和潜在变量之间的关系，式（10－3）称为结构方程（Structural Equation），用来描述内生潜在变量和外生潜在变量之间的关系。其中，x 为外生测量变量组成的向量；y 为内生测量变量组成的向量；ξ 为外生潜在变量组成的向量；η 为内生潜在变量组成的向量；Λ_x 为外生测量变量与外生潜在变量之间的关系，称为外生测量变量在外生潜在变量上的因子负荷矩阵；Λ_y 为内生测量变量与内生潜在变量之间的关系，称为内生测量变量在内生潜在变量上的因子负荷矩阵；其他字母的含义同前。

10.2.2 SEM 操作流程和技术特点

运用 SEM 建模，通常分为两步：第一步是 SEM 模型发展阶段，即根据研究问题的特点，运用有关专业知识和经验，提出研究假设，建立 SEM 模型；第二步是运用合适的方法，进行数据收集，将数据输入到 SEM 软件中进行估计与分析，常用的 SEM 软件有 AMOS 和 LISREL，

AMOS的特色是可视化、易学易懂、不必撰写程序,LISREL 被公认为最专业的结构方程模型 SEM 分析工具,其权威性其他类似软件无法取代,支持多层结构方程建模和非线性建模。SEM 的技术特点和优势如下[189-191]:

(1)SEM 具有理论先验性。SEM 分析最重要的一个特性,是它必须建立在一定的理论基础之上,SEM 是用来验证某一预先提出的理论模型的一种适当性的统计技术,因此,SEM 是一种验证性(confirmatory)而非探索性(exploratory)统计方法。

(2)SEM 同时处理测量与分析问题。SEM 是一套可以将“测量”和“分析”整合为一的统计研究技术,它将不可直接观察的概念以潜在变量的形式,利用观察变量的模型化分析加以估计,不仅可以估计测量过程中的误差,也可以评估测量的信度与效度。

(3)SEM 重视多重统计指标的运用。SEM 发展出多种不同的统计评估指标,使得使用者可以从多种不同的角度进行分析,避免过度依赖单一指标,SEM 的技术优势在于整体层次而非个别或者微观层次。

(4)能同时处理多个因变量。结构方程模型可同时考虑并处理多个因变量,而在回归分析中,只能处理一个因变量,如果有多个因变量需要处理,则需分别计算,这样在计算一个因变量时,就忽略了其他因变量的存在及影响。

(5)允许自变量和因变量均包含测量误差。从测量方程中可看到,潜在变量的观察标识包含了大量的测量误差。而回归分析只允许因变量存在测量误差,假定自变量没有误差。

10.2.3　软实力评估的一般框架

10.2.3.1　基于 SEM 的软实力测度方法(SPMbSEM)

本章提出基于 SEM 的软实力测度方法(Soft Power Measure Based on

SEM,SPMbSEM),其操作步骤如下:

(1)编制调查问卷,问卷要针对软实力评估模型中的每个测量变量设置相应的问题。

(2)对问卷选择小范围进行预试,检验问卷的信度(reliability)和效度(validity)是否达到要求。

(3)选择合适的调查对象,发放问卷,收集到符合 SEM 要求数量的有效问卷。

(4)将收集到的数据输入到 SEM 的常用软件中,如 AMOS 或者 LISREL,运行软件,利用软件对输出结果进行评估和检验,必要时对软实力评估模型进行修正;重复本步骤,最终得到结论。

基于 SEM 的软实力测度方法(SPMbSEM)如图 10－1 所示。

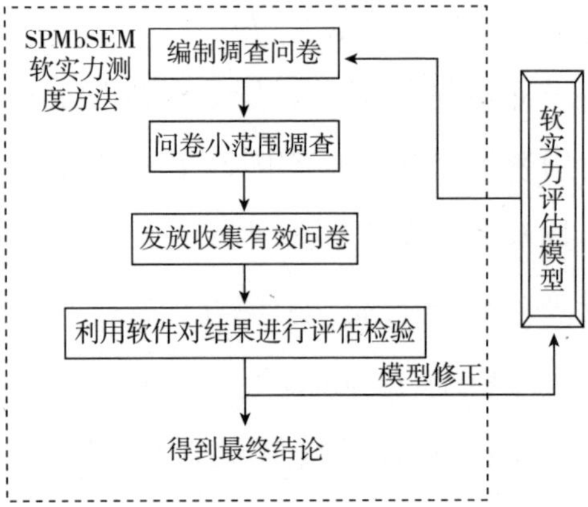

图 10－1　基于 SEM 的软实力测度方法(SPMbSEM)

10.2.3.2　软实力评估一般处理流程

软实力评估的处理分为两个阶段,首先是软实力评估模型开发阶段,其次为模型测量与评估阶段。其一般流程如下:

(1)第 1 阶段:软实力评估模型开发阶段。

1)理论开发:主要任务是建立软实力的评估指标体系模型,通过文献整理、观点辨析、提出假设等理论性的归纳演绎过程，对软实力进行层次化的系统结构分析，建立一套有待验证的软实力评估指标体系模型。

2)模型界定和识别：主要任务是将建立的软实力评估指标体系模型转换成 SEM 的技术要求，对软实力评估的变量内容进行设定，对变量关系和参数进行假设，得到待验证的 SEM 路径图；对模型进行识别，使得模型符合统计分析与软件执行的要求，得到供第 2 阶段使用的 SEM 软实力评估模型。

(2)第 2 阶段：模型测量和评估阶段。

运用基于 SEM 的软实力测度方法(SPMbSEM)，对 SEM 软实力评估模型进行检验，在此基础上，完成对软实力的定量测量。软实力评估的一般处理流程如图 10－2 所示。

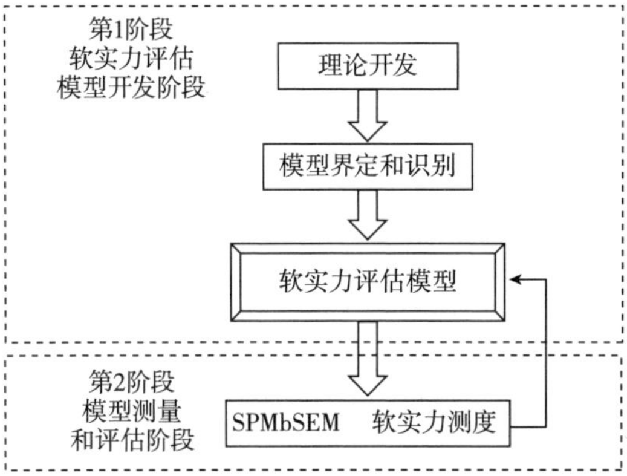

图 10－2　软实力评估的一般处理流程

10.3　小结

目前大量的研究成果主要侧重于软实力的定性分析，量化分析的成果很少，从实际应用的角度看，只有系统地实现了对软实力的量化研究，才能真正找出软实力建设的不足，进而提出有针对性的提升软实力水平的举措，这对于正确认识当今我国软实力的发展现状有着重要意义。虽然对软实力的量化困难重重，但这是未来进行实证研究必须突破的一个重要领域[13]。本章针对目前软实力研究的这一不足和缺陷，运用结构方程模型 SEM 这一擅长对不易测量的概念进行建模和分析的多元统计技术，提出了一种软实力的量化测度方法 SPMbSEM，在此基础上给出了软实力评估体系建设的一般处理流程，对于推进软实力研究的科学化、系统化、实用化具有积极的理论价值和现实指导意义。未来的研究方向是：运用本章提出的 SPMbSEM 和软实力评估一般处理流程，对不同领域和层次的软实力，如文化软实力、区域软实力、城市软实力、组织软实力、企业软实力等，选择典型的案例展开定量测度和实证研究，一方面检验本章方法的合理性和可行性，进一步完善本章提出软实力评估一般性框架，另一方面加深我们对于软实力本质的认识和理解，为真正将软实力理论研究服务于应用实践提供支撑。

第5篇

定量研究——以组织运营协调和优化为例

第 11 章　PPP 项目融资模式下的委托代理博弈模型

摘要:PPP(Public - Private Partnership,公私伙伴关系)项目融资模式作为一种有效的工程项目建设的融资模式,在我国的应用仍处于相对较新的阶段,有许多不成熟的地方。本章针对参与融资的三方之间的两种委托代理关系展开研究,运用博弈论,建立项目发起人和经营者之间的道德风险博弈模型以及项目投资人和经营者之间的逆向选择模型,通过最优化均衡条件,揭示特许经营权协议的经营期限、收费水平、权益比例、项目外部风险大小、资金结构与经营者努力水平等几个变量之间的关系,为制定出合理的特许经营权协议和融资贷款协议提供理论依据,对于实际工作中采用 PPP 项目融资模式的各参与方具有积极的参考价值。

11.1　引言

项目融资是以项目为主体安排的融资,项目的导向决定了项目融资所采用的方法,随着历史的变迁,项目融资经历了多个阶段的发展与演变。进入 20 世纪 70 年代后,项目融资在世界各地的运用已经相当普及,极大地推动了世界经济的发展[192]。PPP 项目融资模式指公共部门通过与私人部门建立伙伴关系提供公共产品或服务的一种方式。狭义的PPP融资与BOT、TOT等模式不同,它更加强调合作过程中的风险分担机制和项目的货币价值(value for money)原则。PPP模式是公共基础设施建设中发展起来的一种优化的项目融资与实施模式,是一种以各参与方的"双赢"或"多赢"为合作理念的现代融资模式[193]。PPP模式在国外已有很多成功的案例,但在我国近几年才逐渐得到重视,它在我国的发展空间很大。

融资模式一个很重要的问题就是激励机制的设计问题,为消除信息不对称所引发的投资风险,所有者需要研究有效的激励和约束机制。文献[194]在传统的项目融资结构安排博弈中引入投资者,分别讨论资本结构由所有者和经营者安排时的最优激励契约,并探讨了外部股权对经营者行为的影响。文献[195]研究了信息非对称下企业动态投融资决策问题,建立了约束信号博弈模型,投资者可通过观察或预期项目状况信号的变化对经营者的道德风险及逆向选择程度进行推测。文献[196]以资金供应链中作为核心部分的投融资活动为研究对象,研究了投资与融资过程的策略分析,建立了资金需求方与供应方的投融资博弈模型。文献[197]针对BOT项目中特许权期的决策问题,应用博弈论建立了投资成本变动下的动态博弈与特许权期决策模型,运用算例验证了该模型的有效性。文献[198]针对不同过度自信水平的委托人和代理人的委托代理关系,通过数理推导分析了次优和最优情形下委托人和代理人非对称的过度自信水平对努力水平、激励系数的影响,并应用实验研究有效地验证了模型推导的结论。这些研究主要运用博弈论的方法研究了项目投融资中的各种委托代理问题。

对PPP项目融资模式而言,近年来的文献主要集中在对PPP融资模式在不同类型具体项目中的应用的研究。Li等[199]运用抽样调查问卷的方法,研究了英国若干个不同类型的建设工程项目中风险分配的偏好情况。Clifton 和 Duffield[200]提出利用联盟承包技术来提高项目的长期服务产出和货币价值,通过对 15 个私人融资计划和 PPP 项目的调查和案例研究来检验方法的有效性。Smyth 和 Edkins 等[201]将信任和信心作为变量展开实证研究,探讨了在私人特许权承包商和公共部门之间的有效的关系建立和管理问题。Daube 等[202]详细比较了德国 PPP 项目中常用的项目融资和无追索权的分期缴纳两种融资模式的优势和劣势,并运用案例归纳方法总结出了德国 PPP 项目的一些特征。Jin 和 Zhang[203]运用交易成本经济学,提出了一个用来建立、训练、确认和测试的人工神经网络模型来对 PPP 项目中的风险分配过程进行建模。Lee 和 Yu[204]通过对中国台湾地区的两个排污处理项目案例进行对比,从投资者和政府公共部门的角度给出了如何选择更加有效的污水处理 PPP 项目融资模式的政策建议。Ng 等[205]针对中国香港地区的 PPP 项目,通过调查问卷和专家访谈的方法,从三方共赢的角度探索保证公共部门、私人财团和一般社区共赢的关键性要素。Xu 等[206]使用系统动力学方法,提出了一个用来确定 PPP 高速公路特许权价格的、可靠的、客观的、系统的模型。

从近年对于 PPP 项目融资的研究可以看到,对于在项目融资过程中如何设计合理的激励和约束机制,以消除由于信息不对称引发的项目投融资风险,目前尚无专门的针对性研究。本章将首先对 PPP 项目融资中的委托代理问题进行描述,建立项目发起人、项目经营者和项目委托人三方之间的委托代理模型,通过对模型进行理论分析,得到最优的特许经营权协议和融资贷款协议结构,在此基础上,给出针对项目参与各方的政策建议。

11.2 PPP 模式委托代理问题描述

一般而言,PPP 模式的各参与方包括:项目发起方(政府公共机构和民营企业)、项目经营方(项目公司)、项目投资方(私人、贷款银行、金融机构等)、运营方、承建方、使用方。PPP 项目融资模式的基本运行过程主要包括以下七个阶段:①发起人选择私营机构;②确立项目;③成立项目公司;④招投标和项目融资;⑤项目建设;⑥项目运营管理;⑦项目移交。PPP 项目融资模式下各参与方之间的关联关系可以用图 11-1 来简要地表示。

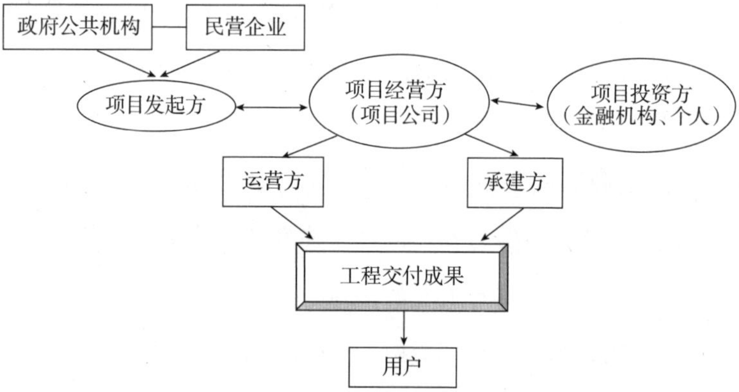

图 11-1 PPP 项目融资模式各参与方之间的关系

从图 11-1 可以看到,PPP 项目融资模式的组织形式非常复杂,既可能包括私人营利性企业、私人非营利性组织,同时还可能包括公共非营利性组织(如政府),合作各方之间不可避免地会产生不同层次、类型的利益和责任上的分歧。在 PPP 项目融资模式运行的过程中,项目发起人和项目经营者、项目投资方和项目经营者之间由于各自的目标不同,在各方进行协商谈判的时候,会选择能实现自身利益最大化的策略,导致项目发起方和项目投资方、项目投资方和项目经营者之间存在着较为明显的委托代理关系。

11.2.1　项目发起人与项目经营者之间的委托代理关系

项目发起人通常希望项目能够在保质保量的前提下尽快完工，以提供及时的公共服务，通常会通过特许经营权，设置合理的利润水平和激励机制来使得经营者尽快交付工程产品。但项目经营者如果太快完工，会付出较大的建设及管理成本，并可能会增加工程施工难度和安全隐患，而如果太慢完工，则经营者面临因延期交付而被罚款的危险，因此，项目运营者需要在特许权利润、激励大小、自身付出的成本以及外部风险之间进行权衡以最大化自身利益。对于项目发起人而言，存在着与经营者签订特许经营权协议后，经营者消极怠工的风险，因此，如何通过设置合理的利润水平和激励机制来使得经营者提高工程质量和进度，是一个典型的道德风险（moral hazard）类的委托代理问题。这里，委托方是项目发起人，代理方是项目经营者，两者之间的联系方式是特许经营权协议。

11.2.2　项目投资人和项目经营者之间的委托代理关系

与上一个委托代理关系类似，项目投资人和项目经营者之间通过融资贷款协议进行合作。融资贷款协议的一个关键问题是确定合理的资金分配结构，项目投资人需要在保证自身基本收益前提下，通过贷款协议来促使经营者提高工程建设水平，达到工程预期目标，保证收益，从而降低自身投资风险，但项目经营者的设计施工能力是投资人所不知道的隐藏信息，投资人在签订贷款协议时存在一定的错误选择带来的风险。这里，委托方是项目投资人，代理方是项目经营者，两者之间的联系方式是融资协议。融资协议的关键是确定融资的资金结构，即股权和债权的比例，这里的逆向选择问题（adverse selection）是，投资人不知道项目风险的大小，投资人为了降低投资风险，会设计一系列融资协议,项目经营者会选择对自己最有利的融资协议,投资人根据项目经营者选择的融资协议来确定项目风险,从而最终决定是否对项目进行投资。

11.3 PPP 模式下的委托代理博弈模型

本节将针对前面描述的项目发起人、项目经营者和项目投资人之间的委托代理关系,分别建立项目发起人与项目经营者之间的道德风险模型和项目经营者与项目投资人之间的逆向选择模型。这是一个涉及三方的动态博弈过程:项目发起人首先行动,提供若干种不同的特许经营合同,之后项目经营者选择相应的特许经营合同,接着项目投资人通过融资贷款协议来决定融资的资金结构,项目经营者接受或拒绝融资贷款协议,若选择拒绝,则博弈结束,项目经营者继续寻找其他的投资人,如果项目经营者接受融资贷款协议,则项目经营者选择努力水平,一旦项目成果可被观测,项目发起人即按照特许经营合同的规定支付给项目经营者相应的报酬,同时博弈结束。

11.3.1 项目发起人与项目经营者之间的道德风险模型

假设项目发起人支付给经营者的净报酬为 G,项目债务总额为 D,项目股权比例为 s(s 表示在收益中项目投资方所占的份额,则 $1-s$ 为项目经营者在项目收益中所占的份额)。项目是否按期完成,取决于项目经营者的经营能力 θ 、努力程度 e ,这里 θ 为离散变量, e 为连续变量,外部风险带来的损失大小为 R ,同时假设经营者的经营能力和外部风险为项目发起人和经营者的共同知识。

假设项目经营者对于项目顺利完工的主观概率为 $p_1(\theta,e)=c_1\theta e$,项目发起人对项目顺利完工的主观概率为 $p_2(\theta,e)=c_2\theta e$, c_1 和 c_2 是固定参数, $c_1>0$, $c_2>0$ 。

特许经营协议由四部分构成：① 特许经营期长度 l ；② 单位收费率 φ ；③收益分配比例 β（支付给项目经营者的比例，$0 \leqslant \beta \leqslant 1$）；④ 激励措施（激励金额 $\psi = k(p_1 - p_2)$ ，假设 k 为固定的常数）。

项目发起人、项目经营者、项目投资人的保留收益分别为 π_1 、π_2 、π_3；项目经营者的收益函数为：$p_1 l\varphi\beta - e + G - R = (c_1\theta l\varphi\beta - 1)e + G - R$ 。

项目发起人选择某个项目的参与约束为：

$$p_2 l\varphi(1 - \beta) - \psi - G - R = p_2 l\varphi(1 - \beta) - k(p_1 - p_2) - G - R > \pi_1 \tag{11-1}$$

将 $p_1(\theta,e) = c_1\theta e$, $p_2(\theta,e) = c_2\theta e$ 代入式(11－1)得：

$$c_2\theta l\varphi(1 - \beta)e - k(c_1 - c_2)\theta e - G - R > \pi_1$$

在约束条件下，项目经营者将选择满意的 l、φ、β 及努力水平 e 以最大化其期望报酬，其目标函数为：

$$(l^*,\varphi^*,\beta^*,e^*) \in \arg\max_{l,\varphi,\beta,e}(c_1\theta l\varphi\beta - 1)e + G - R$$

为解出 $(l^*,\varphi^*,\beta^*,e^*)$ ，建立博弈模型如下：

$$\max_{l,\varphi,\beta,e}(c_1\theta l\varphi\beta e - e + G - R)$$

$$\text{s. t.}\quad c_2\theta l\varphi(1 - \beta)e - k(c_1 - c_2)\theta e - G - R > \pi_1$$

11.3.2　项目经营者与项目投资人之间的逆向选择模型

项目经营者的收益函数为：

$$(1 - s)(l\varphi\beta - c_1 e - R) - c_2 D$$

其中，l ，φ ，β ，R 均为固定常数；c_1 ，c_2 为参数，同样有 $c_1 > 0$ ，$c_2 > 0$ 。

项目投资人选择某个项目的参与约束为：

$$s(l\varphi\beta - e - R) - D > \pi_3 \tag{11-2}$$

在约束条件下，项目经营者将选择融资协议 (D,s) 及努力水平 e 以最大化期望报酬，其目标函数为：

$$(D^*, s^*, e^*) \in \arg\max_{D,s,e}[(1-s)(l\varphi\beta - c_1 e - R) - c_2 D]$$

为解出 (D^*, s^*, e^*)，建立博弈模型如下：

$$\max_{D,s,e}[(1-s)(l\varphi\beta - c_1 e - R) - c_2 D]$$

$$\text{s. t.} \quad s(l\varphi\beta - e - R) - D > \pi_3$$

11.4 模型分析与讨论

本节分别对11.4.1和11.4.2的道德风险模型和逆向选择模型进行分析，得到最优的参数组合。

11.4.1 道德风险模型分析

解不等式约束的最优化问题：

$$\max_{l,\varphi,\beta,e}(c_1\theta l\varphi\beta e - e + G - R)$$

$$\text{s. t.} \quad c_2\theta l\varphi(1-\beta)e - k(c_1 - c_2)\theta e - G - R > \pi_1$$

可以求解出最大化经营者期望报酬的最优特许经营协议结构 $(l^*, \varphi^*, \beta^*)$，及经营者努力水平 e^* 和项目发起人的保留收益 π_1 以及外部风险 R 之间的关系。

（1）设 $l:x_1$，$\varphi:x_2$，$\beta:x_3$，$e:x_4$，$G-R=a$，$G+R=b$，$x=(x_1,\cdots,x_5)^T$，$f(x)=c_1\theta x_1x_2x_3x_4 - x_4 + a$，$g(x)=\pi_1 - c_2\theta x_1x_2(1-x_3)x_4 + k\theta(c_1-c_2)x_4 + b < 0$，$h(x_5)=x_5^2$，$\varphi(x)=g(x)+h(x_5)=0$。

（2）构造 Lagrange 函数。

$L(x,\lambda) = f(x) + \lambda\varphi(x)$，令 $\begin{cases}\nabla_x L = 0 \\ L'_\lambda = 0\end{cases}$，可解得：

$$x_1x_2=\frac{c_1}{c_2}\cdot\frac{c_1^2-c_2^2}{c_1^2\theta-c_2^2-c_1-c_2}k\theta,\ x_3=\frac{c_2}{c_1+c_2},\ x_4>\frac{\theta c_1^2-c_1-c_2^2-c_2}{(1+\theta)c_1^2-c_1-c_2^2-c_2}$$

(π_1+k-b)，即最优的 l^*、φ^*、β^*、e^* 满足的条件分别为：

1）最优的特许经营期 l^* 和单位收费率 φ^* 满足的条件为：$l^*\varphi^*=\frac{c_1}{c_2}\cdot\frac{c_1^2-c_2^2}{c_1^2\theta-c_2^2-c_1-c_2}k\theta$。

2）收益分配比例 $\beta^*=\frac{c_2}{c_1+c_2}$。

3）最优的经营者努力水平 e^* 需满足：

$$e^*>\frac{\theta c_1^2-c_1-c_2^2-c_2}{(1+\theta)c_1^2-c_1-c_2^2-c_2}(\pi_1+k-G-R)$$。

11.4.2　逆向选择模型分析

类似地，可以求出最大化经营者望报酬的最优融资资金结构（D^*，s^*），及经营者努力水平 e^* 和项目投资人的保留收益 π_3 以及外部风险 R 之间的关系。求解如下的不等式约束最优化问题：

$$\max_{D,s,e}[(1-s)(l\varphi\beta-c_1e-R)-c_2D]$$

$$\text{s. t.}\quad s(l\varphi\beta-e-R)-D>\pi_3$$

（1）设 $D:x_1$，$s:x_2$，$e:x_3$，$l\varphi\beta=a$，$R=b$，$x=(x_1,x_2,x_3,x_4)^T$，$f(x)=(1-x_2)(a-b-c_1x_3)-c_2x_1$，$g(x)=\pi_3-[x_1+x_2(a-b-x_3)]$，$g(x)<0$，$h(x_4)=x_4^2$，$\varphi(x)=g(x)+h(x_4)=0$。

（2）构造 Lagrange 函数。

$$L(x,\lambda)=f(x)+\lambda\varphi(x),\text{令}\begin{cases}\nabla_xL=0\\L'_\lambda=0\end{cases},\text{可解得：}$$

$x_1<\frac{c_1}{c_1+c_2}(a-b-x_3)-\pi_3$，$x_2=\frac{c_1}{c_1+c_2}$，$x_3=\frac{(1+c_2)(a-b)}{c_1+c_2}$，即

最优的 D^* 、s^* 、e^* 满足的条件分别为：

1）最优的项目债务总额 $D^* < \frac{c_1}{c_1 + c_2}(l\varphi\beta - R - e^*) - \pi_3$ 。

2）最优项目股权比例 $s^* = \frac{c_1}{c_1 + c_2}$ 。

3）最优的经营者努力水平 $e^* = \frac{(1 + c_2)(l\varphi\beta - R)}{c_1 + c_2}$ 。

11.4.3 政策建议

(1)对于项目发起方的建议。

项目发起方与项目经营者之间存在道德风险博弈。本章建立的道德风险博弈模型给出了最大化经营者期望报酬的特许经营协议结构，项目发起方可以参照该结构拟定特许经营协议，通过设定不同的保留收益 π_1 ，来调整项目经营者的努力水平 e^* ；另外，项目发起方还可以参考逆向选择模型，选择最大化经营者期望报酬的最优融资资金结构 (D^*, s^*) 。

(2)对于项目经营方的建议。

项目经营方与项目发起方之间存在道德风险博弈，另外还与项目投资方之间存在逆向选择博弈。道德风险模型给出了最大化经营者期望报酬的特许经营协议结构 $(l^*, \varphi^*, \beta^*)$ ，项目经营者可以参照该结构选择最佳的特许经营协议，根据项目发起方设定的保留收益 π_1 ，项目经营方可以决定自身的努力水平 e^* ；类似地，根据项目投资方设定的保留收益 π_3 和外部风险常数 R ，项目经营方可以决定自身的努力水平 e^* 。

(3)对于项目投资方的建议。

项目投资方参与了投资方和经营方之间的逆向选择博弈，可以参考逆向选择博弈模型的结果拟定项目的融资资金结构，确定一个合理的项目融资贷款协议 (D^*, s^*) ，并且可通过设定不同的保留收益 π_3 ，来对项目经营者的努力水平 e^* 进行调整。

11.5　小结

在PPP项目融资模式中存在着项目发起方、项目经营方、项目投资方等众多参与者，由于各参与者专业化分工的差异，使得他们之间存在着明显的委托代理关系，如何解决委托人和代理人之间由于信息不对称引发的各种委托代理问题，设计合理的风险分担和激励机制，是PPP项目融资取得成功的关键。本章在对PPP项目融资的发起方、经营方和投资方之间的委托代理关系进行阐述的基础上，运用博弈论，分别建立了项目发起人与项目经营者之间的道德风险模型和项目经营者与项目投资人之间的逆向选择模型，模型在形式上表现为两个不等式约束的优化问题，通过求解该优化问题的最优条件，得到了特许经营权协议和融资贷款协议中的最优参数条件。本章将PPP项目融资中几个主要的参与方之间的委托代理关系纳入一个整体进行考虑，对于实际工作中采用PPP项目融资模式的各参与方具有积极的参考价值。本章的结果是基于一系列假设条件通过理论分析得到的，可以考虑将本章的模型应用到具体的PPP项目融资中，通过实际数据对模型进行验证与完善。另外，适用于本模型的PPP融资项目的选择和模型中预设参数的确定都是值得进一步讨论的问题。

第 12 章　基于动态目标连接模型的组织变尺度控制策略

摘要：现实中的组织往往由许多不同产出效率类型的个体组成，由于个体的加入和离去使得组织结构具有明显的动态性特征，这种组织结构的动态变化会对组织整体的输出效率产生影响，对于组织中起主导作用的序主体而言，如何在考虑到不同主体成员类型的条件下，采取有针对性的调控措施，来保证组织整体的产出效率处于较佳水平，是一个值得研究的问题。本章从复杂系统的角度提出了动态目标连接模型（Dynamic Objective Connection Model，DOCM），该模型能够很好地描述系统层次嵌套性、结构异质性和动态性等特征。

该模型具有三个方面的优势：①能够针对系统的层次嵌套性，进行多次反复迭代，使得多层次嵌套系统也能够应用本模型进行研究；②引入了作用关联矩阵（Effect Incidence Matrix，EIM），能够精细地表达出系统组成要素之间相互作用的结构特征；③使用一个称为元目标函数的概念，使得具有多种类状态属性的个体特征可以得到描述，提高了模型应用的灵活性。本章应用该建模方法对工程项目组织的变尺度控制问题进行了研究。分析结果显示,当组织中效率输出不稳定的个体数量增加时,序主体需要提高对系统中所有个体的控制强度;当组织中效率输出稳定的个体数量增加时,序主体只需要适度提高对这些个体的控制强度。该结论为我们认识和理解组织管理的复杂性提供了有价值的洞见,同时,本章提出的模型也为复杂性建模和分析提供了新的思路和处理方法。

12.1　引言

广义而言,复杂系统由巨大数量相互作用的组分构成,可能包括分子、细胞、细菌、电子芯片、计算机、路由器、移动电话,甚至人、商业公司或者国家联盟。这些系统元素间的相互作用往往是非线性的,因此导致了大量的在许多时间和空间规模上的模式和波动性方面的动态复杂性现象。对于复杂系统的研究引起了物理学家、生物学家、生态学家、经济学家和社会科学家广泛的关注,复杂性是我们现实世界的一个重要属性[207],不同领域的学者提出了许多行之有效的研究工具和手段。比如,在生物学领域,为了描述基因通过一系列所谓的适应点来进行搜索的自适应演化过程,适应度景观的概念在 20 世纪 30 年代就被提出[208];Kauffman 等[209-213]使用这些概念来考察物种的自组织和自然选择过程,借鉴了物理学研究中的自旋玻璃模型(spin - glass model),提出了适应度 NK 模型;许多社会科学领域的学者将 NK 模型作为他们的工具,来研究诸如组织结构、技术创新、工业过程、动态交通评估等问题[214-221]。对于社会经济、工程技术等领域的人工复杂系统,相比较物理或者生物系统而言,往往其层次性、异质性、动态性、非线性、涌现性、自组织性等特征表现得更为明显，对于其上的复杂结构和动力学之间的相互作用机制的理解迫切需要新的方法和工具。Amaral 等[222]特别强调网络分析和基于 Agent 的建模两种方法的重要性；Ottino[223]提出虽然目前对于复杂系统的理解取得了不错的进展，但在究竟应该采取何种方法最为有效的问题上，离达成一致还有相当的距离，比如，有的人认为应该使用元胞自动机，而另一些人则认为需基于网络的方法。Vespignani[224]专门讨论了由大规模物理基础设施（比如运输系统和电力分配网络等）组成的技术社会系统的行为预测问题，指出有效的研究途径需要建立在大量的实际数据的基础上，获得系统模式的公式化表述，这依赖于理论和建模方法的进步。对于社会经济系统，Schweitzer 等[225]指出，经济网络同其他复杂系统一样，由于大量异质个体间动态的相互作用导致的复杂行为变得非常难以预测和控制，经济危机不能简单地解释为一些关键节点的故障，因此，我们需要对系统动力学和它们究竟与底层的相互作用网络的结构特征有何关联有更为本质的洞察。他们详细地讨论了“宏观”和“微观”两种不同研究范式的优缺点，提出了未来应该着重努力的几个方向：①巨量数据分析；②时间和空间组合信息利用；③系统结构的辨识；④超越简单性的模型；⑤对系统反馈的理解。

工程作为一类典型的人工复杂系统，其显现的自适应、自组织和涌现行为十分普遍，对于这些复杂性现象的研究离不开对各种正式和非正式的工程组织的分析。现实中，由于组织中主体成员的进入和离开是不断发生的，因此，许多不同规模的组织表现出明显的动态性特征，对于正式的组织而言，往往存在着若干个起主导作用的序主体，序主体的管理和控制对于维持组织整体的效率和性能起着至关重要的作用。如何在组织结构（规模、成员等）发生变化的情况下，采取有针对性的调控措施，尽量降低这种波动带来的不利影响，提高组织抵抗这种“扰动”

的鲁棒性，保证组织的整体输出达到一个较为理想的水平，是一个值得深入探讨的问题。这里，我们需要同时考虑组织成员的异质性（组织中存在着大量不同类型的个体）、组织的动态性（组织规模的扩大或缩小）以及主体成员之间的相互关联影响（组织的网络拓扑结构）。另外，现实中的人工系统往往还存在着嵌套现象，比如，若干个体组成了一个任务群体，若干个任务群体构成了一个项目组织，若干个项目组织又构成了一个更大的项目群网络，需要有一个适当的模型方法来刻画这几个方面的特征，以此作为进一步研究的基础。

本章提出一个动态目标连接模型（Dynamic Objective Connection Model, DOC Model）试图达到这一目的，其中的“目标”即已知系统组成要素的某些参数值，需要知道系统总体的参数结果。本章包含以下几部分内容：第一小节是引言。第二小节将详细讨论 DOC 模型的具体实现细节。第三小节将给出一个工程项目背景的具体算例来说明模型的应用。第四小节是结果分析和讨论。第五小节是结论和进一步研究的展望。

12.2　DOC 模型的实现

本节首先对动态目标连接（DOC）模型的基本框架进行说明，然后讨论该方法的搜索算法和对于多层次嵌套系统的模型设计。图 12－1 即 DOC 模型和复杂系统特征之间的对应关系。

12.2.1　DOC 模型的基本框架

在本节我们将对 DOC 模型中几个基本的函数进行说明。DOC 模型的基本假设是：已知系统各个组成主体在时刻 t 的状态参量，也清楚这些主体之间的相互作用关系，需要对系统总体的某个目标值做出估计。根据应用情况的不同，我们可以赋予该函数不同的含义，比如，可以

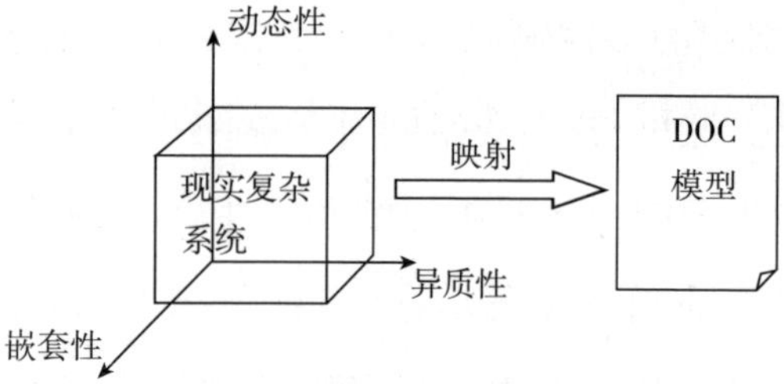

图 12－1　复杂系统与 DOC 模型对应关系

是系统当前时刻的复杂度或者运行效率。

记系统整体的目标函数为 $G(x(t))$，组成系统的主体在时刻 t 的个数是 $N(t)$，向量函数 $x(t)=(x_1(t),\cdots,x_{N(t)}(t))^T$ 是系统在时刻 t 的状态，第 i 个分量 $x_i(t)$ 表示系统第 i 个主体在时刻 t 的状态参数。注意，状态参数 $x_i(t)$ 本身可能是一个向量，即 $x_i(t)$ 可能包含有若干个不同类型的状态值，即 $x_i(t)=(x_{i1}(t),\cdots,x_{im}(t))^T$ 表示第 i 个主体由 m 个不同的状态参数组成。系统各个主体的目标函数为 $f_i(x_i(t))$，表示时刻 t 系统中第 i 个主体的目标值。定义个体目标贡献函数 $\varphi_i(x(t))$ 表示时刻 t 系统中第 i 个主体对于系统总体目标的贡献大小。

记 $w(t)=(w_1(t),\cdots,w_{N(t)}(t))^T$，称为目标贡献权重分配向量，每一个分量 $w_i(t)$ 表示时刻 t 第 i 个主体对于总体目标的贡献程度，满足条件 $\sum_{i=1}^{N(t)} w_i(t)=1$，则系统总体目标函数与主体贡献函数之间的关系可以表示为：

$$G(x(t))=\sum_{i=1}^{N(t)} w_i(t)\varphi_i(x(t)) \tag{12-1}$$

如果 $N(t)$ 是与时间无关的常数，即 $N(t)=N$，且各主体对于总体的贡献权重均相等，即 $w_1(t)=\cdots=w_{N(t)}(t)=\frac{1}{N}$，则式(12－1)即等

价于 NK 模型中标准的适应度函数。

$N(t)$ 个主体间的相互关联关系用一个矩阵表示，称为作用关联矩阵（Effect Incidence Matrix, EIM），记作 $A(t) = (a_{ij}(t))_{n\times n}$。其中，标号为 i、j 的元素 $a_{ij}(t) \in [0,1]$，表示 t 时刻系统第 i 个主体对第 j 个主体的相互作用强度，当 $a_{ij}(t) = 0$ 时表示系统的第 i 个主体对第 j 个主体不存在相互作用，当 $a_{ij}(t) = 1$ 时表示系统的第 i 个主体对第 j 个主体存在完全的关联影响。实际 $a_{ij}(t)$ 的参数值如何确定，需要具体问题具体分析。注意，$a_{ij}(t)$ 和 $a_{ji}(t)$ 可能并不相等，即 EIM 是非对称矩阵。图 12－2 举例说明了两个主体间相互作用的非对称性，第 1 个主体对于第 2 个主体的相互作用强度为 0.1，第 2 个主体对于第 1 个主体的相互作用强度为 0.4。

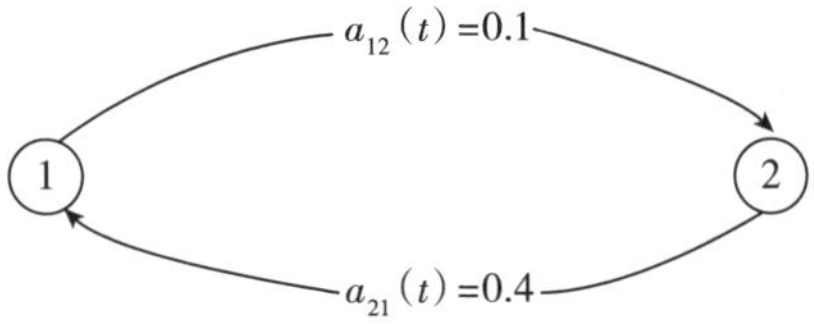

图 12－2　两个主体非对称的相互作用

主体对于系统整体的目标贡献函数计算公式如下：

$$\varphi_i(x(t)) = \sum_{j=1}^{N(t)} a_{ij}(t) f_j(x_j(t)) \qquad (12-2)$$

其含义是，第 i 个主体对于系统总体目标的贡献度，不仅来自该主体自身的贡献，还与系统中与之发生相互作用的其他主体有关。将主体目标函数和系统目标贡献函数表示为向量形式，则有：$F(x(t)) = (f_1(x_1(t)),\cdots,f_{N(t)}(x_{N(t)}(t)))^T$，$\Phi(x(t)) = (\varphi_1(x(t)),\cdots,\varphi_{N(t)}(x(t)))^T$，则式(12－1)、式(12－2)可以改写为：

$$G(x(t)) = w(t)^T \Phi(x(t)) \qquad (12-3)$$

$$\Phi(x(t)) = A(t) F(x(t)) \qquad (12-4)$$

根据假设,已知 $w(t)$ 、$A(t)$ 、$F(x(t))$,则可以根据式(12-3)、式(12-4)求得我们所需要的系统整体目标函数值,我们称式(12-3)、式(12-4)为 DOC 模型的基本合成公式(Primary Synthesized Formula,PSF)。图 12-3 显示了 DOC 模型的基本框架构成。

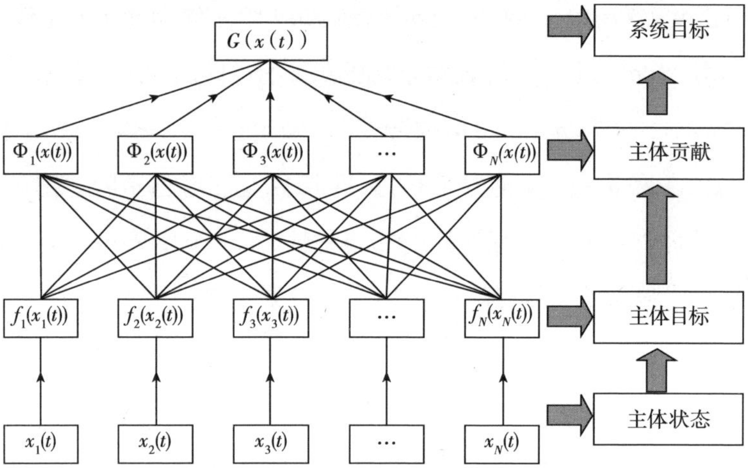

图 12-3 DOC 模型基本框架结构

12.2.2 建模步骤和多层次系统的迭代方法

DOC 模型依据从局部到整体、自下而上的思路,在已知系统主体成员状态值和成员之间相互关联的前提下,得到反映系统宏观特征的目标值,使用 DOC 模型的一般操作步骤如下:

(1)分析系统,识别出所有系统中的各层次的主体成员,得到主体成员的当前时刻状态值向量函数 $x(t)$,根据 $x(t)$ 找出当前时刻系统的主体目标函数 $F(x(t))$ 。

(2)根据主体成员间的相互作用关系,构造关联矩阵 $A(t)$ 。

(3)确定目标贡献权重向量 $w(t)$,利用基本合成公式 PSF,求出系统整体目标函数值 $G(x(t))$ 。

值得注意的是,层次嵌套性是许多复杂系统的一个基本特征,考察实际系统往往会发现，一个大系统由许多子系统构成，而子系统还可以进一步细分为更低一层次的子系统，一直到最基本的不能再细分的个体单元为止。如何在模型中恰当描述这种系统的多层次嵌套特征，是复杂系统建模必须解决的问题，本章提出的DOC模型，采用迭代的方法来实现系统的多层次性，具体说来，就是从最基本单元出发，按照基本合成公式PSF的方法，算出该层系统的目标函数值，然后以该目标函数值作为上一层系统的输入，再运用基本合成公式PSF，得到该层系统的目标函数值，再将该值作为上一层系统的输入，反复运用该过程，直到最上层的一级为止。假设第 $k-1$ 层系统有 m_{k-1} 个整体目标，第 k 层系统有 m_k 个整体目标，则上述过程可用公式表述如下：

$$G_k(y(t)) = w_k(t)^T \Phi_k(y(t)) \tag{12-5}$$

$$\Phi_k(y(t)) = A_k(t) F_k(y(t)) \tag{12-6}$$

$$F_k(y(t)) = (G_{k-1}(x(t)))_{m_{k-1}\times 1} \tag{12-7}$$

$$G_{k-1}(x(t)) = w_{k-1}(t)^T \Phi_{k-1}(x(t)) \tag{12-8}$$

$$\Phi_{k-1}(x(t)) = A_{k-1}(t) F_{k-1}(x(t)) \tag{12-9}$$

上述公式中，下标 k 表示第 k 层系统，假设系统共有 M 层，则 $k=0, 1, \cdots, M$，第0层表示已经不可再分解的最基本层次，$x(t)$ 和 $y(t)$ 分别表示第 $k-1$ 层和第 k 层系统的状态向量，式（12－7）中的 $(G_{k-1}(x(t)))_{m_{k-1}\times 1}$ 表示第 $k-1$ 层的计算得到一个元素个数为 m_{k-1} 的列向量，其中的每个元素为第 $k-1$ 层系统中的一个目标，称式（12－5）至式（12－9）为迭代合成公式（Iterated Synthesized Formula，ISF）。

DOC模型的一维局部最优搜索算法（一维表示每次改变一个要素的状态值）可以简要地描述为如下步骤：

（1）给定系统所有主体状态的初始值序列 $\{x_i(t)\}$，$t=t_0$。

（2）从搜索集（搜索集初始的元素个数为 $N(t)$）中随机选择一个

主体 $x_q(t)=(x_{q1}(t),\cdots,x_{qm}(t))^T$，将该主体的状态值增加一个事先给定的步长单位 $\Delta_q(t)=(\delta_{q1}(t),\cdots,\delta_{qm}(t))^T$，时间步长增加 1 个单位，即 $x_q(t+\Delta t)\leftarrow x_q(t)+\Delta_q(t)$。

（3）计算系统的目标值，如果目标值提高了，更新所有主体的状态序列，再将该主体的状态值增加一个事先给定的步长单位，时间步长增加 1 个单位；如果该主体的状态值达到了区域边界且所有的主体都完成了计算，转第(5)步；否则，如果该主体的状态值达到了区域边界且至少有一个主体没有完成计算，则从剩下的搜索集中随机选择一个主体，计算新状态序列下的目标值，重复第(3)步；否则，如果主体的状态值没有达到区域边界，则重复本步。

（4）如果目标值下降了，搜索主体集中主体个数减 1，更新搜索主体集，转至第(2)步。

（5）当前主体序列状态值即为总体目标函数值达到局部最优的点，停止。

12.3　DOC 模型的应用算例

本节我们将针对工程项目组织管理复杂性分析中的一个具体算例说明上述方法的应用。关于工程项目的复杂性，Baccarini 等[226,227]指出，建筑过程的复杂程度是所有行业中最高的，建筑行业面对项目中日益增长的复杂性显示出了巨大的困惑，如何理解并且去管理项目的复杂性是非常有现实意义的。他们将建设项目的复杂性理解为由许多变化的相互影响的部分构成，提出应该将协调、沟通和控制进行集成来有效应对建筑工程项目的复杂性性。Gidado[41]从实现项目目标的困难程度的角度给出了另一个不同的定义，他用执行项目的实际时间和消耗成本来间接定义项目的复杂性，并给出了一个量化复杂性的方法。本章给出的例子从工程项目主体关联复杂性的角度来说明针对不同参与主体，需要采取不同管理手段来提高组织整体的产出效率,为工程项目的总体目标服务。

12.3.1　算例的假设说明

根据 Holland 的观点[228],复杂系统通过活动主体的聚集可以生成新的功能。对于一个工程项目组织而言,其由许多独立的活动主体构成,而其中可能有若干个起支配或者主导作用的主体构成了组织的序参量,称为序主体,序主体可能对组织中的参与个体采取一定的控制措施来实现工程目标。本算例中我们将研究两个问题:一是序主体的存在与否对于组织产出效率的影响;二是研究在有序主体存在的条件下,不同的序主体策略对于组织产出效率的影响。本算例的基本假设如下:

(1)不同的工程参与主体具有不同的产出效率特征,假设存在着三种典型类型:①效率震荡型(效率在一定范围内保持震荡,高低之间的落差不大,本章称为亚稳定型);②效率平稳型(效率波动起伏不太显著,呈现相对较为稳定的状态,本章称为稳定型);③效率冲动型(效率的高点和低点相差很大,涨落非常明显,本章称为非稳定型)。三种类型分别记为类型 A、类型 B、类型 C。

(2)有四种可选择的主体配置策略。

S_1:不存在序主体控制。

S_2:存在序主体,序主体采取平均主义策略,即对所有的个体均采取相同的控制强度。

S_3:存在序主体,序主体对稳定型和亚稳定型的个体采取强控制,对非稳定型的个体采取弱控制。

S_4:存在序主体,序主体对稳定型和亚稳定型的个体采取弱控制,对非稳定型的个体采取强控制。

四种策略下序主体的控制作用量的大小分别为 $S_1:e_1=e_2=e_3=0$, $S_2:e_1=e_2=e_3=0.2$, $S_3:e_1>e_2>e_3$, $S_4:e_1<e_2<e_3$(e_1,e_2,e_3分别表示序

主体对于类型 A、B、C 群体的作用量大小)。我们将分别考察这四种情形下,组织网络结构的动态演进与序主体控制策略之间的最佳匹配规律,工程组织结构的动态演进用不同类型群体的人数变化来表示。

(3)为简单起见,假设个体工作产出效率由工作技能和工作态度两者决定,并且对于所有工程项目的主体,关联矩阵 EIM 是对称阵,即 $a_{ij}(t) = a_{ji}(t)$, $\forall i,j \in \{1,\cdots,N(t)\}$ 。每种类型的群体内部近似于一种正式的组织,故可以认为群体内部的相互作用强度是固定不变的,而群体之间则存在一种比较弱的不确定性联系,则群体之间相互作用可以用满足某种分布函数的随机量来描述,假设服从均值 $\mu = 0.01$ 、方差 $\sigma^2 = 0.1$ 的正态分布。

(4)假设序主体的个数为 1,三个工程参与群体 A、B、C 的初始人数分别为 3、4、3,三个群体 A、B、C 的主体状态参数依次为 $x_1(t) = (x_{11}(t),x_{12}(t))^T$, $x_2(t) = (x_{21}(t),x_{22}(t))^T$, $x_3(t) = (x_{31}(t),x_{32}(t))^T$ 。其中,变量 $x_{i1}(t)$ 和 $x_{i2}(t)$ 分别表示主体的工作技能和工作态度。

图 12-4 说明了算例中组成主体的网络结构与相互作用关系,不同灰度深浅的圆点代表着不同类型的主体。群体 A、B、C 组成的主体的编号依次为{1,2,3}、{4,5,6,7}、{8,9,10},序主体的编号为 11,它们所对应的作用关联矩阵 $A(t)$ 中的相互作用向量依次为 $a_1,\cdots,a_{11}$ 。

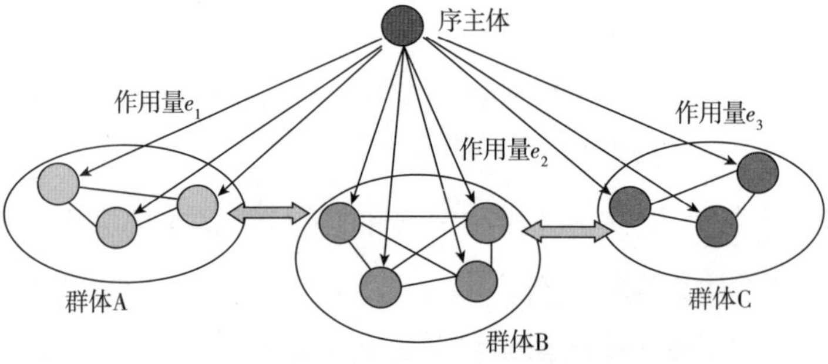

图 12-4　工程组织结构与成员作用关系示意图

假设 A、B、C 三种群体成员分别增加 2 个单位，组织的成员构成分别有如下四种情形：case 1：(3,4,3,1)；case 2：(5,4,3,1)；case 3：(3,6,3,1)；case 4：(3,4,5,1)。我们将分别给出这四种情况下，四种不同控制策略下总体效率的排序情况，然后比较当系统从初始状态 case 1 分别变化到 case 2、case 3、case 4 三种情形下，总体产出效率的变化情况。

12.3.2　函数定义及数据说明

主体目标函数为(本算例中目标函数即为主体产出效率函数)：

$$f_i(x_i(t)) = c_{i1}x_{i1}(t)c_{i2}x_{i2}(t)c_{i3} + c_{i4}, i = 1,2,3 \quad (12-10)$$

三种类型的参数 c_{i1}，c_{i2}，c_{i3}，c_{i4} 分别取{10,3,2,10}，{10,5,4,10}，{10,4,3,10}。工作技能函数 $x_{i1}(t) = \left(1 + \frac{1}{t+\alpha_i}\right)^t + 2$。工作态度函数 $x_{i2}(t) = \frac{\sin(t^{\beta_i})}{t^{\gamma_i} + \lambda_i}$。对于 A，B，C 三种类型的群体，参数 α_i，β_i，γ_i，λ_i 依次取{0.01,2,0.25,6}，{0.03,0.5,0.4,4}，{0.02,1,0.3,4}(这里参数和函数的取值来源于 12.3.1 中的几个假设条件，是为了反映出三种类型群体的产出效率输出特征，并无特殊含义)。

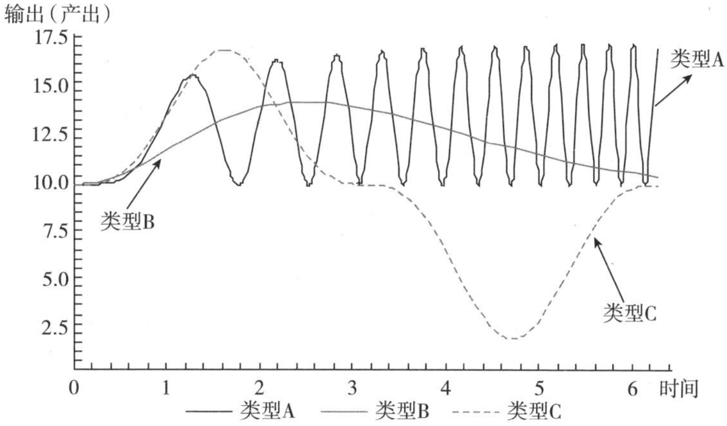

图 12-5　三种组织成员的产出效率示意图

将上述参数分别代入式(12－10)中，可以计算出三种类型的主体产出效率曲线。图12－5分别对应着三种类型的参与主体产出效率：亚稳定型——深黑色曲线为亚稳定型群体A的产出效率函数$f_1(x_1(t))$的图像；稳定型——浅灰色曲线为稳定型群体B的产出效率函数$f_2(x_2(t))$的图像；非稳定型——灰色曲线为非稳定型群体C的产出效率函数$f_3(x_3(t))$的图像。

群体A中三个主体的相互作用具有$a_i = (*, *, *, a_{i,4}, \cdots, a_{i,10}, a_{i,11})$的形式。其中，前面的三个星号分别表示(0,1,1)，(1,0,1)，(1,1,0)，0表示主体对自身的相互作用强度为0；$a_{i,4} \sim a_{i,10}$表示群体A中的主体与群体B、C中的7个主体之间的相互作用，根据前面的假设，这7个数服从正态分布$N(0.01,0.1)$，而最后一个参数$a_{i,11}$表示群体A中序号为$i(i=1,2,3)$的主体对序主体的作用量，其大小等于$a_{i,11}$。类似地。群体B中三个主体的相互作用具有$a_i = (a_{i,1}, a_{i,2}, a_{i,3}, *, *, *, *, a_{i,8}, \cdots, a_{i,11})$的形式。$a_{i,1} \sim a_{i,3}$，$a_{i,8} \sim a_{i,10}$这6个数服从正态分布$N(0.01,0.1)$；四个星号分别表示(0,1,1,1)，(1,0,1,1)，(1,1,0,1)，(1,1,1,0)；最后一个参数$a_{i,11}$表示群体B中序号为$i(i=4,5,6,7)$的主体对序主体的作用量，其大小等于$a_{i,11}$。群体C中三个主体的相互作用具有$a_i = (a_{i,1}, \cdots, a_{i,7}, *, *, *, a_{i,11})$的形式。$a_{i,1} \sim a_{i,7}$这7个数服从正态分布$N(0.01,0.1)$；三个星号分别表示(0,1,1)，(1,0,1)，(1,1,0)；最后一个参数$a_{i,11}$表示群体C中序号为$i(i=8,9,10)$的主体对序主体的作用量。

当序主体采用策略S_1时，$a_{11,j} = 0, j \in \{1, \cdots, 11\}$；当序主体采用策略$S_2$时，$a_{11,j} = 0.2, j \in \{1, \cdots, 11\}$；当序主体采用策略$S_3$时，$a_{11,1} = a_{11,2} = a_{11,3} = 0.3$，$a_{11,4} = a_{11,5} = a_{11,6} = a_{11,7} = 0.2$，$a_{11,8} = a_{11,9} = a_{11,10} = 0.1$；当序主体采用策略$S_4$时，$a_{11,1} = a_{11,2} = a_{11,3} = 0.1$，$a_{11,4} = a_{11,5} =$

$a_{11,6}=a_{11,7}=0.2$，$a_{11,8}=a_{11,9}=a_{11,10}=0.3$。目标贡献权重分配向量 $w(t)=(\frac{1}{11},\cdots,\frac{1}{11})^T$。数据周期为[0,9.5]，采样间隔 $\Delta_t=0.5$，一共取 20 个点进行计算，对于每一个时刻点，11 个主体（包括序主体）的产出效率服从正态分布 $N(e_t,0.5)$，其中，e_t 是每个主体根据式（12－10）求得的当前时刻的效率。比较在四种策略下工程项目系统产出效率的变化情况，这里序主体的产出效率与类型 A 主体的效率参数取值相同。

图 12－6 是算例计算过程的逻辑流程图。

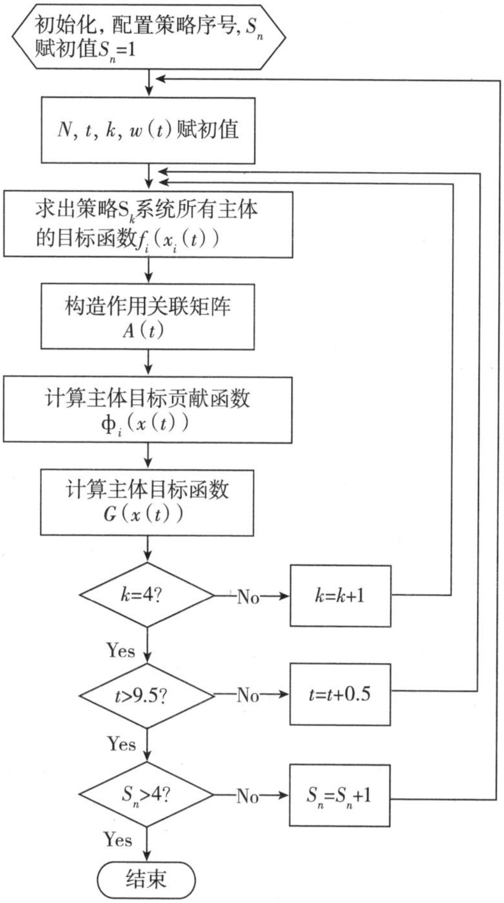

图 12－6　计算过程逻辑流程

12.4 结果分析和讨论

图 12 -7 是第 1 种情形(case 1,初始情形)下 20 个时期的 4 种不同序主体策略输出的组织总体产出效率的计算结果。

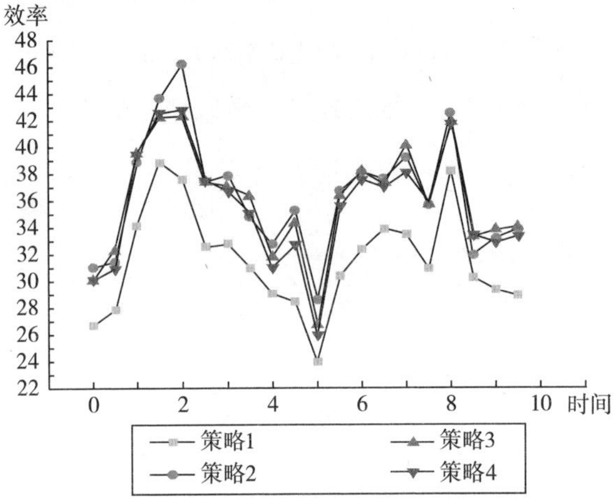

图 12 -7 第 1 种情形个体参与者效率贡献数据

表 12 -1 是第 1 种情形下 20 个时期 4 种不同序主体策略下总体产出效率的均值、方差和均值的排序。

表 12 -1 第 1 种情形的总体效率均值、方差和均值排序

	S_1	S_2	S_3	S_4
均值	31.5244	36.3364	36.0168	35.5116
方差	3.83855	4.45394	4.15746	4.3645
均值排序	4	1	2	3

图 12 -8 是第 2 种情形下(case 2)20 个时期的 4 种不同序主体策略输出的总体产出效率的计算结果。

表 12 -2 是第 2 种情形下 20 个时期 4 种不同序主体策略下总体产出效率的均值、方差和均值的排序。

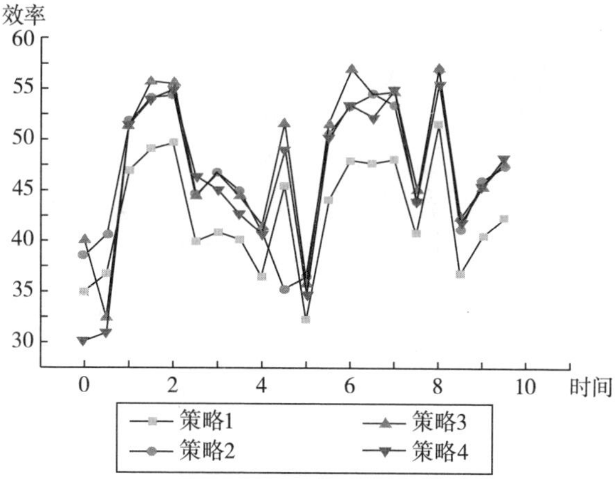

图 12－8　第 2 种情形个体参与者效率贡献数据

表 12－2　第 2 种情形的总体效率均值、方差和均值排序

	S_1	S_2	S_3	S_4
均值	42.64	46.8042	47.7444	46.3112
方差	5.54336	6.61997	7.20549	7.75692
均值排序	4	2	1	3

图 12－9 是第 3 种情形（case 3）下 20 个时期的 4 种不同序主体策略输出的总体产出效率的计算结果。

表 12－3 是第 3 种情形下 20 个时期 4 种不同序主体策略下总体产出效率的均值、方差和均值的排序。

表 12－3　第 3 种情形的总体效率均值、方差和均值排序

	S_1	S_2	S_3	S_4
均值	44.5267	48.2738	49.1457	49.114
方差	4.67044	5.91255	5.32977	5.1498
均值排序	4	3	1	2

图 12－10 是第 4 种情形（case 4）下 20 个时期的 4 种不同序主体策略输出的总体产出效率的计算结果。

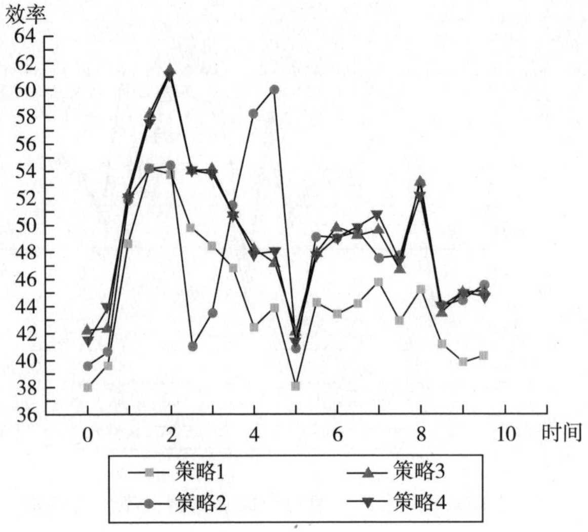

图 12－9　第 3 种情形个体参与者效率贡献数据

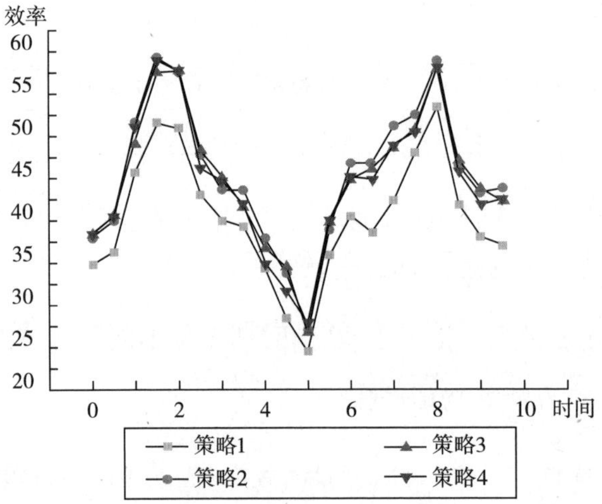

图 12－10　第 4 种情形个体参与者效率贡献数据

表 12－4 是第 4 种情形下 20 个时期 4 种不同序主体策略下总体产出效率的均值、方差和均值的排序。

表 12－4　第 4 种情形的总体效率均值、方差和均值排序

	S_1	S_2	S_3	S_4
均值	40.22	45.4444	44.8537	44.5583
方差	4.67044	5.91255	5.32977	5.1498
均值排序	4	1	2	3

表 12－5 是三种不同组织群体结构变化情形下，总体产出效率在不同序主体控制策略下的排序变化对比。

表 12－5　序主体控制策略的总体效率变化比较

	S_1	S_2	S_3	S_4
A↑（case 1 to 2）	↔	↓	↑	↔
B↑（case 1 to 3）	↔	↓	↑	↑
C↑（case 1 to 4）	↔	↔	↔	↔

综合表 12－2、表 12－3、表 12－4、表 12－5 可以看出，对于第 1 种情形（case 1 变到 case 2），随着组织中亚稳定型群体成员数量的增加，序主体使用控制策略 S_1 和 S_4 得到的组织总体效率变化不大，而使用控制策略 S_2 导致的组织总体效率呈现下降的趋势，S_3 导致的组织总体效率呈现上升的趋势，最佳控制策略从 S_2 变为 S_3，说明控制策略 S_3 更适合于在组织中亚稳定型成员增加的时候使用；对于第 2 种情形（case 1 变到 case 3），随着组织中稳定型群体成员数量的增加，序主体使用控制策略 S_1 得到的组织总体效率变化不大，而控制策略 S_2 得到的组织总体效率呈现下降的趋势，同时，S_3 和 S_4 导致的组织总体效率呈现上升的趋势，序主体的最佳控制策略也从 S_2 变为 S_3，说明控制策略 S_3 和 S_4 更适合于在组织中稳定型成员增加的时候使用；对于第 3 种情形（case 1 变到 case 4），随着组织中非稳定型群体成员数量的增加，四种序主体控制策略得到的组织总体效率的排序并没有发生变化（策略产生的输出排序保持稳定），最佳策略都是 S_2，说明在这种情况下，使用平均控制策略是

最佳选择。综合三种情况,表明当系统中亚稳定型(稳定型)个体总数增加时,平均主义的策略将让位于关注数量增加的控制策略(即将更多的控制力量投入到人数增加的群体中);有趣的是,当系统中非稳定的个体数量增加时,此时的最佳策略并非加强对这些增加群体的控制,而是采用平均主义的策略,对系统其他类型的成员同样采取适当的控制力度,反而会得到更好的系统整体输出效果。

该结果可以这样理解,当系统中稳定类(包括亚稳定型和稳定型)个体增加时,由于稳定型个体的产出效率波动微弱,因此,稳定型个体的加入对于系统整体的产出效率的影响相对微弱,所以只需要加强对于这些增加的稳定型个体的控制即可保证系统整体的输出性能;当系统中产出效率不稳定型个体增加时,这些个体的波动将会传递到系统中其他个体,由于组织成员间存在非线性相互作用,单独个体微小的波动可能会造成其他个体输出效率剧烈的波动,从而带来系统整体性能的波动,因此面对这种情况,不仅需要对这些新增的不稳定型个体提高控制强度,而且还要对其他数量没有发生变化的个体施加力度相当的控制,才能够保证系统整体输出性能维持在一个较高的水平。从中可以我们可以看到,随着系统组成要素复杂性影响因素的改变(如类别的多样性、关联波动等),需要根据组织群体结构的变化,采取变尺度的管理控制措施(这里变尺度的含义是管理实施的强度、覆盖的范围等是随被管理系统组成结构的变化而进行动态调整的)。

12.5 小结

本章提出了一种可用于许多复杂社会技术系统的简单而直接的定量建模方法,并将该模型方法应用到动态组织序主体的控制策略研究中,得到了一些对于实际管理工作有意义的结论:对于组织结构动态变化的情形,组织序主体的最优控制策略需要根据主体成员的特点有针对性地采取调整措施。如果组织中稳定型的个体增加,则此时序主体的最佳控制策略是将更大的精力投入到这些增加的主体成员的管理中;如果组织中非稳定型个体增加,则此时序主体的最优控制策略并非专门提高对这些增加成员的管理,而是遵循一种类似于平均主义的控制原则,需要对系统其他类型的成员采用同样的管理控制力度,才能够有效地保证系统整体的产出效率处于较高水平。

本章提出的DOC模型能够充分表现系统的动态性、层次嵌套性和异质性等几个典型的复杂性特征。该方法在三个方面具有明显的改进:① 能够针对系统的层次嵌套性,进行多次反复的迭代,使得对于“系统的系统”这种普遍存在的现象能够应用本模型方法进行研究;② 引入了作用关联矩阵,能够精细地表达出系统要素相互作用之间的网络结构特征;③ 使用一个称为元目标函数的概念,使得具有多种类状态属性的个体异质性特征可以得到描述,提高了模型应用的灵活性。

该方法为我们认识和理解复杂系统由于微观个体之间复杂的相互作用导致系统宏观特征的动力学提供了新的建模手段和探索途径。当然,正如Holland[228]所指出的,建模是一种选择的艺术,它选择与研究问题有关的方面,同任何艺术一样,这种选择受爱好、品位和隐喻的指引,高等科学需要依靠这种艺术。本章用类似于网络化的模型来描述实际现象,进行了一些假设,它要求人们对存在哪些相互作用的个体、相互作用的形式和发生的时间尺度进行假设,这些假设并不是可以随意进行的[229]。未来,需进一步结合实际数据来检验本章模型中假设的合理性,同时放宽本章的一些假设,研究更为复杂的个体互动行为下系统整体所表现出来的性质和导致这些现象的内在机制。

第 13 章　一种通用的多准则多属性社会经济系统综合评价方法

摘要:针对现有综合评价方法普遍存在的复杂程度较高、易用性不足、对数据要求高等问题,提出了可以考虑多个准则多种属性的通用综合评价方法。该方法可以给出评价对象的综合排序,同时可以得到评价指标的客观权重。对个体投资决策和中国城市交通运输发展水平两个实际问题给出了评价实例,计算结果表明,该方法具有客观、简洁、稳健、易用的特点。最后将该方法同两种常用的综合评价方法(DEA 和 TOPSIS)进行了比较,说明了该方法的有效性和优越性。

13.1　引言

综合评价是对评价对象做出全局性、整体性的评价,属于管理科学和系统工程领域一个热点问题,受到国内外学者广泛的关注。这些研究大致可以分为两大类:一类是对适用于不同问题的评价方法本身的丰富和发展,另一类是围绕这些方法在不同领域的应用展开探讨。文献[230]基于 TOPSIS(逼近理想解排序法)提出了一种用来对公司间绩效进行比较的评价方法。文献[231]针对复杂决策场景，提出了一种评估多专家意见的理论分析方法。文献[232]报告了一种由多个陌生决策者组成的群体如何对奖励分享进行评估的机制。近年来，国际代表性期刊对综合评价方法本身的研究出现了两大趋势：一是运用多种理论模型的组合[233]，二是运用现场实验、可控行为实验等实证的方法[234]。传统的主流评价方法不下十种，针对评价方法本身的研究难度比较大，目前更多是使用不同方法针对不同领域的综合评价问题展开具体应用，这些领域涉及金融投资[235]、组织治理[236]、土地政策[237]、生态环境[238]、交通运输[239]等领域。

国内学者也针对不同领域的综合评价问题展开了大量研究，文献[240]和文献[241]应用模糊层次分析法，分别针对区域技术创新能力、高铁建设项目对环境的影响、低碳供应链绩效等综合评价问题展开研究。文献[242]和文献[243]基于灰关联模型结合层次分析法分别对投资决策以及定制公交线路问题进行综合评价。文献[244]和文献[245]基于主成分分析、聚类分析和TOPSIS法分别对北京市各区县的旅游环境质量与复杂网络的节点重要性展开综合评价。文献[246]基于模糊数学方法，对我国31个省级行政区的高新技术企业的技术创新能力进行了综合评价。文献[247]分别利用层次分析法和粗糙集方法确定主观、客观权重，然后构建最优化模型求解组合权重，最后求出相应的评价值。文献[248]运用BP人工神经网络方法对火力发电企业环境绩效进行了综合评价。文献[249]分别应用专家意见法和熵值法确定主观、客观指标权重，然后构建DEA模型对全国20个不同类型资源型城市的可持续发展能力进行评价。

从现有文献采用的评价方法来看，主要是在传统评价方法的基础上与其他相关理论（模糊数学、灰系统理论、粗糙集理论等）相结合，如层次分析法结合模糊数学理论、层次分析法结合灰系统理论、层次分析法结合粗糙集理论、统计分析方法结合多属性决策方法(TOPSIS)等。文献[250]对主要的综合评价方法进行了一个较为全面的回顾,指出综合评价方法存在的一个突出问题在于评价方法越来越复杂,理论研究与实际应用距离甚远,没有有效地面向广大的实际工作者。本章认为,有效地改变综合评价研究中理论和实践脱节的现象,关键在于从方法的简洁、易用、客观、效果等方面入手,不追求方法和模型的复杂,而注重方法和模型是否客观、易用、有效,把握住了这几个要素,就可能较好地解决上述理论与实际脱节的问题。

基于此,为了对现有主要的综合评价方法有一个直观的了解,本章在文献[250]至文献[253]的基础上,重点从操作复杂度、是否需要专家参与、方法的客观性、对数据的要求(包括对样本的规模要求、对数据的完整性要求、对病态数据的兼容性等)以及是否给出指标重要性排序等方面,对目前主流的综合评价方法进行比较分析,相关结果列于表13-1。

表13-1 常用综合评价方法比较

方法所属类型	代表性方法名称	应用复杂程度	是否需要专家参与	方法的客观性	对数据的要求	是否能给出指标排序
定性评价	Delphi 方法	较低	是	较差	一般	否
技术经济方法	成本效益分析	一般	是	较差	较高	否
多属性决策方法	TOPSIS 方法	一般	否	一般	较高	是
运筹学方法	DEA 方法	一般	否	较好	高	是
统计学方法	因子分析	一般	否	较好	高	否
系统工程方法	AHP 方法	一般	是	一般	一般	是
交互式评价方法	序贯解法(SEMOP)	高	是	一般	较高	否
模糊数学方法	模糊综合评价方法	较高	是	一般	一般	是
粗糙集数学方法	粗糙集综合评价方法	较高	否	较好	一般	是
灰色系统方法	灰关联度评价方法	较高	是	一般	一般	是
智能评价方法	BP 人工神经网络	高	否	较好	高	否

从表13－1可以看出，现有主流的综合评价方法中，从方法的客观性，以及是否能够给出指标重要性排序两个特征来看，基于运筹学的DEA方法和基于粗糙集理论的粗糙集综合评价方法的效果比较好。但是基于运筹学的DEA方法对数据的要求比较高，需要数据满足一定的前提条件才可以使用，基于粗糙集理论的评价方法操作复杂度比较高，给实际工作者的应用带来了一定障碍，仍然没有很好地解决理论与实践背离的问题。基于上述对综合评价方法的分析，本章试图提出一个具有较好客观性、对数据要求不高、能够给出评价指标的排序，同时又操作简单、使用方便的综合评价方法。

13.2　通用多准则多属性评价方法

多准则多属性评价是广泛应用于管理科学和运筹学领域的一种综合评价方法，它的主要目的是在存在多个相互冲突准则的条件下对多个选项进行评估和排序，具有适应性强、应用灵活的特点，成为综合评价方法当中广受关注的一个分支[253]。本节首先引入基本的多准则多属性评价方法（Basic Multiple Criteria and Multiple Attribute Evaluation，BMCMAE），然后再将其扩展至能够评价多个目标的多准则多属性评价方法（Extend Multiple Criteria and Multiple Attribute Evaluation，EMCMAE）。

13.2.1　基本多准则多属性评价方法

基本多准则多属性评价（BMOMAE）方法，是针对单一准则多个评价属性问题的评价考虑社会经济系统S，在唯一的待评价准则上的某类指标集为$C=\{c_i\}$，其中，c_i为第i个评价属性（指标），指标数量为n。如，假设对于某家生产企业而言，C为生产投入类指标，c_i分别为投资总额、职工人数、销售成本、固定资产额四种指标,则 $n=4$。假设待评价的社会经济系统的单元数量为 m,m 可为横截面或时间序列数据。如为横截面数据,则为 m 个同一类型的在同一时点的社会经济系统 $S=\{s_1,\cdots,s_m\}$。如为时间序列数据,则为同一个社会经济系统 S 在不同时点的数据 $S=\{s_1,\cdots,s_m\}$。基本多准则多属性评价方法计算步骤如下:

(1)列出原始数据矩阵 $A=(a_1,\cdots,a_n)=\begin{pmatrix} a_{1,1} & \cdots & a_{1,n} \\ \vdots & \ddots & \vdots \\ a_{m,1} & \cdots & a_{m,n} \end{pmatrix}_{m\times n}$。

(2)按列找出原始数据矩阵 A 中每列最大的项,$\max\{A\}_n=\{\max(a_1),\cdots,\max(a_n)\}=\{\hat{a}_1,\cdots,\hat{a}_n\}$。注意,如果某列中最大项等于零,即如果存在某个 $\hat{a}_j=0$,则该列(第 j 列)的数据不参与计算(为了避免零作为除数)。

(3)将原始数据矩阵 A 的每列,除以该列最大的元素,得到修正的数据矩阵 $B=(\frac{a_1}{\hat{a}_1},\cdots,\frac{a_n}{\hat{a}_n})=\begin{pmatrix} b_{1,1} & \cdots & b_{1,n} \\ \vdots & \ddots & \vdots \\ b_{m,1} & \cdots & b_{m,n} \end{pmatrix}_{m\times n}$。

(4)指标权重确定。根据修正数据矩阵 B 计算每个指标 c_i 的权重:$w_i=\frac{\sum_{j=1}^{m} b_{j,i}}{\sum_{k=1}^{n}\sum_{j=1}^{m} b_{j,k}}$,$i=1,\cdots,n$。这里,指标权重反映某个评价指标对最终评价结果影响作用的大小。

(5)计算评价值。

将修正的数据矩阵 B 的每行元素乘以指标权重求和,得到第 i 个评价单元的评价结果,其计算公式为:$cr_i=\sum_{j=1}^{n} w_j b_{i,j}$,$i=1,\cdots,m$,则 m 个评价单元的评价结果 $CR=\{cr_1,\cdots,cr_m\}$ 。由于 $0\leqslant cr_i\leqslant 1$,可以根据第 i 个评价单元的评价结果 ca_i 的值来确定某个被评价单元的当前状态,取值越大表示被评价单元在该准则上的状态越好。

13.2.2 扩展的多准则多属性评价方法

该方法可以扩展至任意多个评价目标(多准则)数量的社会经济系统评价,假设共有 k 个待评价准则,每个准则下有多个评价属性(指标),即待评价属性集(指标集)为 $\boldsymbol{C}=\{C_1,\cdots,C_k:C_i=\{c_{i,j}\}\}$,C_i 表示第 i 种评价准则,$c_{i,j}$ 表示第 i 种评价准则下的第 j 种评价属性,其评价指标数量为 $d_i=|C_i|$,则针对 k 个评价准则,反复应用2.1的基本多准则多属性评价方法 k 次,可以得到评价准则数为 k 的系统综合评价结果。比如,对于城市交通的综合发展水平评价,可以从城市交通资源和城市交通服务水平两个角度展开评价,则从城市交通资源和城市交通服务水平可以得到两类指标集,$\boldsymbol{C}=\{C_1,C_2\}$ 。第一类表示城市拥有的交通资源的指标集 $C_1=\{c_{1,1},\cdots,c_{1,5}\}$,$c_{1,j}$ 分别为道路、场站设施、航线、航道、运输设备五种交通资源属性,第一类指标数量为 $d_1=5$;第二类表示城市交通服务发展水平的指标集为 $C_2=\{c_{2,1},\cdots,c_{2,4}\}$,$c_{2,j}$ 分别为客运量、客运周转量、货运量、货运周转量四种交通服务水平属性,第二类指标数量为 $d_2=4$ 。扩展的多准则多属性评价方法(EMCMAE)的计算步骤如下:

(1)列出原始数据矩阵。

$A=(A_{m\times d_1},\cdots,A_{m\times d_k})=(a_1,\cdots,a_{1+d_1},\cdots,a_{k+1},\cdots,a_{k+d_k})=$

$$\begin{pmatrix} a_{1,1} & \cdots & a_{1,k+d_k} \\ \vdots & \ddots & \vdots \\ a_{m,1} & \cdots & a_{m,k+d_k} \end{pmatrix}_{m\times(k+d_k)}$$

,矩阵 A 中的第 i 个分块子矩阵 $A_{m\times d_i}$ 对应的是

评价指标集 $C_i = \{c_{i,1}, \cdots, c_{i,d_i}\}$，为矩阵 A 中的第 $d_1 + \cdots + d_{i-1} + 1$ $(i \geq 2)$ 列到 $d_1 + \cdots + d_{i-1} + d_i$ 列的输入数据，表示 m 个待评价单元在第 i 个评价准则上的数据。

（2）对原始数据矩阵 A 的 k 个分块子矩阵 $A_{m\times d_1}, \cdots, A_{m\times d_k}$，分别应用基本多准则多属性评价方法（BMOMAE），最终得到评价目标数量为 k 的系统综合评价结果集 $CR = \{CR_1, \cdots, CR_k\}$，其中，对应于评价目标 CR_i 的评价结果为 $CR_i = \{cr_{i,1}, \cdots, cr_{i,m}\}$。

13.3 算例

本部分分别针对个体决策和中国交通枢纽城市两个问题给出评价实例。第一个评价问题是个体购房投资决策，属于比较典型的多属性评价问题，该问题数据来源于文献[241]；第二个评价问题是针对北京、武汉、深圳三个不同区域的代表性城市，进行交通发展水平综合评价，有关数据从这些城市的交通官网上查询采集。

13.3.1 个体购房投资决策评价

在输入数据表 13－2 中共有 4 所房子（方案）可供选择，分别用 H_1、H_2、H_3、H_4 表示，假设购房者需要考虑五个指标，即房屋的面积、设备数量、环境、价格及离工作点距离，分别用 C_1、C_2、C_3、C_4、C_5 表示，其中前三个指标越大越好，后两个指标越小越好。

表 13－2　个人购房备选项数据

	面积（C_1）	设备（C_2）	环境（C_3）	价格（C_4）	距离（C_5）
H_1	100	7	7	30000	10
H_2	80	3	5	25000	8
H_3	50	5	11	18000	20
H_4	70	5	9	22000	12

利用13.2中的BMOMAE方法进行计算,得到5个指标评价权重如下:$W = (0.2079, 0.1980, 0.2016, 0.2194, 0.1732)$,四个选项的决策得分值为$S = (0.8401, 0.5949, 0.7518, 0.7166)$,从而可得相应的方案排序为$H_1 > H_3 > H_4 > H_2$,权重大小排序为$C_4 > C_1 > C_3 > C_2 > C_5$。可以看到,利用本章的BMOMAE方法跟文献[242]使用的三种方法(不确定L-算子法、灰关联度方法、模糊灰关联度方法)得到的方案排序结果一致,但相比文献[242]提及的几种方法,BMOMAE方法在权重确定以及方法的易用性方面具有一定优越性。

文献[242]中提到了四种决策方法,第一种决策方法为基于相对熵的决策,得到的方案排序为$H_1 > H_3 > H_2 > H_4$,决策结果跟上述几种方法不一致,因此该方法的实际有效性存在一定问题。第二种决策方法为不确定L-算子法,其权重排序为$C_5 > C_4 > C_3 > C_1 > C_2$,即在购房中,重要性居前的两个指标为距离、价格。第三种决策方法为灰关联度方法,其权重排序为$C_2 > C_1 > C_4 > C_3 > C_5$,重要性居前的两个指标为设备、面积。第四种决策方法为模糊关联度方法,其权重排序为$C_3 > C_2 > C_1 > C_4 > C_5$,重要性居前的两个指标为环境、设备。本章用BMOMAE方法得到的结果表明,重要性居前的两个指标为价格、面积,根据人们的实际经验,在居民现实购房决策中,价格和面积往往是优先考虑的因素,相对而言,从得到的评价结果和指标重要性与现实的符合程度来看,本章得出的结果更符合购房决策中的实际情况,说明本方法相对其他几种方法具有一定的优越性。

13.3.2 北京、深圳、武汉三城市交通发展水平综合评价

从17个中国城市(包括4个直辖市和13个副省级城市)的交通官网上获取相关原始数据,需要指出的是,由于无法搜集到所有17个城市

交通资源的相关数据，比如，场站设施规模、运输设备吨位、线路里程等，所以本章没有进行交通资源方面的比较分析，仅仅对交通运输服务水平进行了比较分析，选取的交通运输服务水平指标按照货运量（铁路、水运、航空、公路四种运输方式）、货运周转量（铁路、水运、航空、公路四种运输方式）、客运量（铁路、水运、航空、公路四种运输方式）、客运周转量（铁路、水运、航空、公路四种运输方式）共 16 个指标搜集有关数据。由于许多城市的交通运输统计数据没有公开，本章选取数据相对较全面的北京、武汉、深圳三个城市的数据展开分析。三个城市的原始数据分别是从 2011—2015 年共 5 年、2012—2013 年共两年、2012—2014 年共 3 年，为节省篇幅，原始数据在这里没有列出。

算例一共进行了四组综合评价，第一组是对北京、武汉、深圳三个城市的 2012 年横截面数据进行分析，第二组是对这三个城市的 2013 年横截面数据进行分析，第三组是对北京 2011—2015 年的时间序列数据进行分析，第四组是对深圳 2012—2014 年的时间序列数据进行分析。利用本章提出的 BMOMAE 综合评价方法，计算结果如表 13-3 至表 13-5所示，为节省篇幅，将组 1 和组 2 的计算结果放到表 13-3，将组 3 和组 4 的计算结果放到表 13-4，将四组综合评价得到的指标权重放到表 13-5 中显示。

表 13-3　2012 年和 2013 年三城市交通运输发展水平评价结果

城市	交通运输发展指数	
	2012 年（组 1）	2013 年（组 2）
北京	0.608733498	0.595576973
深圳	0.636719371	0.556099302
武汉	0.565319977	0.529599892

表 13－4　北京和深圳 2011 年到 2015 年交通运输发展水平评价结果

城市	交通运输发展指数				
	2011 年	2012 年	2013 年	2014 年	2015 年
北京(组 3)	0. 781437964	0. 822841842	0. 848519955	0. 77845737	0. 779183969
深圳(组 4)		0. 804518095	0. 824896296	0. 833989741	

表 13－5　四组算例中前四位的指标权重

排序	组 1		组 2		组 3		组 4	
	系数	含义	系数	含义	系数	含义	系数	含义
1	0. 111711792	公路货运量	0. 111812088	公路货运量	0. 090869998	公路货运量	0. 074611281	公路货运量
2	0. 089881842	公路客运周转量	0. 086752482	公路客运周转量	0. 090328193	公路客运量	0. 074383071	航空货运量
3	0. 087885029	公路货运周转量	0. 085934597	铁路客运量	0. 086231545	航空货运量	0. 071685828	航空货运周转量
4	0. 083515162	铁路客运量	0. 084742363	公路货运周转量	0. 084353932	航空客运周转量	0. 070630249	航空客运量

从表 13－3 可以看出,2012 年,北京、深圳、武汉三个城市的交通运输发展水平排序是深圳最高,北京居中,武汉最低,而到了 2013 年,则是北京最高,深圳居中,武汉最低,说明在这三个城市中,武汉的交通运输发展水平相对较为落后,北京、深圳相对较高,这两个城市中,又以北京的发展势头最好。从表 13－4 可以看出,北京从 2011 年到 2015 年,交通运输发展水平从 2011 年开始连续三年呈上升趋势,到 2013 年达到最高,2014 开始下降,2015 年又上升;深圳从 2012 年到 2014 年,交通运输发展水平连续三年呈现增长趋势。值得关注的是,北京的交通运输发展水平从 2013 年到 2014 年出现较为明显的下滑,如果排除原始数据不准确的原因,引发这一现象的深层次社会经济方面的原因值得进一步探讨。

从表 13－5 可以看出,对北京、深圳、武汉三地 2012 年的交通运输发展水平(对应组 1)影响较大的几个指标分别是公路货运量、公路客运周转量、公路货运周转量、铁路客运量,对这三地 2013 年的交通运输发展水平(对应组 2)影响较大的几个指标分别是公路货运量、公路客运周转量、铁路客运量、公路货运周转量,说明公路的客、货物运输,以及铁路的客运几个因素对这几个城市的交通运输发展水平影响较大。对北京从 2011 年到 2015 年(对应组 3)的交通运输发展水平影响较大的几个指标分别是公路货运量、公路客运量、航空货运量、航空客运周转量四个指标,说明对北京而言,公路、航空两种运输方式对交通运输发展水平的影响较大。对深圳从 2012 年到 2014 年(对应组 4)的交通运输发展水平影响较大的几个指标分别是公路货运量、航空货运量、航空货运周转量、航空客运量四个指标,说明对深圳而言,公路、航空两种运输方式对交通运输发展水平的影响较大,尤其是航空运输对城市整体的交通运输发展水平影响较为突出。

13.4 讨论

本章引入的多准则多属性评价方法(BMOMAE 或 EMOMAE)相比其他常用的综合评价方法,如模糊数学方法、粗糙集方法、智能评价方法等,明显操作简单、易于使用,更有利于在实际工作中推广。另外,本方法的应用只需要事先确定待评价系统的指标集,避免了其他常用的多属性评价方法,比如 AHP 方法权重确定过程中在构建判断矩阵的步骤中存在的主观随意性问题,与在管理系统工程领域应用较多的 DEA(数据包络分析)方法相比,两者之间的主要差异有如下两点:

(1)方法关注的侧重点不同。本章的 BMOMAE 或 EMOMAE 综合评价方法重在对若干待评价对象在某个指标集上进行综合排序,该排序仅仅是给出了若干评价对象的一个客观的排名,获得的指数表示若干评价对象的相对位置，不涉及对评价对象运行效率的评价，而 DEA（数据包络分析）方法是通过求解数学规划问题，获得决策单元最优的效率配置，其重点在于获得评价对象的相对效率，如生产效率、经济效率、运作效率等方面的评价。

（2）对数据的要求不同。本章提出的多准则多属性综合评价方法，对评价目标的数量没有限制，理论上可以对 n 个（一个或一个以上）评价目标展开评价，在实践中只需要反复运用 BMOMAE 方法即可得到结果，而 DEA 方法对输入数据要求是成对的，即必须要有表示评价对象的投入数据集和产出数据集，如果单独只有投入数据或只有产出数据，则无法运用 DEA 方法，而本章的 BMOMAE 或 EMOMAE 综合评价方法则无此限制，这与两种方法关注的侧重点不同有关。

与文献[230]提出的基于客观权重的改进 TOPSIS 评价方法相比，本章的 BMOMAE 或 EMOMAE 综合评价方法具有更好的算法稳健性和容错性，体现在如下两点：

（1）当某些指标取值 p_{ij} 为 0 时，文献[230]提出的方法需要计算每个指标的信息熵（公式中用到了取指标值的自然对数 $\ln p_{ij}$），从而将导致其无法使用，而本章的算法不受指标取值为 0 的影响。

（2）当只有一个评价对象时，文献[230]提出的方法由于加权的欧氏距离 d_i^+ 和 d_i^1 均为零，其最后综合得分公式 $P_i = \dfrac{d_i^-}{d_i^+ + d_i^-}$ 将无法计算，而用本章的方法得到的评价值为 1，结果仍然有意义。

13.5　小结

本章提出了一个通用的多准则多属性综合评价方法，分别用个体投资决策和中国城市交通运输发展水平综合评价两个实例说明了方法的有效性，然后跟两种有代表性的多属性综合评价方法——DEA 方法和基于 TOPSIS 的方法进行了对比，阐明了本方法具有的优越性。理论分析和实际算例表明，本方法能够较好地避免现有某些主流综合评价方法中的人为主观随意性，可以给出评价指标的客观排序，同时对数据的要求不高，算法具有较好的稳健性和容错性，而且操作简单、使用方便，可以应用于广泛的多准则多属性领域的综合评价。

第14章　行为决策的阶梯理论

摘要:个体行为决策的一个重要特征是决策主体对多个决策属性存在重要性的等级分类,决策者通常根据属性的重要性等级来确定最终的决策方案,这一点在现有的行为决策理论中并没有得到很好的考虑。本章将决策者的主观属性偏好和决策方案制定的全过程进行有机结合,对决策者在面临多属性决策任务时的决策过程进行了较为完整的描述,归纳了个体决策的方案收集和搜索寻优机制,试图揭示决策者对决策属性的主观心理感知变化对于决策行为的作用机制,在此基础上,提出了行为决策的阶梯理论。

通过实际案例的对比分析可知,在某些决策情景下,LT理论比两种经典的行为决策理论,即前景理论(Prospect Theory)和映像理论(Image Theory)具有更好的解释和预测能力,因而具有更广泛的普适性。本章所建立的LT理论是对经典行为决策理论的丰富和发展,对解释现实中大量的决策现象,以及更好地揭示个体决策规律具有积极的理论价值和现实意义。

14.1 引言

自有人类以来，就存在着决策，决策科学是研究人类如何判断和选择的科学。在决策科学的发展历程中，大致存在两种具有代表性的研究范式：标准化范式和描述性范式。标准化范式的基础是理性决策理论，该理论的前提假设是决策者具有完全理性，掌握完全信息，具有完备的知识，能够做出使自己利益最大化的最优决策。标准化范式以期望值理论（ET）和主观期望效用理论（SEU）为代表，ET 和 SEU 都将决策视为模拟的赌博，它们的本质都源于决策者期望最大化的观念，虽然在解释数据方面，这两种观点都很有效，但是它们并没有很好地描述出真实的决策过程。后来的许多实证研究（实验室研究或者来自对现实决策的观察）对这两种基于期望最大化的决策理论提出了质疑：有些研究发现，人们在做决策时，很少考虑到显著的成本和收益均衡；Donaldson 和 Lorsch[254]对 12 个公司展开研究，发现企业经营者的首要任务并不是增加股东的财富，而是保证公司本身的生存。

由于理论与实际现象不一致，有学者对 ET 和 SEU 进行了修正，其中最为著名的要数 Kahneman 和 Tversky[255-256]提出的前景理论（Prospect Theory，PT）以及后来的累积前景理论（Cumulative Prospect Theory，CPT）。前景理论保留了一般期望值最大化的假设，加入了决策者的心理假设，使得理论对于实际决策行为更具有预测性，从而成为决策科学中描述型范式的杰出代表。

行为决策理论进一步发展，现实中的决策行为却出现了现有理论无法解释的情况，主要有三个问题：①多数情况下，大多数人习惯对于大多数问题使用某种简单、易用、快速、无须分析的过程（实证研究显示，在许多决策情形中，概率对许多人并没有多大意义，在以往的基于赌博模拟的理论，比如 ET、SEU、PT、CPT 中，对于概率的运用过于频繁，而在实际决策行为中，概率的作用往往很模糊，并不明显）；②决策的选择方案集合的确定；③现实中，决策制定受到信念、道德、伦理和社会公约的强烈影响，决策者经常选择那些很明显不符合他们最大利益的选项。

为了克服这些缺陷，Beach 和 Mitchell[257,258] 构建了行为决策的映像理论（Image Theory，IT），通过引入一个反映决策者关于良好而合适状态的设想——映像（image），来描述实际中决策的制定和选择过程。该理论将决策视为一组相互联系的原则、目标和计划，决策者心目中有一组潜在理想的"映像"，决策通过兼容性测试和收益性测试机制展开，通过兼容性测试得到决策的方案集，通过收益性测试得到最终的决策方案。一系列实证研究支持了该理论的主要观点，从而较好地解决了上面三个冲突。映像理论的问题在于，对收益性测试阶段的描述过于简化，主要从方案对决策者的主观满足程度进行最终方案的筛选，对于多属性决策的情形考虑得不够充分，而现实中的决策问题可选择的方案往往具有多个属性。这就导致映像理论对有些决策问题的实际解释力不够。在本章后面的案例分析中对此现象有进一步的阐述。

本章在前人研究的基础上，试图从行为决策的角度，针对现有理论的不足进行改进。事实上，通过对日常决策行为的观察，可以发现在现实中，我们是通过比较不同方案之间优势而获得最终的决策方案的，实际起作用的往往只是那些对决策个体而言最重要的决策属性（可能不止一个），如果某个方案在这些最重要的决策属性上占有明显优势，决策者最终就会选择该方案。另外，属性的重要程度往往是随着决策进程的发展而发生变化的。基于这些经验事实，我们提出了个体行为决策的阶梯理论（Ladder Theory，LT）。该理论能够涵盖行为决策理论中的

PT 和 IT 两大经典理论，克服了 PT 理论过于依赖概率而与某些实际决策行为偏离的问题，同时对于多属性决策问题也可以提供较好的解释。

本章第一部分是引言，介绍研究背景并进行文献回顾；第二部分介绍阶梯理论的主要内容，包括前提假设、符号定义和模型框架；第三部分通过四个实际案例说明了阶梯理论的合理性和有效性；第四部分在前面分析的基础上，对阶梯理论展开进一步讨论；第五部分对本章内容进行总结。

14.2 阶梯理论模型

14.2.1 假设、符号和定义

(1)前提假设。

阶梯理论针对的是个体决策行为，有三个基本的假设：

决策行为的依赖性假设：任意一个决策行为都是相对于决策者和决策任务依赖的，这里的决策任务包括决策环境，即决策者的行为取决于决策者、决策任务和决策环境。

决策任务的多属性假设：某个特定决策者的某项决策任务具有一系列决策属性，各决策属性具有特定的重要性。

决策方案的可辨识性假设：对于某个特定决策者的决策行为，不存在两个完全相同的决策方案，即决策者待选择的任意两个方案不会完全相同。

(2)符号说明。

D_i^m：某个决策者 i 在决策任务 m 上的决策行为。

$S(D_i^m) = \{s_{i,1}^m, s_{i,2}^m, \cdots, s_{i,|S(D_i^m)|}^m\}$：决策行为 D_i^m 中所有可能的决策方案集合，集合中元素的个数为 $|S(D_i^m)|$，每一个元素 $s_{i,j}^m$ 表示决策者 i

在决策任务 m 上的第 j 个方案。

$\tilde{S}(D_i^m)=\{\tilde{s}_{i,j}^m;\tilde{s}_{i,j}^m\in S(D_i^m),j\in\{1,\cdots,|\tilde{S}(D_i^m)|\}\}\subseteq S(D_i^m)$：决策行为 D_i^m 的实际可行选择方案集合，是所有可能决策方案集合 $S(D_i^m)$ 的子集。

$\bar{S}(D_i^m):=\{\bar{s}_{i,j}^m;\bar{s}_{i,j}^m\in\tilde{S}(D_i^m),j\in\{1,\cdots,|\bar{S}(D_i^m)|\}\}\subseteq\tilde{S}(D_i^m)$：决策行为 D_i^m 的最终决策方案集合，是实际可行选择方案集合 $\tilde{S}(D_i^m)$ 的子集。

$A(D_i^m)=\{1,2,\cdots,N(D_i^m)\}$：决策行为 D_i^m 上的属性集合，每一个元素代表决策者在决策中所考虑的一个属性，$N(D_i^m)$ 是行为 D_i^m 上的所有属性的数量。

$A_\alpha(D_i^m)=\{\alpha_1,\alpha_2,\cdots,\alpha_{N_\alpha(D_i^m)}\}\subseteq A(D_i^m)$：决策行为 D_i^m 上的基本属性集合，表示在实际可行方案形成阶段对决策者起作用的属性，集合中元素的个数 $|A_\alpha(D_i^m)|=N_\alpha(D_i^m)$，由决策行为 D_i^m 确定，$N_\alpha(D_i^m)$ 表示决策行为 D_i^m 基本属性的数量。

$A_\beta(D_i^m)=\{\beta_1,\beta_2,\cdots,\beta_{N_\beta(D_i^m)}\}\subseteq A(D_i^m)$：决策行为 D_i^m 上的占优属性集合，表示在最终方案形成的阶段对决策者起作用的属性，$N_\beta(D_i^m)$ 表示决策行为 D_i^m 占优属性的数量——注意，$A_\alpha(D_i^m)$、$A_\beta(D_i^m)$ 和 $A(D_i^m)$ 可能完全相同。

存在关系：$A(D_i^m)=A_\alpha(D_i^m)\cup A_\beta(D_i^m)$，显然，$N_\alpha(D_i^m)\leqslant N(D_i^m)$，$N_\beta(D_i^m)\leqslant N(D_i^m)$，即决策中所有的属性，分为基本属性和占优属性两大类，这两类属性可能存在交叉，即可能存在某个属性既是基本属性也是占优属性的情况。

$x(A_\alpha(D_i^m))=(a_{i,1}^m,\cdots,a_{i,N_\alpha(D_i^m)}^m)$：决策行为 D_i^m 的基本属性价值向量，每一个元素 $a_{i,j}^m$ 为决策行为 D_i^m 上的第 j 个属性的基本值（门槛值），

表示决策者对该属性价值的心理预期临界值，即某个方案对应的属性价值至少不能低于该值，否则不会选择该方案，$j \in \{1,\cdots,N_{\alpha}(D_i^m)\}$ 。

$\bigcup_{j=1}^{L(D_i^m)} B_{\mathrm{j}}(\mathrm{D}_{\mathrm{i}}^{\mathrm{m}}) = A_{\beta}(D_i^m)$ ：决策行为 D_i^m 上的占优属性分割，由决策者在进行决策时根据属性的重要性预先给定，其中，$L(D_i^m)$ 表示决策行为 D_i^m 的占优属性等级数量，子集 $B_j(D_i^m)$ 称为占优属性集合 $A_{\beta}(D_i^m)$ 上的第 j 级属性子集，任意两个子集 $B_j(D_i^m) \cap B_k(D_i^m) = \phi$ ，$j,k \in \{1,\cdots,L(D_i^m)\}$ ；随着下标 j 的增加，该级别决策属性的重要性依次升高，每一个子集 $B_j(D_i^m):=\{j_1,\cdots,j_{n(j)};j_k \in \{1,\cdots,N_{\beta}(D_i^m)\}\}$ 表示属性代号为 $j_1,\cdots,j_{n(j)}$ 的 $n(j)$ 个决策属性，对于决策者而言，这些决策属性具有相同的重要性，其中 $n(j)$ 满足如下关系：$\sum_{j=1}^{L(D_i^m)} n(j) = N_{\beta}(D_i^m)$ 。

$x(s_{i,j}^m) = (x_{i,j,1}^m,\cdots,x_{i,j,N(D_i^m)}^m)$ ：决策方案 $s_{i,j}^m$ 的价值向量，其中的分量 $x_{i,j,k}^m$ 表示对决策者而言，决策方案 $s_{i,j}^m$ 在第 k 个属性上的价值。

$x_{\alpha}(s_{i,j}^m) = (x_{i,j,\alpha_1}^m,\cdots,x_{i,j,\alpha_{N_{\alpha}(D_i^m)}}^m)$ ：决策方案 $s_{i,j}^m$ 对应于基本属性的价值向量。

$x_{\beta}(s_{i,j}^m) = (x_{i,j,\beta_1}^m,\cdots,x_{i,j,\beta_{N_{\beta}(D_i^m)}}^m)$ ：决策方案 $s_{i,j}^m$ 对应于占优属性的价值向量。

$X(S(D_i^m)) = (x(s_{i,1}^m),x(s_{i,2}^m),\cdots,x(s_{i,|S(D_i^m)|}^m))^T$ ：决策行为 D_i^m 所有可能决策方案 $S(D_i^m)$ 的价值矩阵。

$X(\tilde{S}(D_i^m)) = (x(\tilde{s}_{i,1}^m),x(\tilde{s}_{i,2}^m),\cdots,x(\tilde{s}_{i,|\tilde{S}(D_i^m)|}^m))^T$ ：决策行为 D_i^m 实际可行选择方案 $\tilde{S}(D_i^m)$ 的价值矩阵。

$X_{\alpha}(S(D_i^m)) = (x_{\alpha}(s_{i,1}^m),x_{\alpha}(s_{i,2}^m),\cdots,x_{\alpha}(s_{i,|S(D_i^m)|}^m))^T$ ：决策行为 D_i^m 所有可能决策方案 $S(D_i^m)$ 对应于基本属性的价值矩阵。

$X_{\beta}(\tilde{S}(D_i^m)) = (x_{\beta}(\tilde{s}_{i,1}^m),x_{\beta}(\tilde{s}_{i,2}^m),\cdots,x_{\beta}(\tilde{s}_{i,|\tilde{S}(D_i^m)|}^m))^T$ ：决策行为

D_i^m 实际可行选择方案 $\tilde{S}(D_i^m)$ 对应于占优属性的价值矩阵。

$X_k(\tilde{S}(D_i^m)) = \{x_{i,l,k}^m; l = 1, \cdots, |\tilde{S}(D_i^m)|\}$：从决策行为 D_i^m 实际可行选择方案集合 $\tilde{S}(D_i^m)$ 属性价值向量的每个分量中选择出第 k 个分量组成的集合。

$f_i^m: S(D_i^m) \to X(S(D_i^m))$，决策行为 D_i^m 上的方案—属性映射，该映射得到决策行为 D_i^m 所有可能决策方案 $S(D_i^m)$ 的属性价值矩阵 $X(S(D_i^m))$。

$\hat{S}(B_k(D_i^m)|S(D_i^m)) = \{\hat{s}_1(B_k(D_i^m)|S(D_i^m)), \cdots, \hat{s}_{Q(k)}(B_k(D_i^m)|S(D_i^m))\}$：决策方案集合 $S(D_i^m)$ 在属性子集 $B_k(D_i^m)$ 上的占优方案集合，集合元素的数量为 $Q(k)$。

(3)定义。

定义 1：属性集 $\tilde{A}(D_i^m)$ 上的占优方案。对于某个决策行为 D_i^m 上的方案序列 $S(D_i^m)$，称方案 $\hat{s}(\tilde{A}(D_i^m)|S(D_i^m))$ 为方案集合 $S(D_i^m)$ 在属性集 $\tilde{A}(D_i^m)$ 上的占优方案，如果对于任意属性集 $\tilde{A}(D_i^m)$ 对应的 $|\tilde{A}(D_i^m)|$ 个属性，方案 $s_{i,j}^m$ 至少有一个属性价值严格优于其他 $|S(D_i^m)|-1$ 个方案的该属性价值，并且其他的 $|\tilde{A}(D_i^m)|-1$ 个属性价值不劣于其他 $|S(D_i^m)|-1$ 个方案对应的 $|\tilde{A}(D_i^m)|-1$ 个属性价值，则称方案 $s_{i,j}^m$ 为属性集 $\tilde{A}(D_i^m)$ 上的占优方案。

定义 2：决策方案 $s_{i,1}^m$ 和 $s_{i,2}^m$ 完全相同。如果 $x_\alpha(s_{i,1}^m) = x_\alpha(s_{i,2}^m)$，并且 $x_\beta(s_{i,1}^m) = x_\beta(s_{i,2}^m)$，即决策方案 $s_{i,1}^m$ 和 $s_{i,2}^m$ 的价值向量 $x(s_{i,1}^m)$ 和 $x(s_{i,2}^m)$ 在基本属性集和占优属性集上的对应分量完全相等，则称两个决策方案 $s_{i,1}^m$ 和 $s_{i,2}^m$ 完全相同。

14.2.2 LT 理论的决策机制

LT 理论将一般的行为决策过程分为两个大的阶段：第一阶段，实际可行方案的收集阶段；第二阶段，最终待执行方案的生成阶段。这里分别阐述如下：

(1) LT 的第一阶段。

首先，对于决策行为 D_i^m，决策者根据决策任务 m 的特征，自发产生一个决策任务的基本属性集 $A_\alpha(D_i^m)$，同一个决策者面对不同决策任务，其基本属性集 $A_\alpha(D_i^m)$ 可能不同。其次，决策者将所有可能决策方案的基本属性价值矩阵 $X_\alpha(S(D_i^m))$ 中的每一行（即每个决策方案的基本价值向量）与决策任务的基本属性价值向量 $x(A_\alpha(D_i^m))$ 相比较，如果存在某个方案的某个属性价值低于基本属性价值向量对应的属性价值，则该方案被淘汰；否则，该方案进入选择集，通过该步骤，得到决策可行选择方案集 $\tilde{S}(D_i^m)$。$\tilde{S}(D_i^m)$ 中不存在完全相同的两个方案，即没有方案冗余。该步骤往往是一个内隐的过程，即在决策过程中，该过程不明显出现在决策者的决策心理活动中，而是通过潜意识进行。称为内隐筛选阶段，得到决策可行选择方案集的过程称为初步筛选过程（Primary Sifting Process，PSP），该过程可以形式化描述如下：

第一步：产生决策行为 D_i^m 所有可能决策方案的基本属性价值矩阵，即通过 f_i^m 得到 $X_\alpha(S(D_i^m))$。

第二步：比较 $X_\alpha(S(D_i^m))$ 中每一个方案的基本属性价值向量 $x_\alpha(s_{i,j}^m)$ 与 $x(A_\alpha(D_i^m))$ 中对应元素的相对优劣，如果存在 $x_\alpha(s_{i,j}^m)$ 的某个分量 $x_{i,j,k}^m$，使得 $x_{i,j,k}^m < a_{i,k}^m$，即方案 $s_{i,j}^m$ 上的第 k 个基本属性的价值劣于基本属性集合 $A_\alpha(D_i^m)$ 中第 k 个元素的值，则决策方案 $s_{i,j}^m$ 从所有可能的决策方案集合 $S(D_i^m)$ 中被剔除，这里 $j = 1,\cdots,|S(D_i^m)|$，$k = 1,\cdots,$

$N_{\alpha}(D_i^m)$ 。

第三步：重复第二步，直到决策方案集合 $S(D_i^m)$ 中没有方案可以被剔除为止，得到最终的决策行为 D_i^m 的实际可行选择方案集合 $\tilde{S}(D_i^m) = S(D_i^m)$ 。

(2) LT 的第二阶段。

其基本思想是，先比较等级最高的属性子集 $B_{N_\beta(D_i^m)}(D_i^m)$ 上所有方案的占优属性价值，从中找出属性子集 $B_{N_\beta(D_i^m)}(D_i^m)$ 上的占优方案。如果存在两个或两个以上的方案，再比较次级属性子集 $B_{N_\beta(D_i^m)-1}(D_i^m)$ 上所有方案的占优属性价值，从中找出属性子集 $B_{N_\beta(D_i^m)-1}(D_i^m)$ 上的占优方案。如果仅有一个方案，则该方案为最终方案；否则继续进行上述步骤，一直到找到一个方案，该方案满足在所有属性价值子集 $B_j(D_i^m)$ 上均为占优方案（$j \in \{1, \cdots, L(D_i^m)\}$），该方案即为最终的决策方案。如果在某步中不存在占优方案，则决策者重新调整决策行为 D_i^m 上的占优属性分割，得到一个新的占优方案集合 $\bigcup_{j=1}^{L(D_i^m)} B'_j(D_i^m)$ ，再继续本阶段工作。

特殊情形是，可行选择方案集合 $\tilde{S}(D_i^m)$ 中方案的个数为一个，而该方案不能在最高等级的属性价值子集上满足决策者的预期标准，则该决策者会选择放弃执行该方案；反之，如果该方案在最高等级的属性价值子集上满足决策者的预期标准，则决策者往往会选择执行该方案。具体执行与否与决策者的个体特征密切相关。

此阶段称为阶梯搜索过程（Ladder Search Process，LSP），可以形式化描述如下：

第一步：设置初始占优属性等级变量 $r = L(D_i^m)$ ，表示属性的最高等级，得到可行方案集 $\tilde{S}(D_i^m)$ 在属性价值子集 $B_r(D_i^m)$ 上的占优方案集合 $\hat{S}(B_r(D_i^m) \mid \tilde{S}(D_i^m))$ 。

第二步：如果占优方案集合 $\hat{S}(B_r(D_i^m)\,|\,\tilde{S}(D_i^m))$ 中的元素数量 $Q(k)>1$，则将属性等级变量减少1，即 $r=r-1$，得到新的占优方案集合 $\hat{S}(B_r(D_i^m)\,|\,\tilde{S}(D_i^m))$，重复第(2)步，直到 $Q(k)=1$，则占优方案集合 $\hat{S}(B_r(D_i^m)\,|\,\tilde{S}(D_i^m))$ 中的唯一方案为最终决策方案，最终决策方案集合 $\bar{S}(D_i^m)=\{\hat{s}_{i,1}^m;\hat{s}_{i,1}^m\in\hat{S}(B_r(D_i^m)\,|\,\tilde{S}(D_i^m))\}$。

此阶段之所以被称为阶梯搜索过程，是因为其选择机制可形象为阶梯的形状：每一次判断过程，降低一个占优属性分割的等级进行比较，直到找到一个最优的等级，比较停止。此阶段为外显寻优阶段，如图14－1所示。

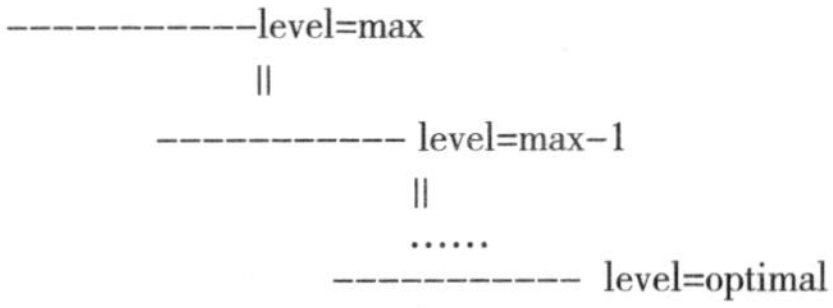

图14－1　阶梯搜索过程（LSP）示意图

图14－1中，梯子之间的距离表示相邻属性等级之间的相对重要性的差距，梯子的水平长度表示在该等级属性集合上，方案价值的最大值。

对于上述决策方案的形成机制，我们有如下命题保证最后可得到唯一的待执行方案。

命题1：阶梯搜索过程在有限步内可收敛到唯一的最终方案。

证明：由阶梯搜索过程可知，阶梯搜索过程的步骤最多为 $L(D_i^m)$ 步，假设前面进行了 $L(D_i^m)-1$ 步，每一步得到的占优方案集合元素个数 $Q(k)$ 均大于1，最后一步中，属性类别等级变量 $r=1$（最低等级），则最后一步的占优方案集合 $\hat{S}(B_r(D_i^m)\,|\,\tilde{S}(D_i^m))$ 中方案数量 $|\hat{S}(B_r(D_i^m)\,|\,\tilde{S}(D_i^m))|$ 必然等于1。假设最后一步的占优方案集合

$\hat{S}(B_r(D_i^m)|\tilde{S}(D_i^m))$ 中方案数量 $|\hat{S}(B_r(D_i^m)|\tilde{S}(D_i^m))| > 1$，则存在两个或两个以上最低等级的占优方案。由占优方案的定义和阶梯搜索过程易知,在可行方案集合 $\tilde{S}(D_i^m)$ 中,至少存在两个或两个以上的方案,在所有占优属性上的价值完全相同,阶梯搜索过程中,方案的所有属性都为占优属性,即在可行方案集合 $\tilde{S}(D_i^m)$ 中,至少存在两个或两个以上的方案完全相同,这与阶梯理论的假设 3 矛盾。故至多经过 $L(D_i^m)$ 步阶梯搜索,就可得到只包含一个方案的占优方案集合,该方案即为满足条件的唯一最终方案。证毕。

图 14－2 描述了阶梯理论框架下一个完整的决策行为过程。

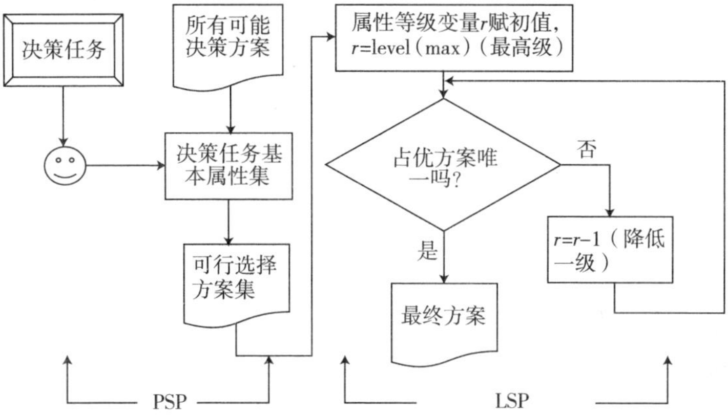

图 14－2　阶梯理论决策机制

14.3　案例分析

14.3.1　案例 1:出行行为决策(出差赶车)

出行者 i 需要携带行李,从 A 地到 B 地,可能的出行决策方案:$m1$. 地铁;$m2$. 公交车;$m3$. 小汽车(本案例能够用 PT、LT 理论解释,不能够用 IT 理论解释)。

对于普通的交通出行，出行者 i 的出行任务属性集为{1：时间；2：金钱；3：舒适度；4：安全性；5：误点风险}，属性1、2、5指标越小越好；属性3、4指标越大越好。

假设：出行者 i 从A地到B地，公交车的行程时间为[50，60]分钟，小汽车的行程时间为[30，70]分钟，由于驾驶者不熟悉路况，故小汽车可能的最长行程时间比较大。

将定性指标如安全性、舒适度、误点风险等分为5个等级，对应关系为：极低（very low）——1；低（low）——2；中等（moderate）——3；高（high）——4；极高（very high）——5。

实际结果：出行者由于不熟悉路况，放弃了小汽车出行方案，又由于公交车的误点风险比较大，放弃了公交车出行方案，出行者最终选择了风险最小的地铁出行方案。

（1）应用LT理论。

出行者 i 的决策任务1（出差赶车）的属性集 $A(D_i^1)$ 为：

$$A(D_i^1) = \{1,2,3,4,5\}$$

出行者 i 的决策任务1（出差赶车）的基本属性集合 $A_\alpha(D_i^1)$ 为：

$$A_\alpha(D_i^1) = \{1,2,3,4,5\}$$

出行者 i 的决策任务1（出差赶车）的占优属性集合 $A_\beta(D_i^1)$ 为：

$$A_\beta(D_i^1) = \{1,2,3,4,5\}$$

基本属性价值向量 $x(A_\alpha(D_i^1))$ 为：

$$x(A_\alpha(D_i^1)) = (\leqslant 50, \leqslant 100, \geqslant \text{“moderate”} - 3, \geqslant \text{“high”} - 4, \leqslant \text{“low”} - 2)$$

出行者 i 的决策任务1（出差赶车）的占优属性分割为：

$$B_1(D_i^1) \cup B_2(D_i^1) = \{1,2,3\} \cup \{4,5\}$$

出行者 i 的决策任务1的所有可能决策方案集合为：

$S(D_i^1) = \{s_{i,1}^1 = m1, s_{i,2}^1 = m2, s_{i,3}^1 = m3\}$

依据14.2.1小节的符号和定义，通过决策行为 D_i^1 上的方案—属性映射 f_i^1 得到出行者 i 决策任务1的基本属性价值矩阵：

$$X_\alpha(S(D_i^1)) = (x(s_{i,1}^1), x(s_{i,2}^1), x(s_{i,3}^1))^T = \begin{pmatrix} 40 & 50 & 3 & 5 & 1 \\ 50 \sim 60 & 50 & 3 & 4 & 3 \\ 30 \sim 70 & 90 & 4 & 4 & 2 \end{pmatrix}$$

出行者 i 决策任务1的占优属性价值矩阵 $X_\beta(S(D_i^1))$ 与基本属性价值矩阵 $X_\alpha(S(D_i^1))$ 完全相同。

运用14.2.2小节的PSP过程，比较 $X_\alpha(S(D_i^1))$ 的每一行和基本属性价值向量 $x(A_\alpha(D_i^1))$ 中每一个元素的相对优劣。由于出行方案 $s_{i,2}^1$ 的第5个属性的价值为3，劣于基本属性价值向量 $x(A_\alpha(D_i^1))$ 第5个属性的基本值2(出行误点风险值越小越好)，因此出行方案 $s_{i,2}^1$ 被剔除。易验证其他两个方案被保留，则出行者 i 决策任务1的可行决策方案集合：$\tilde{S}(D_i^1) = \{s_{i,1}^1 = m1, s_{i,3}^1 = m3\}$。

再应用14.2.2小节的LSP过程，占优属性分割：$A_\beta(D_i^1) = B_1(D_i^1) \cup B_2(D_i^1) = \{1,2,3\} \cup \{4,5\}$，决策行为 D_i^1 的占优属性等级数 $L(D_i^m) = 2$，在最高等级 $r = 2$ 上的占优方案集合 $\hat{S}(B_2(D_i^1) | \tilde{S}(D_i^1)) = s_{i,1}^1$（方案 $s_{i,1}^1$ 和方案 $s_{i,2}^1$ 在第4个属性和第5个属性上的价值分别为 $\{5,1\}$ 和 $\{4,2\}$，明显有 $\{5,1\} > \{4,2\}$）。故在案例1中，出行者的最终出行方案为 $s_{i,1}^1$ 即选择地铁出行的方案 $m1$，与实际情况一致。

(2)应用PT理论。

根据前景理论的基本假设，决策者面对获得的时候是风险厌恶的，面对损失的时候是风险偏好的，由于出行行为可以看作是一种获得，因此，决策者在选择出行方式的时候，将最小化自己的行为风险，即选择

出行方式 $m1$. 地铁，与 LT 理论的预测一致。

(3)应用 IT 理论。

由于 IT 理论的收益性测试仅仅从量的最优方面考虑决策行为，因此当方案 1 和方案 2 通过 IT 理论的兼容性测试后，无法进一步从方案 1 和方案 2 中进行选择得到最终的决策方案，IT 理论失效。

14.3.2 案例 2：出行行为决策(外出旅游)

出行者 i 需从 C 地到 D 地进行自助旅游，可能的决策方案：$m1$. 地铁；$m2$. 公交车；$m3$. 小汽车(本案例不能够用 PT、IT 理论解释，能够用 LT 理论解释)。

对于普通的交通出行，出行者 i 的出行任务属性为{1：时间；2：金钱；3：舒适度；4：安全性；5：误点风险}，属性 1、2、5 指标越小越好；属性 3、4 指标越大越好。

假设：出行者 i 从 C 地到 D 地，地铁的行程时间为 70 分钟，公交车的行程时间为[40，50]分钟，小汽车的行程时间为[20，40]分钟。

实际结果：在该案例中，外出旅游对于准点的要求稍低，对舒适性和安全性的要求较高，出行者最终选择了使用小汽车的出行方案。

(1)应用 LT 理论。

出行者 i 的决策任务 2(外出旅游)属性集 $A(D_i^2)$ 为：

$A(D_i^2) = \{1,2,3,4,5\}$

出行者 i 的决策任务 2(外出旅游)基本属性集 $A_\alpha(D_i^2)$ 为：

$A_\alpha(D_i^2) = \{1,2,3,4,5\}$

出行者 i 的决策任务 2(外出旅游)占优属性集 $A_\beta(D_i^2)$ 为：

$A_\beta(D_i^2) = \{1,2,3,4,5\}$

出行者 i 的决策任务 2(外出旅游)基本属性价值向量为：

$x(A_\alpha(D_i^2)) = (\leqslant 60, \leqslant 70, \geqslant$ "moderate" $-3, \geqslant$ "high" $-4, \leqslant$

"low" – 2)

出行者 i 的决策任务2(外出旅游)占优属性分割为:

$B_1(D_i^2) \cup B_2(D_i^2) = \{1,2,5\} \cup \{3,4\}$

出行者 i 的决策任务2所有可能决策方案集合:

$S(D_i^2) = \{s_{i,1}^2 = m1, s_{i,2}^2 = m2, s_{i,3}^2 = m3\}$

依据14.2.1小节的符号和定义,通过决策行为 D_i^2 上的方案—属性映射 f_i^2 得到出行者 i 的决策任务2基本属性价值矩阵:

$$X_\alpha(S(D_i^2)) = (x(s_{i,1}^2), x(s_{i,2}^2), x(s_{i,3}^2))^T = \begin{pmatrix} 70 & 50 & 3 & 5 & 1 \\ 40 \sim 50 & 50 & 3 & 4 & 2 \\ 20 \sim 40 & 60 & 4 & 4 & 2 \end{pmatrix}$$

出行者 i 的决策任务2占优属性价值矩阵 $X_\beta(S(D_i^2))$ 与基本属性价值矩阵 $X_\alpha(S(D_i^2))$ 完全相同。

运用14.2.2小节的PSP过程,比较 $X_\alpha(S(D_i^2))$ 的每一行和基本属性价值向量 $x(A_\alpha(D_i^2))$ 中每一个元素的相对优劣。由于出行方案 $s_{i,1}^2$ 的第1个属性的价值为70,劣于基本属性价值向量 $x(A_\alpha(D_i^1))$ 第1个属性的基本值60,因此出行方案 $s_{i,1}^2$ 被剔除。同理可得,出行方案2和方案3被保留,则出行者 i 的决策任务1可行决策方案集合:$\tilde{S}(D_i^1) = \{s_{i,2}^2 = m2, s_{i,3}^2 = m3\}$。

再应用14.2.2小节的LSP过程,占优属性分割:$A_\beta(D_i^2) = B_1(D_i^2) \cup B_2(D_i^2) = \{1,2,5\} \cup \{3,4\}$,决策行为 D_i^2 的占优属性等级数 $L(D_i^m) = 2$,在最高等级 $r = 2$ 上的占优方案集合 $\hat{S}(B_2(D_i^2) | \tilde{S}(D_i^2)) = s_{i,3}^2$(方案 $s_{i,2}^2$ 和方案 $s_{i,3}^2$ 在第3个属性和第4个属性上的价值分别为{3,4}和{4,4},明显有{4,4} > {3,4})。故在案例2中,出行者的最终出行方案为 $s_{i,3}^2$,即选择小汽车出行的方案 $m3$,与实际情况一致。

(2)应用 PT 理论。

根据前景理论的基本假设,决策者面对获得的时候是风险厌恶的,面对损失的时候是风险偏好的,由于出行行为可以看作是一种获得,因此,决策者在选择出行方式的时候,将最小化自己的行为风险,即选择风险最小的出行方式 $m1$. 地铁,与实际情况相矛盾。

(3)应用 IT 理论。

由于 IT 理论的收益性测试仅仅从量的最优方面考虑行为决策,因此当方案 2 和方案 3 通过 IT 理论的兼容性测试后,无法进一步从方案 2 和方案 3 中进行选择,IT 理论失效。

14.3.3 案例 3:核电站选址决策(本案例能够用 IT、LT 理论解释,不能够运用 PT 理论解释)

美国的核电站选址决策,实际是从若干个方案中选择符合美国法律规定的地址得到候选地址,然后从几个候选地址中选择一个经济成本(价格)最低的作为最终的选址。

(1)应用 LT 理论。

核电站选址决策 D_i^3 考虑的属性为{1:法律限制;2:价格}。

核电站选址决策 D_i^3 的属性集合为:$A(D_i^3) = \{1,2\}$ 。

核电站选址决策 D_i^3 的基本属性集合为:$A_\alpha(D_i^3) = \{1\}$ 。

核电站选址决策 D_i^3 的占优属性集合为:$A_\beta(D_i^3) = \{2\}$ 。

核电站选址决策 D_i^3 的基本属性价值向量为:$x(A_\alpha(D_i^3)) = (a)$,a 表示符合美国有关的法律规定。

决策任务的占优属性分割为:$B_1(D_i^3) = \{2\}$(决策者在阶梯搜索阶段唯一考虑的因素为价格因素)。

依据 14.2.2 小节的 PSP 过程,得到可行的决策方案集合 $\tilde{S}(D_i^3)$,即所有备选方案中符合美国法律规定的地址。然后依据 LSP 过程,决策者

选择唯一占优等级($r = 1$)上的占优方案集合 $\hat{S}(B_1(D_i^3) | \tilde{S}(D_i^3))$ ，即选择价格最便宜的方案，即为最终的选址方案。

(2)应用 IT 理论。

IT 理论将决策过程分为方案收集的兼容性筛选和方案选择的收益性测试两个阶段，第一阶段根据是否符合当地法律规定选择出候选地址，第二阶段依据建设成本对候选地址进行排序，选择出成本最小的地址。IT 理论对该案例的决策行为能够做出较好的解释。

(3)应用 PT 理论。

PT 理论无法描述在该案例中，决策者如何收集选址方案，又如何选择最终的选址方案的完整过程。本案例中，对于从若干个可行的选址方案中最终确定地址，实际上不需要运用 PT 理论，只需要简单地选择成本最小的方案即可。PT 理论主要关注的是决策者在决策中对于得失风险的态度，对于风险偏好的多属性决策问题，其分析能力受到较大局限。

14.3.4　案例4：个人购物行为（本案例不能够用 PT 理论解释，可以运用 IT、LT 理论解释）

决策行为情景描述：某消费者在商店购买衣服，考虑的决策因素有{1. 质量；2. 款式；3. 颜色；4. 价格；5. 衣服使用时间}。

实际结果：消费者对于两件看中的衣服（实际上两件衣服的款式、质量、价格完全一样，区别在于颜色和使用时间，两件衣服的颜色分别为蓝色和白色，使用时间分别为3年以上和2年以上），最终选择了可以使用3年以上的白色衣服。

(1)应用 LT 理论。

消费者 i 的决策任务4(购物)的属性集合为：$A(D_i^4) = \{1,2,3,4,5\}$。

消费者 i 的决策任务 4(购物)的基本属性集合为：$A_\alpha(D_i^4) = \{1,2,3,4\}$。

消费者 i 的决策任务 4(购物)的占优属性集合为：$A_\beta(D_i^4) = \{5\}$。

消费者 i 的决策任务 4(购物)的基本属性价值向量为：$x(A_\alpha(D_i^4)) = (\geqslant a, \geqslant b, \{red, bule, white\}, \leqslant 2000)$，其中，a、b 分别代表质量临界值和款式临界值。

假设消费者所有可能的决策方案为衣服 $w1$ 和 $w2$，即 $S(D_i^4) = \{s_{i,1}^4 = w1, s_{i,2}^4 = w2\}$。

依据 14.2.1 小节的符号和定义，通过决策行为 D_i^4 上的方案—属性映射 f_i^4 得到消费者 i 的决策任务 4 的属性价值矩阵：

$$X(S(D_i^4)) = (x(s_{i,1}^4), x(s_{i,2}^4))^T = \begin{pmatrix} a & b & white & 1000 & \geqslant 3 \\ a & b & blue & 1000 & \geqslant 2 \end{pmatrix}$$

消费者 i 的决策任务 4 的基本属性价值矩阵：

$$X_\alpha(S(D_i^4)) = (x_\alpha(s_{i,1}^4), x_\alpha(s_{i,2}^4))^T = \begin{pmatrix} a & b & white & 1000 \\ a & b & blue & 1000 \end{pmatrix}$$

消费者 i 的决策任务 4 的占优属性价值矩阵：

$$X_\beta(S(D_i^4)) = (x_\beta(s_{i,1}^4), x_\beta(s_{i,2}^4))^T = \begin{pmatrix} \geqslant 3 \\ \geqslant 2 \end{pmatrix}$$

通过 14.2.2 小节的 PSP 过程，比较 $X_\alpha(S(D_i^4))$ 的每一行和基本属性价值向量 $x(A_\alpha(D_i^4))$ 中每一个元素的相对优劣，可得，两个方案都被保留，因此，消费者 i 的决策任务 4 的可行决策方案集合 $\tilde{S}(D_i^4) = \{s_{i,1}^4 = w1, s_{i,2}^4 = w2\}$。

再应用 14.2.2 小节的 LSP 过程，决策行为 D_i^4 的占优属性分割：$A_\beta(D_i^4) = B_1(D_i^4) = \{5\}$，占优属性等级数 $L(D_i^4) = 1$，在最高等级 $r =$

$L(D_i^4)=1$ 上的占优方案集合 $\hat{S}(B_1(D_i^4)\mid\tilde{S}(D_i^4))=\{s_{i,1}^4\}$。故在案例4中，消费者最终选择方案1，即购买白色衣服 $w1$，与实际情况一致。

(2)应用PT理论。

由于本案例中没有涉及个体的风险态度，PT理论无法对个体如何依据穿着的时间因素从两件价格完全相同的衣服中最终做出选择给出合理的解释。

(3)应用IT理论。

由于选择最终是根据消费者预期的衣服穿着时间给出的，且衣服穿着时间可以看作一个能够量化的指标，而IT理论的收益性测试机制正好可以恰当地处理单一的定量指标，因此，本案例能够应用IT理论进行合理的解释。

14.4 讨论

在案例1和案例2中，决策任务的情景发生了变化，一个是出差赶车，另一个是外出旅游，虽然都涉及决策者的风险因素，但是在第一个决策情景下，出行者对出行误点的风险非常重视，而在第二个决策情景下，出行者对出行误点的风险的重视程度下降了，取而代之的是更加关注出行中的舒适性和安全性。因此，在第1个案例中，最终的方案是选择准时到达率高的地铁，在第2个案例中，最终的方案是选择更加方便舒适，同时也比较安全的小汽车出行。但PT理论却无法反映出这种由于出行情景发生变化而使出行者对于出行决策任务属性重视程度发生变化，进而导致最终决策行为的改变，因为PT理论是一种静态理论，较难反映决策行为的完整过程。因此，在应用PT理论预测第2个案例时与实际情况不符，而LT理论能够结合决策任务特征，从整个决策制定的过程进行全面考虑，分别通过PSP和LSP两个机制来刻画候选方案集的形成和最终方案的确定，因此，能够对第 2 个案例中出行者的最终出行方案做出正确的预测。

通过四个具体案例的对比分析可以看到，LT 理论对四种常见类型的决策任务都能够给出较好的解释，而 PT 理论和 IT 理论则不能全部做出有效解释。为了更好地比较 PT、IT 和 LT 三种理论的异同，我们从决策过程、风险态度和多属性的处理能力三个角度对其进行具体分析。

第一，对于决策过程的处理，PT 理论本质是一种静态决策理论，它主要描述决策者面临不同收益情形下对于决策风险的态度如何影响到最终的决策结果；IT 理论和 LT 理论则都能够考察完整的决策过程。第二，对于风险态度的处理，PT 理论和 LT 理论都能够做出很好的解释；IT 理论则无法准确处理风险型决策问题。第三，对于决策任务的多属性特征的处理，PT 理论可以通过多参考点进行描述，但对于一般的多属性决策问题，如果决策者需要同时考虑风险型和非风险型因素，PT 理论的解释力则稍显不足；LT 理论中明确地考虑到了决策任务的多属性特征；IT 理论在决策的收益性测试阶段，关注的主要是单独的能够量化的属性，较难处理不能够量化的属性。另外，当面临需要考虑多个非风险型方案属性时，PT 和 IT 理论均不能有效地描述和处理，LT 理论则可以很好地考虑多属性感知的问题（参考案例 2）。

表 14－1 显示了 PT、IT 和 LT 理论之间的特点对比。

表 14－1　三种决策理论的对比结果

	决策过程	风险态度	多属性描述	多属性感知
PT	×	√	○	×
IT	√	○	×	×
LT	√	√	√	√

注：“√”表示能够胜任，“×”表示不能够胜任，“○”表示部分胜任。

需要注意的是，对于单方案决策，也完全可以应用 LT 理论进行分析。

比如,决策者面临某单个的决策方案,如果该方案在最高等级上的属性子集上不满足决策者的预期标准,则决策者往往会选择放弃该方案。

14.5　小结

我们比较了两种典型的行为决策理论,即PT理论和IT理论。PT理论由于始于对人们赌博行为的模拟,本质上还是对传统期望效用理论的改进。它的主要贡献在于在决策者的收益感知和风险态度之间建立了联系,更加切实地考虑了决策行为中人们在得失情形下不同的风险态度。但它最大的缺点在于没有充分考虑个体决策行为的发生过程,本质上还是通过比较个体在风险态度差异前提下的"期望效用"来进行选择,因而是一个静态的理论,对于决策行为从方案收集到最终确定的形成机制缺乏足够的关注和有效的描述。另外,PT理论对于多属性类型的决策问题,考虑得也不够充分。IT理论的优点在于较为切实地描述了个体进行决策的全过程,其缺点在于获得最终决策方案的收益性测试中对于多属性的特征考虑不足,对于人们决策中的风险态度的关注也稍为欠缺。

我们针对上述不足,提出了LT理论,其特点是将决策者对多个决策属性重要程度的心理感知变化与决策方案制定过程有机地结合起来,提出了决策方案收集的初步筛选机制和最终方案确定的阶梯搜索机制。通过案例分析对比可以发现,LT理论能够对现实个体决策行为做出更好的解释和预测,是一种更普适的行为决策理论。下一步可以考虑通过更多的实际决策案例或者行为实验来验证LT理论的合理性和有效性,进而将LT理论推广至多人群体决策和组织决策的情景中,使之发挥更大的作用。

参考文献

[1] 钱学森. 论系统工程[M]. 上海:上海交通大学出版社,2007.

[2] 搜狐汽车. 全国机动车保有量达 3.1 亿[EB/OL]. http://www.sohu.com/a/217276530_123428,2018-01-17.

[3] Black, W. R. Sustainable Transportation: A US Perspective [J]. Journal of Transport Geography ,1996(4): 151-150.

[4] Bueno, P. C. , Vassallo, J. M. , Cheung, K. Sustainability Assessment of Transport Infrastructure Projects: A Review of Existing Tools and Methods[J]. Transport Reviews, 2015(35): 622-649.

[5] Hickman, R. , Banister, D. Transport, Climate Change and the City[J]. Transport Reviews, 2015(35): 672-674.

[6] Michelucci, F. V. , Marco, A. D. , Tanda, A. Defining the Role of the Smart-City Manager: An Analysis of Responsibilities and Skills[J]. Journal of Urban Technology, 2016,23(3):23-42.

[7] Fernández-Güell, M. J. , Collado-Lara, M. , Guzmán-Araña, S. , Fernández-Añez, V. Incorporating a Systemic and Foresight Approach into Smart City Initiatives: The Case of Spanish Cities[J]. Journal of Urban Technology, 2016,23(3):1-25.

[8] Albino, V. , Berardi, U. , Maria Dangelico, R. Smart Cities:

Definitions, Dimensions, Performance, and Initiatives[J]. Journal of Urban Technology, 2015, 22(1): 1,3 -21.

[9] 陈星光. 城市交通流演化动力学研究——基于个体出行决策分析[M]. 南京:南京大学出版社,2015.

[10] 周江评,王江燕,许丰功,等. 美国缓解交通拥堵的法律经验回顾[J]. 城市交通, 2011, 9(4):45 -52.

[11] 周晶,朱振涛. 城市交通供需失衡的层次分析及其控制策略[J]. 交通运输系统工程与信息,2007,7(4): 24 -29.

[12] 崔立勇. 城市交通跳不出"当斯定律"[N]. 中国经济导报,2007 -08 -11:(B05).

[13] 陈星光,廖瑞辉,李卓君. 城市交通拥堵及供需耦合性平衡的测度[J]. 统计与决策,2014(5): 4 -8.

[14] 刘治彦. 大城市交通拥堵的缓解策略[J]. 城市问题,2014(12):86 -92.

[15] 魏庆琦,肖伟. 考虑外生政策调节的城市低碳出行决策模型[J]. 交通运输系统工程与信息,2017, 17 (1): 8 -13.

[16] 孙群郎. 当代美国大都市区的空间结构特征与交通困境[J]. 世界历史,2009(5):15 -30.

[17] 孙群郎. 当代美国大都市区交通拥堵的治理措施[J]. 世界历史,2011(3):23 -37.

[18] Wardrop, J. G. Some the Oretical Aspects of Road Traffic Research[C]. Proceedings of the Institution of Civil Engineers, Part II 1, 1953:325 -378.

[19] Beckmann, M. , McGuire, C. B. , Winsten, C. B. Studies in the Economics of Transportation[M]. Yale University Press, New Haven, Con-

necticut, 1956.

[20] Sheffi, Y. Urban Transportation Networks[M]. Prentice – Hall, Upper Saddle River, NJ,1985.

[21] Ostrom, E. Building Trust to Solve Commons Dilemmas: Taking Small Steps to Test an Evolving Theory of Collective Action[C]// Levin, S. A. (ed.) Games, Groups,and the Global . Part 3, Springer, New York, 2008:207 –228.

[22] Miller, H. J. Beyond Sharing: Cultivating Cooperative Transportation Systems Through Geographic Information Science[J]. Journal of Transport Geography, 2013(31): 296 –308.

[23] Miller, H. J. Collaborative Mobility: Using Geographic Information Science to Cultivate Cooperative Transportation Systems[J]. Procedia – Social and Behavioral Sciences, 2011(21): 24 –28.

[24] Nowak, M. A. Evolutionary Dynamcis: Exploring the Equations of Life [M]. Harvard University Press, Cambridge ,2006.

[25] Pentland, A. Social Physics: How Good Ideas Spread – The Lessons from a New Science[M]. Penguin Press, New York, 2014.

[26] Maynard S. J. Evolution and the Theory of Games[M]. Cambridge University Press, Cambridge, UK, 1982.

[27] Nowak, M. A. , Sigmund, K. Evolutionary Dynamics of Biological Games[J]. Science, 2004(303):793 –799.

[28] Nowak, M. A. Five Rules for the Evolution of Cooperation[J]. Science, 2006(314): 1560 –1563.

[29] Nowak, M. A. , Tarnita, C. E. , Wilson, E. O. The Evolution of Eusociality[J]. Nature,2010(466): 1057 –1062.

[30] 陈星光,周晶,朱振涛. 城市交通出行方式选择的演化博弈分析[J]. 管理工程学报, 2009,23(2):140 - 142.

[31] 欧国立. 合作博弈、集体理性与城市交通效率[J]. 中国地质大学学报(社会科学版),2009,9(1):100 - 104.

[32] 陈星光. 交通流演化动力学研究的一般框架及其性质分析[J]. 管理科学学报, 2015,18(6): 58 - 69.

[33] French, S. , Maule, J. , Papamichail, N. Decision Behaviour, Analysis and Support[M]. Cambridge University Pres, 2009.

[34] Simon, H. A. Administrative Behavior (4th Edition)[M]. Free Press, New York, 1997.

[35] Kahneman, D. , Tversky, A. Prospect Theory: An Analysis of Decision under Risk[J]. Econometrica, 1979(47): 263 - 291.

[36] Pigou, A. C. The Economics of Welfare[M]. Macmillan, London, 1920.

[37] Coase, R. H. The Problem of Social Cost[J]. The Journal of Law & Economics, 1960(3): 1 - 44.

[38] Pentland, A. Social Physics: How Good Ideas Spread - The Lessons from a New Science[M]. Penguin Press, New York, 2014.

[39] 殷雪君(责编). 信号灯优化配时[N]. 武汉晨报,2016 - 10 - 13(A05).

[40] 高德交通信息发布平台[EB/OL]. http://tp. amap. com.

[41] Gidado, K. I. Project Complexity: The Focal Point of Construction Production Planning[J]. Construction Management and Economics, 1996,14(3):213 - 225.

[42] Baccarini,D. The Concept of Project Complexity - a Review [J].

International Journal of Project Management. 1996,14(4):201 -204.

[43] Williams, T. M. The Need for New Paradigms for Complex Projects [J]. International Journal of Project Management. 1999,17(5):269 -273.

[44] 蒋卫平,李永奎,何清华. 大型复杂工程项目组织管理研究综述[J]. 项目管理技术, 2009,7(12):20 -24.

[45] 包俊. 工程项目复杂性研究与复杂性管理[D]. 重庆大学, 2007.

[46] Ottino, J. M. Engineering Complex Systems[J]. Nature, 2004 (427):399.

[47] Rouse, W. B. Complex Engineered, Organizational, and Natural Systems[J]. Systems Engineering, 2007,10(3):260 -271.

[48] Bosch - Rekveldta, M., Jongkind, Y., Mooi, H., Bakker, H., Alexander Verbraeck, A. Grasping Project Complexity in Large Engineering Projects: The TOE (Technical, Organizational and Environmental) Framework[J]. International Journal of Project Management,2011, 29(6): 728 -739.

[49] 盛昭瀚,游庆仲,陈国华,等. 大型工程综合集成管理:苏通大桥工程管理理论探索与思考[M]. 北京:科学出版社,2009.

[50] Warfield, J. N. Societal Systems: Planning, Policy and Complexity[M]. New York: John Wiley & Sons Inc, 1976.

[51] 黄海军. 城市交通网络动态建模与交通行为研究[J]. 管理学报,2005,2(1): 18 -22.

[52] Horowitz, J. L. The Stability of Stochastic Equilibrium in A Two - link Transportation Network[J]. Transportation Research Part B, 1984, 18 (1):13 -28.

[53] Smith, M. J. The Stability of A Dynamic Model of Traffic Assignment: An Application of A Method of Lyapunov [J]. Transportation Science, 1984, 18 (3): 245 – 252.

[54] Nagurney, A., Zhang, D. Projected Dynamical Systems in the Formulation, Stability Analysis, and Computation of Fixed – demand Traffic Network Equilibria [J]. Transportation Science, 1997, 31 (2): 147 – 158.

[55] Jin, W. L. A Dynamical System Model of the Traffic Assignment Problem [J]. Transportation Research Part B, 2007, 41 (1): 32 – 48.

[56] Yang, F., Zhang, D. Day – to – day Stationary Link Flow Pattern [J]. Transportation Research Part B, 2009, 43 (1): 119 – 126.

[57] He, X. Z., Guo, X. L., Liu, H. X. A Link – based Day – to – day Traffic Assignment Model [J]. Transportation Research Part B, 2010, 44 (4): 597 – 608.

[58] Han, L. S., Du, L. L. On a Link – based Day – to – day Traffic Assignment Model [J]. Transportation Research Part B, 2012, 46 (1): 72 – 84.

[59] Peeta, S., Yang, T. H. Stability Issues for Dynamic Traffic Assignment [J]. Automatica, 2003, 39 (1): 21 – 34.

[60] Cho, H. J., Hwang, M. C. Day – to – day Vehicular Flow Dynamics in Intelligent Transportation Network [J]. Mathematical and Computer Modelling, 2005, 41 (4 – 5): 501 – 522.

[61] Mounce, R. Convergence in a Continuous Dynamic Queueing Model for Traffic Networks [J]. Transportation Research Part B, 2006, 40 (9): 779 – 791.

[62] Cantarella, G. E., Cascetta, E. Dynamic Processes and Equilibrium

in Transportation Networks: Towards a Unifying Theory[J]. Transportation Science,1995, 29 (4): 305 – 329.

[63] Jabari, S. E. , Liu, H. X. A Stochastic Model of Traffic Flow: Theoretical Foundations[J]. Transportation Research Part B, 2012, 46(1): 156 – 174.

[64] Jabari, S. E. , Liu, H. X. A Stochastic Model of Traffic Flow: Gaussian Approximation and Estimation[J]. Transportation Research Part B, 2013(47): 15 – 41.

[65] 李振龙. 诱导条件下驾驶员路径选择行为的演化博弈分析[J]. 交通运输系统工程与信息,2003,3(2):23 – 27.

[66] 熊轶,黄海军,李志纯. 交通信息系统作用下的随机用户均衡模型与演进[J]. 交通运输系统工程与信息,2003,3(3): 44 – 48.

[67] 刘天亮,黄海军. 日常路径选择行为的模拟研究[J]. ITS 通讯,2005(4): 17 – 19.

[68] 刘天亮,黄海军. 日常择路行为的多智能体模拟[J]. 物理学报,2007,56 (11): 6321 – 6325.

[69] 唐毓敏,冯苏苇. 政策博弈下的道路交通拥挤定价[J]. 管理科学学报,2008,14(4):76 – 82.

[70] 田琼,黄海军. 城市公交系统内乘客出行动态均衡模型[J]. 管理科学学报,2009,12(1):1 – 8.

[71] Arentze, T. , Timmermans, H. Modeling Learning and Adaptation Processes Inactivity – travel Choice[J]. Transportation, 2003(30):37 – 62.

[72] Menasché, D. S. , Figueiredo, D. R. , Silva, E. D. S. E. An Evolutionary Game – theoretic Approach to Congestion Control[J]. Performance Evaluation,2005, 62 (1 – 4): 295 – 312.

[73] Sun, K. T, Lin, Y. C, Wu, C. Y, et al. An Application of the Genetic Programming Technique to Strategy Development[J]. Expert Systems with Applications, 2009, 36 (3): 5157 –5161.

[74] Yang,F. An Evolutionary Game Theory Approach to the Day – to – day Traffic Dynamics[D]. USA,Madison:The University of Wisconsin – Madison,2005.

[75] Treiber, M. , Kesting, A. Evidence of Convective Instability in Congested Traffic Flow: A Systematic Empirical and Theoretical Investigation [J]. Transportation Research Part B, 2011,45(9): 1362 –1377.

[76] Nowak, M. A. Five Rules for the Evolutionof Cooperation [J]. Science,2006(314): 1560 –1563.

[77] Burtsev, M. , Turchin, P. Evolution of Cooperative Strategies from Firstprinciples[J]. Nature, 2006(440): 1041 –1044.

[78] 高自友,任华玲. 城市动态交通流分配模型与算法[M]. 北京:人民交通出版社,2005.

[79] 陆化普,史其信,殷亚峰. 动态交通分配理论的回顾与展望[J]. 公路交通科技,1996,13(2):34 –43.

[80] Gressman, R. Evolutionary Dynamics and Extensive Form Games [M]. Cambridge: The MIT Press, Massachusetts, London, England, 2003.

[81] 李润梅,汤淑明,王飞跃. 动态用户最优的变分不等式分配模型研究综述[J]. 交通运输系统工程与信息,2006,6(2):83 –90.

[82] Ran, B. , Boyce, D. E. A Link – based Vaiational Inequality Formulations of Ideal Dynamic User – optimal Route Choice Problem[J]. Transp Res. C,1996,4(1):1 –12.

[83] Ran, B. , Hall, R. W. , Boyce, D. E. A Link – based Variation-

al Inequality Model for Dynamic Departure Time Route Choice[J]. Transp Res. B,1996,30(1):31 -46.

[84] Ran, B., Boyce, D. E. Modeling Dynamic Transportation Networks[M]. Washington DC:Spinger,1996:90 -100.

[85] 周溪召. 混合交通运量分布与均衡配流组合模型研究[J]. 系统工程学报, 2000, 15(2):153 -157.

[86] Chen, H. -K, Feng, G. Heuristics for the Stochastic/Dynamic User -optimal Route Choice Problem[J]. European Journal of Operational Research,2000(126):13 -30.

[87] Bliemer,M. C. J. ,Bovy,P. H. L. Quasi - Variational Inequality Formulation of the Multiclass Dynamic Traffic Assignment Problem [J]. Transp. Res. B,2003,37(6):501 -519.

[88] Huang, H. J. , Lam, W. H. K. Modeling and Solving the Dynamic User Equilibrium Route and Departure Time Choice Problem in Network with Queues[J]. Transp. Res. B,2002,(36):253 -273.

[89] Lam, W. H. K. , Li, Z. C. , Huang, H. J. , et al. Modeling Time - Dependent Travel Choice Problems in Road Networks with Multiple User Classes and Multiple Parking Facilities[J]. Transp. Res. B,2006(40):368 -395.

[90] Chen, H. K. ,Hsueh, C. F. A Model and an Algorithm for the Dynamic User - Optimal Route Choice Problem[J]. Transp. Res. B,1998(32):219 -234.

[91] 杨晓光,褚浩然. 错峰出行对城市交通的影响分析[J]. 同济大学学报(自然科学版),2006,34(7):899 -903.

[92] 周晶,徐晏. 弹性需求随机用户平衡分配模型及其应用[J]. 系统工程学报, 2000, 16(2): 88 -94.

[93] Friesz, T. L. , Bernstein, D. , Smith, T. E. , et al. A Variational Inequality Formulation of the Dynamic Network User Equilibrium Problem [J]. Operations Research, 41(1):179 - 191.

[94] 黄海军. 城市交通网络平衡分析——理论与实践[M]. 北京:人民交通出版社,1994.

[95] 周晶. 城市交通系统分析与优化[M]. 南京:东南大学出版社,2001:19 - 50.

[96] Facchinei, F. , Pang, J. S. Fintite - dimensional Varational Inequalities and Complementary Problems[M]. New York :Spring - Verlag, Inc. ,2003.

[97] 四兵锋,赵小梅,孙壮志. 城市混合交通网络系统优化模型及其算法[J]. 中国公路学报,2008,21(1):77 - 82.

[98] 新浪财经. 中国网民规模达 7.51 亿[EB/OL]. http://finance. sina. com. cn/roll/2017-08-04/doc - ifyiswpt5333906. shtml,2017 - 08 - 04.

[99] Nobis, C. , Lenz, B. Communication and Mobility Behaviour - a trend and Panel Analysis of the Correlation Between Mobile Phone Use and Mobility [J]. Journal of Transport Geography,2009(17): 93 - 103.

[100] Dobrea, C. , Xhafa, F. Intelligent Services for Big Data Science [J]. Future Generation Computer Systems, 2014,37 (2):267 - 281.

[101] Wang, B. , Shao, C. , Ji, X. Dynamic Analysis of Holiday Travel Behaviour with Integrated Multimodal Travelinformation Utilization: A Life - oriented Approach [J]. Transportation Research Part A, 2017(in Press).

[102] Miller, H. J. Beyond Sharing: Cultivating Cooperative Transpor-

tation Systemss Through Geographic Information Science [J]. Journal of Transport Geography, 2013(31): 296 - 308.

[103] Maness, M., Cirillo, C., Dugundji, E. R. Generalized Behavioral Framework for Choice Models of Social Influence: Behavioral and Data Concerns in Travel Behavior [J]. Journal of Transport Geography, 2015 (46):137 - 150.

[104] Ruiz, T., Mars, L., Arroyo, R., et al. Social Networks, Big Data and Transport Planning [J]. Transportation Research Procedia, 2016 (18): 446 - 452.

[105] 陈星光. 交通流演化动力学研究的一般框架及其性质分析 [J]. 管理科学学报,2015,18(6):58 - 69.

[106] 王博彬,邵春福,计寻,等. 多方式交通信息下节假日活动链重构机理研究 [J]. 交通运输系统工程与信息, 2015, 15(4):99 - 105.

[107] Wang, Z., He, S. Y., Leung, Y. Applying Mobile Phone Data to Travel Behaviour Research: A Literature Review [J]. Travel Behaviour and Society, 2017(in Press).

[108] 杨智伟. 基于AITS的交通出行信息选择行为及支付意愿研究 [D]. 大连理工大学,2009.

[109] 唐立. 多元出行信息影响下的交通选择行为研究 [D]. 西南交通大学,2015.

[110] Ryley, T. J., Zanni, A. M. An Examination of the Relationship between Social Interactions and Travel Uncertainty [J]. Journal of Transport Geography, 2013(31):249 - 257.

[111] Deutsch, K., Goulias, K. G. Decision Makers and Socializers, Social Networks and the Role of Individuals as Participants [J]. Transporta-

tion , 2013(40):755 –771.

[112] Sharmeen, F. , Arentze, T. , Timmermans, H. An Analysis of the Dynamics of Activity and Travel Needs in Response to Social Network Evolution and Life – cycle Events: A Structural Equation Model [J]. Transportation Research Part A, 2014(59): 159 – 171.

[113] Pike,S. ,Lubell,M. Geography and Social Networks in Transportation Mode Choice[J]. Journal of Transport Geography,2016(57):184 –193.

[114] 信息、群体与交通行为调查问卷[EB/OL]. https://www.wenjuan.com/s/3AJraqB/,2016 –12 –01.

[115] 搜狐汽车. 全国机动车保有量达3.10亿辆,驾驶人达3.85亿人[EB/OL]. http://www.sohu.com/a/216938071_657406,2018 –01 –16.

[116] 谈晓洁. 基于知识的交通拥堵疏导决策方法及系统研究[D]. 东南大学,2005.

[117] 李旭宏,田锋,顾政华. 城市道路网供求分析技术[J]. 交通运输工程学报,2002 ,2(2):88 –90.

[118] 邵正宇,郑安文,朱晓宏,等. 基于供需平衡的城市道路和交通方式的最优匹配[J]. 应用基础与工程科学学报,2003,11(1):106 –111.

[119] 张和生,张毅,胡东成,等. 区域交通状态分析的时空分层模型[J]. 清华大学学报(自然科学版),2007,47(1):157 –160.

[120] 周晶,朱振涛. 城市交通供需失衡的层次分析及其控制策略[J]. 交通运输系统工程与信息,2007,7(4):24 –29.

[121] 崔立勇. 城市交通跳不出"当斯定律"[N]. 中国经济导报,2007 –08 –11(B05).

[122] 安实,王健,徐亚国,等. 城市智能交通管理技术与应用[M].

北京:科学出版社,2005:1 - 128.

[123] 搜狐汽车. 国际机动性相关指数介绍[EB/OL]. http://auto. sohu. com/20050722/n240178844. shtml,2005 - 07 - 22[2005 - 07 - 22].

[124] 新浪汽车.2006 年华普城市畅行指数在上海发布[EB/OL]. http://auto. sina. com. cn/news/2006 - 09 - 21/1554217446. shtml, 2006 - 09 - 21.

[125] 汽车世界. 首项中国居民生活机动性水平的指数——福田指数发布[EB/OL]. http://www. autoworld. com. cn/yuandi/luntan/shch/futian. htm,2005 - 07 - 21.

[126] 关积珍. 城市交通综合指数、交通出行指数及其数学建模[J]. 交通运输系统工程与信息,2004,4(1):49 - 53.

[127] 佟炳勋. 交通拥堵与道路服务水平[J]. 道路交通与安全,2004(4):10 - 14.

[128] 文国玮. 城市交通与道路系统规划[M]. 北京:清华大学出版社,2001:49 - 94.

[129] 沈建武,吴瑞麟. 城市交通分析与道路设计[M]. 武汉:武汉大学出版社,2001:4 - 85.

[130] 徐玖平,陈建中. 群体决策理论与方法及实现[M]. 北京:科学出版社, 2009.

[131] 陈晓红,等. 复杂大群体决策方法及应用[M]. 北京:科学出版社, 2009.

[132] Kahneman, D. , Tversky, A. Prospect Theory: An Analysis of Decision Under Risk[J]. Econometrica,1979,47(2):263 - 292.

[133] 古斯塔夫·勒庞. 乌合之众: 大众心理研究[M]. 冯克利,

译．北京：中央编译出版社，2000.

[134] Conradt, L., Roper, T. J. Group Decision – Making in Animals[J]. Nature, 2003, 421(6919):155 – 158.

[135] Amé, J. M., Halloy, J., Rivault, C., et al. Collegial Decision Making Based on Social Amplification Leads to Optimal Group Formation [J]. Proceedings of the National Academy of Sciences, 2006, 103(15): 5835 – 5840.

[136] Kirmana, A., Markoseb, S., Giansantec, S., et al. Marginal Contribution, Reciprocity and Equity in Segregated Groups: Bounded Rationality and Self – organization in Social Networks[J]. Journal of Economic Dynamics and Control, 2007, 31(6):2085 – 2107.

[137] Leonard, N. E., Shen, T., Nabet, B., et al. Decision Versus Compromise for Animal Groups in Motion[J]. Proceedings of the National Academy of Sciences, 2012, 109(1):227 – 232.

[138] Miller, N., Garnier, S., Hartnett, A. T., et al. Both Information and Social Cohesion Determine Collective Decisions in Animal Groups[J]. Proceedings of the National Academy of Sciences, 2013, 110(13):5263 – 5268.

[139] Shakun, M. F. The Connectedness Decision Paradigm: Group Decision, Negotiation and Leadership in World Problems[J]. Group Decision and Negotiation, 2013, 22(4):599 – 615.

[140] Janis, I. L., Mann, L. Decision Making: A Psychological Analysis of Conflict, Choice, and Commitment[M]. New York, US: Free Press, 1977.

[141] Janis, I. L. Victimes of Group Think: A Psychological Study of Foreign – Policy Decision and Fiascoes[M]. Oxford, England: Houghton

Mifflin, 1972.

[142] Agrawal, A. , Gibson, C. C. Group Size and Collective Action: Third Party Monitoring in Common - pool Resources[J]. Comparative Political Studies, 2001, 34(1):63 - 93.

[143] Bikhchandani, S. , Hirshleifer, D. , Welch, I. A Theory of Fads, Fashion, Custom, and Cultural Changes as Informational Cascades [J]. Journal of Political Economy, 1992, 100(5):992 - 1026.

[144] Bikhchandani, S. , Hirshleifer, D. , Welch, I. Learning from the Behavior of Others, Conformity, Fads, and Informational Cascades[J]. Journal of Economic Perspectives, 1998, 12(3):151 - 170.

[145] Goldstein, W. M. , Einhorn, H. J. Expression Theory and the Preference Reversal Phenomena[J]. Psychological Review, 1987, 94(2): 236 - 254.

[146] Faure, G. O. , Dong, V. L. , Shakun, M. F. Social - Emotional Aspects of Negotiation[J]. European Journal of Operational Research, 1990, 46(2):177 - 180.

[147] Clazer, R. , Stechel, J. , Winer, R. S. Locally Rational Decision Making, the Distraction Effects of Information on Managerial Performance[J]. Management Science, 1992, 38(2):212 - 226.

[148] Tversky, A. , Simonson, I. Context - dependent Preferences [J]. Management Science, 1993, 39(10):1179 - 1189.

[149] Csaszar, F. A. , Eggers, J. P. Organizational Decision Making: An Information Aggregation View[J]. Management Science, 2013, 59 (10):2257 - 2277.

[150] Koriat, A. When are two Heads Better Than one and Why?

[J]. Science, 2012, 336(336):360 - 362.

[151] Baucells, M., Sarin, R. K. Group Decisions with Multiple Criteria[J]. Management Science, 2003, 49(8):1105 - 1118.

[152] Lin, Y. H., Lee, P. C., Chang, T. P., et al. Multi - attribute Group Decision Making Model under the Condition of Uncertain Information[J]. Automation in Construction, 2008, 17(6):792 - 797.

[153] 毕鹏程,席酉民. 群体决策过程中的群体思维研究[J]. 管理科学学报, 2002,5(1):25 - 34.

[154] 毕鹏程,席酉民,王益谊. 群体思维理论的发展及其实证研究综述[J]. 管理科学学报, 2004, 7(5):75 - 84.

[155] 熊菲, 刘云, 司夏萌, 等. 不完全信息下的群体决策仿真[J]. 系统工程理论与实践, 2011, 31(1):151 - 157.

[156] 刘咏梅,卫旭华,陈晓红. 群体情绪智力对群决策行为和结果的影响研究[J]. 管理科学学报, 2011,14(10):11 - 27.

[157] 李欣苗,张朋柱,李靖. 群体决策中多种信息研讨关系的自动识别方法[J]. 管理科学学报, 2012, 15(9):10 - 19.

[158] 李振鹏,唐锡晋. 社会影响、观点动向和结构平衡:基于Hopefield网络模型仿真研究[J]. 系统工程理论与实践, 2013, 33(2):420 - 429.

[159] 朱振涛, 周晶, 李平,等. 项目合作企业之间观点耦合的动力学特征[J]. 管理科学, 2010, 23(2):11 - 19.

[160] 张晓,樊治平. 基于前景随机占优的多属性多标度大群体决策方法[J]. 控制与决策, 2014,29(8):1429 - 1433.

[161] 杨雷, 杨洋. 决策要素动态变化的群体决策偏好演化过程[J]. 系统工程理论与实践,2014,34(9):2302 - 2311.

[162] 曾祥添,李登峰,余高锋．面向偏好冲突的直觉模糊多属性群体决策方法[J]．控制与决策, 2015,30(11):2108 – 2112.

[163] 徐选华, 王兵, 周艳菊．基于信任机制的不完全信息大群体决策方法[J]．控制与决策, 2016,31(4): 577 – 585.

[164] Plous, S. The Psychology of Judgment and Decision Making [M]. New York:Mcgraw – Hill Book Company, 1993.

[165] 魏存平, 邱菀华．群体决策基本理论评述[J]．北京航空航天大学学报,2000,13(2):24 – 28.

[166] 吕文红, 吴祈宗．证据理论在群决策中的应用[J]．统计与决策,2005(7):47 – 49.

[167] Beynon, M. DS/AHP Method: A Mathematical Analysis, Including an Understanding of Uncertainty[J]. European Journal of Operational Research, 2002, 140(1):148 – 164.

[168] 梁昌勇, 陈增明, 丁勇．基于 DS/AHP 的供应商选择方法[J]．运筹与管理, 2005,14(6): 33 – 38.

[169] 易昆南, 晏玉梅, 徐艳卫．证据理论在证券投资组合中的应用[J]．湖南工业大学学报,2009,23(4): 85 – 87.

[170] Huang, C. L., Lin, M. L. Group Decision Making Under Multiple Criteria[M]. Spring – Verlag,1987.

[171] 杨萍,刘卫东．基于证据理论的群决策层次评价方法研究[J]．系统工程与电子技术,2002,24(2):42 – 44,92.

[172] 王志国,童玉娟．一种不完全信息下群体决策专家权重确定方法[J]．平顶山学院报,2007,22(2):69 – 70.

[173] 吕文红,吴祈宗,郭银景．基于 D – S 证据理论的群决策专家意见集结方法[J]．运筹与管理,2005,14(2): 10 – 13.

［174］华中生．专家群体决策不一致性判定与调整方法［J］．系统工程学报，1994，9（1）：118－123.

［175］段新生．证据理论与决策、人工智能［M］．北京：中国人民大学出版社，1993.

［176］杨雷．群体决策理论与应用——群体决策中的个体偏好集结方法研究［M］．北京：经济科学出版社，2004.

［177］Servaes，J. Soft Power and Public Diplomacy：The New Frontier for Public Relations and International Communication between the US and China［J］．Public Relations Review，2012，38（5）：643－651.

［178］Yun，S.－H.，Kim，J.－N. Soft Power：From Ethnic Attraction to National Attraction in Sociological Globalism［J］．International Journal of Intercultural Relations，2008，32（6）：565－577.

［179］Yoshihara，T.，Holmes，J. R. China's Energy－Driven "Soft Power"［J］．Orbis，2008，52（1）：123－137.

［180］deLisle，J. Soft Power in a Hard Place：China，Taiwan，Cross－Strait Relations and U. S.［J］．Policy Orbis，2010，54（4）：493－524.

［181］刘再平．对"软实力"之再认识［J］．南京大学学报（哲学·人文科学·社会科学版），2010（1）：148－157.

［182］蒋英州，叶娟丽．对约瑟夫·奈软实力概念的解读［J］．政治学研究，2009（5）：114－124.

［183］李琳，洪晓楠．约瑟夫·奈的软实力理论评析［J］．大连理工大学学报（社会科学版），2011，32（4）：88－93.

［184］许少民，张祖兴．约瑟夫·奈软实力学说再评述［J］．国际论坛，2011，13（5）：49－55.

［185］毛夫国．软实力概念的泛化及其原因［J］．国际关系学院学

报, 2012(3): 52 -58.

[186] 黄金辉, 丁忠毅. 中国国家软实力研究述评[J]. 社会科学, 2010(5):31 -39.

[187] 冯洁,洪俊浩. 对国外软实力理论研究的考察[J]. 新闻与传播研究, 2011(6): 8 -11.

[188] 范跃进. 对我国软实力研究现状评述及未来主要研究方向的思考[J]. 济南大学学报(社会科学版), 2011, 21(4): 7 -14.

[189] 周涛, 鲁耀斌. 结构方程模型及其在实证分析中的应用[J]. 工业工程与管理, 2006(5): 99 -102.

[190] 侯杰泰,温忠麟,成子娟. 结构方程模型及其应用[M]. 北京:教育科学出版社,2004.

[191] 邱皓政,林碧芳. 结构方程模型的原理与应用[M]. 北京:中国轻工业出版社,2009.

[192]李波, 冯革, 徐萍. 项目融资管理[M]. 上海:上海交通大学出版社,2010.

[193]叶苏东. 项目融资:理论、实务与案例(第2版)[M]. 北京:清华大学出版社,2010.

[194]骆品亮,梁静. 信息不对称下项目的融资决策博弈模型[J]. 复旦学报(自然科学版),2003,42(2):215 -219.

[195]秦学志,孙承廷,魏强. 信息非对称下动态投融资的约束信号博弈模型[J]. 系统工程学报,2004,19(6):643 -646.

[196]肖伟,张汉江,秦国文. 资金供应链管理中的企业投融资博弈分析[J]. 系统工程,2005,23(10):86 -91.

[197]鲍海君. 基础设施BOT项目特许权期决策的动态博弈模型[J]. 管理工程学报,2009,23(4):139 -147.

[198]黄健柏,杨涛,伍如昕. 非对称过度自信条件下委托代理模型[J]. 系统工程理论与实践,2009,29(4):92-102.

[199]Li,B., Akintoye, A., Edwards, P. J., Hardcastle, C. The Allocation of Risk in PPP/PFI Construction Projects in the UK[J]. International Journal of Project Management, 2005, 23(1):25-35.

[200]Clifton, C., Duffield, C. F. Improved PFI/PPP Service Outcomes Through the Integration of Alliance Principles[J]. International Journal of Project Management, 2006, 24(7):573-586.

[201]Smyth, H., Edkins, A. Relationship Management in the Management of PFI/PPP Projects in the UK[J]. International Journal of Project Management, 2007, 25(3):232-240.

[202]Daube, D., Vollrath, S., Alfen, W. H. A Comparison of Project Finance and the Forfeiting Model as Financing Forms for PPP Projects in Germany[J]. International Journal of Project Management, 2008, 26(4):376-387.

[203]Jin, X. H, Zhang, G. M. Modelling Optimal Risk Allocation in PPP Projects Using Artificial Neural Networks[J]. International Journal of Project Management,2011,29(5):591-603.

[204]Lee, C. H., Yu,Y. H. Service Delivery Comparisons on Household Connections in Taiwan's Sewer Public-Private-Partnership (PPP) Projects[J]. International Journal of Project Management, 2011, 29(8):1033-1043.

[205]Ng, S. T., Wong, Y. M. W., Wong, J. M. W. Factors Influencing the Success of PPP at Feasibility Stage-A Tripartite Comparison Study in Hong Kong[J]. Habitat International, 2012, 36(4):423-432.

[206] Xu, Y. L. , Sun, C. S. , Skibniewski, M. J. , et al. System Dynamics (SD) – based Concession Pricing Model for PPP Highway Projects [J]. International Journal of Project Management, 2012, 30(2): 240 – 251.

[207] Ioannou P. A. , Pitsillides, A. (Eds.). Modeling and Control of Complex Systems[M]. CRC Press, New York, 2008.

[208] Wright, S. The Roles of Mutation, Inbreeding, Cross – breeding and Selection in Evolution[C]//Proceedings of the Sixth International Congress of Genetics 1. 1932: 356 – 366.

[209] Kauffman, S. A. , Levin, S. Towards a General Theory of Adaptive Walks on Rugged Landscapes[J]. Journal of Theoretical Biology, 1987(128): 11 – 45.

[210] Kauffman, S. A. , Weinberger, E. D. The NK Model of Rugged Fitness Landscapes and its Application to Maturation of the Immune Response[J]. Journal of Theoretical Biology, 1989(141): 211 – 245.

[211] Kauffman, S. A. , Johnsen, S. Coevolution to the Edge of Chaos: Coupled Fitness Landscapes, Poised States, and Coevolutionary Avalanches[J]. Journal of Theoretical Biology, 1991(149): 467 – 505.

[212] Kauffman, S. A. The Origins of Order: Self – Organization and Selection in Evolution[M]. Oxford University Press, Oxford, 1993.

[213] Levitan, B. , Kauffman, S. A. Adaptive Walks with Noisy Fitness Measurements[J]. Molecular Diversity, 1995(1): 53 – 68.

[214] Westhoff, E. H. , Yarbrough, B. V. , Yarbrough, R. M. Complexity, Organization, and Stuart Kauffman ' s the Origins of Order[J]. Journal of Economic Behavior and Organization, 1996(29): 1 – 25.

[215] Haynes, K. E. , Kulkarni, R. G. , Stough, R. R. Evolutionary

Traffic Flow Landscapes: A Fitness Approach for ITS Management[C]// Network Science, Nonlinear Science, and Infrastructure Systems. Springer Science, Business Media, LLC, 2007.

[216] Campos, P. R. A., Adami, C., Wilke, C. O. Optimal Performance and Delocalization in NK Fitness Landscapes[J]. Physica A, 2002 (304):495 - 506.

[217] Kaul, H., Jacobson, S. H. New Global Optima Results for the Kauffman NK Model: Handling Dependency[J]. Math. Program., Ser. B, 2007(108):475 - 494.

[218] Evans, S. N., Steinsaltz, D., Estimating Some Features of NK Fitness Landscapes[J]. The Annals of Applied Probability, 2002, 12 (4): 1299 - 1321.

[219]唐方成,马骏,席酉民. 和谐管理的耦合机制及其复杂性的涌现[J]. 系统工程理论与实践,2004, 24(11):68 - 75.

[220]张华,席酉民,曾宪聚. 网络结构与成员学习策略对组织绩效的影响研究[J]. 管理科学,2009,22(2):64 - 72.

[221]吴伟伟,朱彬,于渤. 企业技术管理的适合度景观研究[J]. 中国软科学,2006(8):120 - 133.

[222] Amaral, L. A. N., Uzzi, B. Complex Systems—A New Paradigm for the Integrative Study of Management, Physical, and Technological Systems[J]. Management Science, 2007, 53(7):1033 - 1035.

[223] Ottino, J. M. Engineering Complex Systems[J]. Nature, 2004 (427): 399.

[224] Vespignani, A. Predicting the Behavior of Techno - Social Systems[J]. Science, 2009(325): 425 - 428.

[225] Schweitzer, F., Fagiolo, G., Sornette, D., Vega – Redondo, F., Vespignani, A., White, D. R. Economic Networks: The New Challenges[J]. Science, 2009(325): 422 – 425.

[226] Baccarini, D. The Concept of Project Complexity a Review[J]. International Journal of Project Management, 1996, 14(4), 201 – 204.

[227] Austina, S., Newton, A., Steele, J., Waskett, P. Modelling and Managing Project Complexity[J]. International Journal of Project Management, 2002(20): 191 – 198.

[228] Holland, J. H. Hidden Order: How Adaptation builds Complexity[M]. Addison – Wesley, New York, 1996.

[229] Butts, C. T. Revisiting the Foundations of Network Analysis [J]. Science, 2009(325): 414 – 416.

[230] Deng, H. P., Yeh, C – H, Willis, R. J. Inter – Company Comparison Using Modified TOPSIS with Objective Weights[J]. Computers & Operations Research, 2000(27): 963 – 973.

[231] Hora, S. C. An Analytic Method for Evaluating the Performance of Aggregation Rules for Probability Densities [J]. Operations Research, 2010, 58(5): 1440 – 1449.

[232] Carvalho, A., Larson, K. Sharing Rewards Among Strangers Based on Peer Evaluations[J]. Decision Analysis, 2012, 9(3): 253 – 273.

[233] O' Doherty, M. S., Savin, N. E., Tiwari, A. Evaluating Hedge Funds with Pooled Benchmarks [J]. Management Science, 2016, 62 (1): 69 – 89.

[234] Wang, J., Cole, C. A. The Effects of Age and Expertise on Product Evaluations: Does the Type of Information Matter? [J]. Manage-

ment Science, 2016 , 62 (7): 2039 – 2053.

[235] Aggarwal, R. , Kryscynski, D. , Singh, H. Evaluating Venture Technical Competence in Venture Capitalist Investment Decisions[J]. Management Science, 2015, 61(11): 2685 – 2706.

[236] Piltan, M. , Sowlati, T. Multi – Criteria Assessment of Partnership Components [J]. Expert Systems with Applications, 2016 (64): 605 – 617.

[237] Brennan, T. M. , Venigalla, M. A. Constructability Assessment Method (CAM) for Sustainable Division of Land Parcels[J]. Land Use Policy, 2016(56): 47 – 57.

[238] Paillex, A. , Schuwirth, N. , Lorenz, A. W. , et al. Integrating and Extending Ecological River Assessment: Concept and Test with two Restoration Projects[J]. Ecological Indicators, 2017(72):131 – 141.

[239] 黄寰. 基于模糊层次综合评判法的区域技术创新能力综合评价——以四川省四大城市群为例[J]. 社会科学家,2015(12):72 – 77.

[240] 朱勇, 杨睿, 李德生,等. 京沪高速铁路建设项目区域环境影响综合评价[J]. 铁道学报, 2015, 37(11): 117 – 121.

[241] 张慧,孙秀梅. 基于 AHP 模糊综合评价对低碳供应链绩效评价的研究[J]. 山东理工大学学报(自然科学版),2016,30(1):73 – 78.

[242] 罗本成,原魁,眭凌,等. 基于灰关联度评价的投资决策模型及应用[J]. 系统工程理论与实践,2002(9):132 – 136.

[243] 卢小林,张娴,俞洁,等. 灵活型定制公交系统综合评价方法研究[J]. 公路交通科技, 2015,32(5): 135 – 140.

[244]毛先如,熊黑钢,朱跃晨. 北京市各区县旅游环境质量综合评价与分析[J]. 地域研究与开发, 2016, 35(1): 91 – 95.

[245] 秦李,杨子龙,黄曙光. 复杂网络的节点重要性综合评价[J]. 计算机科学, 2015,42(2): 60 -64.

[246] 杜丹丽,曾小春. 模糊奖惩特征视角下我国高新技术企业创新能力的动态综合评价[J]. 科技管理研究, 2016(9):51 -56.

[247] 钟嘉鸣,李订芳. 粗糙集与层次分析法集成的综合评价模型[J]. 武汉大学学报(工学版),2008,41(4):126 -130.

[248] 邓英,冯玲. 环境绩效评价的 BP 人工神经网络分析方法——一项基于火力发电企业的案例研究[J]. 长沙理工大学学报(社会科学版),2015,30(6):105 -112.

[249] 郭存芝,彭泽怡,丁继强. 可持续发展综合评价的 DEA 指标构建[J]. 中国人口·资源与环境,2016,26(3):9 -17.

[250] 陈衍泰,陈国宏,李美娟. 综合评价方法分类及研究进展[J]. 管理科学学报, 2004, 7(2):69 -79.

[251] Triantaphyllou, E. Multi - Criteria Decision Making: A Comparative Study[M]. Dordrecht, Netherlands: Kluwer Academic Publishers (now Springer), 2000.

[252] Gul, M., Celik, E., Aydin, N., et al. A State of the Art Literature Review of VIKOR and its Fuzzy Extensions on Applications[J]. Applied Soft Computing, 2016(46): 60 -89.

[253] 何超,李萌,李婷婷,等. 多目标综合评价中四种确定权重方法的比较与分析[J]. 湖北大学学报(自然科学版),2016,38(2):172 -178.

[254] Donaldson G., Lorsch J. W. Decision Making at the Top: The Shaping of Strategic Direction[M]. New York: Basic Books, 1983.

[255] Kahneman, D., Tversky A. Prospect Theory: An Analysis of

Decision Under Risk[J]. Econometrica. 1979(47):263 -291.

[256] Tversky A., Kahneman D. Advances in Prospect Theory: Cumulative Representation of Uncertainty[J]. Journal of Risk and Uncertainty, 1992(5): 297 -323.

[257] Beach, L. R., Mitchell T. R. Image Theory: Principles, Goals, and Plans in Decision Making[J]. Acta Psychologica, 1987, 66(3): 201 -220.

[258] Beach, L. R. Image Theory: Decision Making in Personal and Organizational Contexts[M]. New York: John Wiley& Sons Limited,1990.

后 记

本书的出版，源自作者与父亲的一次对话，四月暮春的一个午后，由于一直在写一本关于广义不确定理论的书，进展非常缓慢，颇有山重水复之感，就跟父亲聊起出版著作不顺的事，父亲建议我不用另起炉灶，可以把先前的工作做一个系统的整理，按照合适的主题编撰成卷，也不失为一种成果。至于新书，待今后实践和新知识积累多了，再继续撰写。受此启发，就与出版社编辑老师进行沟通交流，也获肯定，于是着手这项工作。

万事开头难，如何选择一个能够充分统揽全局的书名，颇费思量。从学术研究的过程看，无论从事何种严肃的学术研究，首要的就是确定做什么的问题，然后再来回答为什么的问题，这里为什么回答的是某项工作的价值，而价值的认定，是非常主观和个人化的一件事。通常，在研究者心目中，当决定了某个研究内容的时候，其价值往往已经被研究者本人所认可，那么，接下来自然就是确定怎么做，即如何实现的问题。所以任何一项研究，我们可以从研究活动期望达到的目的和如何达到该目的两个角度来认识。研究活动期望达到的目的，可以理解为学术研究的目标导向，从大的层面可以分为问题导向和方法导向两大类，即研究活动是想解决某一个领域中的具体问题，还是想提供一类具有相当普适性的理论方法。如何达到该目的，即研究中遵循的技术框架，从大的方面而言,可以分为定性的和定量的两种路径。因此,对这两个不同角度进行组合,可以得到四种不同的研究模式类型:①方法导向的定性研究;②问题导向的定性研究;③问题导向的定量研究;④方法导向的定量研究。基本上,大部分学术研究都可以归于上述几种模式中的某一种,从目标导向和技术框架两个视角来审视学术研究的特点,具有一定的新颖性和概括力,同时也方便对具体的研究工作进行定位,有利于研究者依据研究主题来设计技术方案,具有一定的现实意义。基于这样的考虑,作者确定了现有的书名。四种不同的研究类型各有特点,笔者以近年的研究工作为基础,分别选取合作式交通运输系统、信息和社交作用下的出行行为、群体决策机理与模型、组织的运营协调和优化、社会经济系统的多目标综合评价、大型工程项目的管理复杂性等几个主题展开讨论,通过具体的研究实例来说明本书提出的四类研究模式的特征、思路和过程。值得指出的是,还有许多能够体现这四种研究特点的工作没有选入本书,主要是限于篇幅或者语言(还有不少英文论文)原因,不得不舍弃。

本书得以顺利出版,首先要感谢国家自然科学基金(项目编号:71471084)给予的资助和支持,使得作者有动力和机会发表多篇论著,并且有机会与国内外同行进行积极的学术交流。其次要衷心感谢引领作者走入科研之门的恩师——南京大学工程管理学院周晶教授多年来的关心和栽培,以及与作者共同完成许多工作的合作者——朱振涛、李民、鞠鹏、廖瑞辉、笪佳敏等同仁的默契共事,还要衷心感谢江汉大学人事处的李世祥处长,从作者调入江汉大学以来在工作和生活中给予的极大关怀和鼓励,同时特别感谢江汉大学商学院院长陈磊教授,在他的直接关心和帮助下,作者有幸入选了 2017 年度湖北省“楚天学者”楚天学子人才计划,2018 年度江汉大学中青年拔尖人才“学术领军人才”计划。

还有许多在作者进行国家自然科学基金项目研究过程中提供帮助和支持的江汉大学商学院以及大数据研究中心的同事们,以及作者的许多朋友、同学们,在此恕不一一列出。借此机会,作者还要感谢中国经济出版社的姜静老师,正是有她的热心帮助和出色的工作,才使得本书及时付梓。

这本小册子,只是作者若干科研工作的一个小结。“雄关漫道真如铁,而今迈步从头越”,人类认识自然、探索未知的征程永远没有止境,未来更广博、更深邃的知识疆域,还有待我们去发现、去开拓、去收获。

陈星光

2018 年 5 月 8 日

于武汉汉阳家中